現人神から大衆天皇制へ　昭和の国体とキリスト教

現人神から大衆天皇制へ

昭和の国体とキリスト教

吉馴明子・伊藤彌彦・石井摩耶子編

〔執筆者〕

横田耕一　豊川 慎
島薗 進　遠藤興一
吉馴明子　渡辺祐子
石井摩耶子　伊藤彌彦
星野靖二　柳父圀近
齋藤公太　千葉 眞

刀水書房

はしがき

二〇一六（平成二八）年八月八日、天皇は直接国民に向って「退位」の意思を表明した。そして今、いわゆる象徴天皇制は、大きな転機を迎えようとしている。これは「戦後」が大きく変わろうとしていることでもある。この突然の意思表明に安倍内閣は菅官房長官の下、急遽、「天皇の公務の負担軽減等に関する有識者会議」を発足させた。安倍内閣はどうやら一代限りの「特別法」を制定する方向に世論を誘導しているようである。他方、水面下では宮内庁の主要人事の変更に手をつけている。生前退位のような事態が起き、「天皇制」が巷の議論の種になると困ると考えたのだろうか。しかし、日本国憲法において天皇のあり方は「国民の総意」に基づくとされているのであるから、何よりも国民の意見の誠実な集約が求められるべきであろう。「ＮＨＫ ＮＥＷＳ ＷＥＢ」によれば、現時点（二〇一六年一二月一一日調査）で、皇室典範改正によるべきであるという国民の声が五三％と最も多く、特別法制定二五％や退位に不同意一一％を上回っている（www.kantei.go.jp/jp/singi/koumu_keigen/dai7/sankou3.pdf 参照）。

かつて小泉政権時代、女性天皇をめぐって「皇室典範に関する有識者会議」が設置されたことがある。そして二〇〇五年に女性天皇と女性宮家の創設を認める報告書が出された。このことに対して二〇一二年、当時、下野していた安倍晋三は『文藝春秋』誌に反対意見を表明した。その中に「私の前任の細田博之官房長官の時代から、官邸内の旧内務省系（厚労省・総務省など）のスタッフによってレールが敷かれ、有識者会議のメンバーもはじめに結論ありきで選ばれた印象だった」（「民主党に皇室典範改正は任せられない」『文藝春秋』二〇一二年二月、九六頁）とある。私たちはこの発言と同じ恐れを、現在の有識者会議に対して懐いている。安倍内閣は、はじめに結論ありきのレールを敷いて有識者会議の人選をしてはいないか。もっと率直に誠実に多様な民の声に耳を傾けてほしいものである。

戦後七〇年を過ぎると、あの太平洋戦争体験者は激減し、戦場体験も銃後の生活体験も風化することは避けられない。しかし、「非常時」「挙国一致」の仕組みに天皇制が深くからまり、個人が「ノー」と言えない時代は確かに存在した。それは「向う三軒両隣り」の日常生活の中で、互に協力しつつ互に監視しながら「国民」たらんと振舞い、「非国民」呼ばわりを避ける時代であった。さらに天皇は現人神として神格化されたから、実質的には「天皇教」ともいうべき国家宗教として機能し、他の宗教者や知識人との間では摩擦、妥協、合理化などのゆがみを生むことは避けられず、その後遺症や責任問題も問われることとなった。また朝鮮、中国その他アジアの国々に加害者として振舞った責任も大きい。

ところでこの論集は、にわかに制作されたものではない。宗教学、憲法学、政治学、教育学、歴史学、キリスト教史学等の研究者で五年にわたり、昭和期の戦前、戦中、戦後の天皇制の諸側面を共同研究し、まとめた時期が、たまたまこの時期に一致したのである。天皇制を冷静に考察する一助として広く読んで下さることを願っている。

＊　　＊

さて、五部からなる本書所収の論文の内容を、「ワンポイント」で紹介する。

第Ⅰ部　総　論

第一章国民統合軸としての「天皇教」で、横田耕一は明治中期に天皇を国民統合軸として立てたことから「天皇教」が始まり、教育勅語、学校、軍隊を通じて広められたこと、神道指令、人間宣言が出された戦後も、この「天皇教」は継続していると述べている。

第Ⅱ部　現人神天皇から象徴天皇へ

第二章の島薗進は、「天皇教」（島薗はこれをウッダードの用語を借りて「国体のカルト」と呼ぶ）の中心を形作る、「神聖な天皇」の継続（「国体護持」）如何をめぐるアメリカ側の問題意識が、神道指令から人間宣言に至る過程でどのように具体化されていったかを、先行研究を読み解くことで追った。「人間宣言」において、「現人神」は否定されたが宮中祭祀はそのまま残されるなど、「天皇教」の制御という課題が曖昧なままに、「国体」復興という目標が保持されたと見る。

第三章で吉馴明子は、この変化を政治的統合の側面から論じ、たとえ「人間宣言」によって「神権天皇」が否定されたと見るとしても、果たして天皇と国家と国民との関係は徹底的に転換されたのかを問う。「人間宣言」における「神聖」の剥奪度を、イギリスの「王権神授説」の解体過程と比較して論じる。

第四章で石井摩耶子は、先送りされた「天皇教」制御の道徳・教育面の変化を「教育勅語」廃止に至る過程を跡づけることによって明らかにした。当時のリベラルな最高の知識人を揃えたはずの教育刷新委員会メンバーですら「教育勅語」廃止を決定できず、国家権力が国民の内面に介入する「教育勅語」の特質は、そのまま「教育基本法」制定にも反映したとする。「教育基本法」制定の立役者たるキリスト者、田中耕太郎と南原繁の思想の問題性にもメスを入れている。

第Ⅲ部　宗教から見る天皇制の桎梏

天皇制の変化を、人の内なる世界とつながる「宗教」――「天皇教」の一角をなす汎神的「神道」と、これとは対極をなす「キリスト教」――から考察する。

第五章で星野靖二は、近代的宗教としての神道を模索した岸本英夫の神道論について論じる。ＧＨＱの宗教顧問を引き受けた岸本は、神道から「軍国主義」「国家主義」的な要素を取り除くべきであるとした上で、信徒個人との関わりに焦点を合わせた神道の構想を述べたが、逆に神道と国家あるいは天皇との関係についての考察は、欠落しているとする。

第六章で齋藤公太は、神道の「宗教的情操」の発展を重視し、神道とキリスト教との融合を図った村岡典嗣について論じる。「神道指令」による政教分離の結果、神社神道が「世俗的特権から離れ、純粋に宗教の一派として……精進の途にのぼる」ことができると期待したが、近代的概念を通しての宗教理解の故に、「国体」という「政治宗教」とキリスト教との相克を見過ごしたとする。

第七章で豊川慎は、日本基督教団の創設から敗戦に至る歩みを、教団の機関誌によって跡づけている。「救い」とは何かといった教理の相違や、教会運営の手続きや組織の相違とは無関係に全国の教会が「日本基督教団」に統合されたのは、教会を「翼賛団体」とするためであり、そのイデオロギー的正当化のために「日本基督教」を編み出す過程も、経時的に描いた。存立基盤を政府に預けた教団は、その成立時から「あなたはわたしのほかに、なにものをも神としてはならない」（「出エジプト記 20章3節」『聖書 口語訳』日本聖書協会、一九五五年）という「第一戒」を犯し続けたと結論する。

第八章で遠藤興一は、日中戦争の初期まで平和主義者であった賀川豊彦が、日米戦争が始まる頃には「一人になっても国を守る」と言ってはばからず、「悪鬼の如きルーズベルト」は刑罰を受け「自国を滅ぼす」と述べ、さらに敗戦に際しては、東久邇宮首相に促されて率先して「一億総懺悔」運動に乗り出した姿を追う。このように賀川は「転向」ならざる「方向転換」を続けながら、一貫して慈恵的な天皇の存在を神の摂理として受容し敬愛していたと論じた。

第Ⅳ部　ケーススタディ――教育・教会・無教会の現場で

第九章で渡辺祐子は、満洲国における孔子祭は王道主義教育普及のために始められたが、「日満一体」が掲げられると、「供物を捧げ」「叩頭」するなど文教部が定める「孔子廟」拝礼の強制へ転ずると指摘する。これと平行して私立学校の認可登録制が導入され、監督官庁が認可取り消しや閉鎖を命ずる権限を持った。「孔子廟参拝」強制はキリスト教教育の締め出しをはかり、植民地朝鮮に見られたような神社参拝強制への道を準備したとする。

第十章で伊藤彌彦は、戦時体制下同志社の二人の総長、湯浅八郎と牧野虎次を取り上げる。キリスト教に「原理忠誠」な湯浅は学内外の摩擦激化のなか、亡命者のようにアメリカに渡る。後継の「組織忠誠」な牧野は、同志社教育の基本を「皇国民ノ錬成……ニ適合スル基督教ノ精神」と書き換え、出陣学生には「靖国ノ英霊トシテ」永久に生きよと演説し、教職員をも犠牲にしながら、老練な行政能力を発揮して同志社防衛に成功した。

第十一章で吉馴明子は、日本基督教団に対する批判と反省を「自由国家、自由教会」への希望として理論化し、教団とは異なる原理に立つ教会形成を進めた田中剛二の例を紹介する。

第十二章で柳父圀近は塚本虎二、黒崎幸吉、南原繁、矢内原忠雄、大塚久雄など無教会二代目が、どのように「現人神」の変貌を受け止めたかについて分析した。内村鑑三に伏在していた天皇への思想的両義性の問題にも触れている。「被造物神格化」への拒否感と、「無組織」性とによって、無教会の人々は国家神道体制に巻き込まれなかったが、「無私の天皇」への思い入れは見られた。この「恭順のエートス」を、大塚は批判的に分析した。関根正雄の戦後天皇制への懐疑にも言及する。

第Ⅴ部　象徴天皇制の課題

第十三章で千葉眞は、以上で述べられた戦中から戦後にかけての日本社会の天皇制理解を総体として考察した。戦後の和辻哲郎、丸山眞男、塚田理等々の天皇制についての議論を、神権天皇制との「断絶ないし連続」という基準で四つの立場に分類して考察し、そのコンテクストで松下圭一らの「大衆天皇制」論の歴史的意味を検証する。

さらに、今日なお「内なる天皇制」の問題が日本人の心性と社会に残存している現実に、警鐘を鳴らしている。

＊　＊

明治維新後の日本は「天皇を機軸」にした国づくりによって国家統合に成功し、世界の一等国になったと自負した。この天皇制は第Ⅰ部で見たとおり、大日本帝国憲法により統治制度として整備されるとともに、教育勅語や軍人勅諭の国民意識への浸透により、神格化され、「天皇教」というべき疑似国家宗教として機能した。それは大正デモクラシー期にも存続し、天皇機関説問題・国体明徴声明によって威力を絶対化したが、敗戦後も形を変えて生き延びているのではないか。

第Ⅲ～Ⅳ部の中で見たように、学校教育の現場で発揮された天皇制イデオロギーの圧倒的強制力は、植民地朝鮮だけでなく、一九三二年建国の満州国にも及んだ。同志社の場合のように、立教、明治学院など多くのキリスト教主義学校は国家の要求に屈して信仰を矮小化し、戦士を育てる教育を行なったのである。また、ほとんどのキリスト教会が「天皇教」の範囲に自らの信仰と行動を押し込めた。キリスト教界の指導者賀川豊彦は、時代の変化とともに、平和、主戦、懺悔へと次々に方向を変え、敗戦後も引き続きキリスト教大衆伝道を展開した。戦時下に統合を強制された日本基督教団が戦後もそのシステムを維持したのみならず、ほとんどの教会は、「唯一の神を拝する」「国家と教会」といった原理的な反省を怠った。日本の国をいったんは葬れと叫ぶことができたのは、矢内原忠雄のように個人に内面化された信仰の上に国家権力を相対化できた、無教会でもわずかなキリスト者に過ぎなかった。

第Ⅱ部で語られたように、敗戦後の占領下にあって、天皇が最高の統治権と統帥権をもつという制度は否定され、神道は国家から分離され、教育制度も民主的な制度に転換したが、支配層の中の「国体護持」の方針は、「象徴天皇制」として主権在民の新憲法の中に居場所をあたえた。それでは、「神道指令」、天皇の「人間宣言」という戦後改革で、「天皇教」は消滅しただろうか。「教育勅語」の廃止過程を扱った論考は、戦後改革を担ったキリスト者の文部大臣田中耕太郎にしても、「教育刷新委員会」の南原繁にしても「天皇教」の呪縛から自由ではなかったと見る。とくに南原は、民族共同体の要石としての天皇の役割を重視したのである。

一方また、第Ⅲ部の中で扱ったように、戦前・戦中に「天皇教」の一翼を担った神道について、戦後岸本英夫は、自由な「近代的」神道を模索し、ウルトラナショナリズムからの脱出を図った。ただ岸本は、戦前「宗教的情操」によって神道の普遍化を目指した村岡典嗣同様、「公共性」を足がかりに、「政治宗教」として国家社会秩序の片棒を担ごうとする近年の神道界の動向をくい止める論理を展開するには至っていない。

このように、本書で描かれるキリスト者、宗教者、教育者たちは「天皇教」社会で泥まみれである。第Ⅴ部で指摘されたように、植民地朝鮮のキリスト者と対比したとき浮き彫りになる、当時のキリスト者、教育者、私たちの親たち祖父母たちの姿を直視しなければならない。そうすることで、彼らが置かれていた状況、彼らが歴史上果たした役割と、それぞれの行動を起こさせた思想と信仰の論理について、今こそ考えなおしたい。そして、本書が、今なお私たちに巣食っている「内なる天皇制」とどのように取り組み、今何を為すべきかを考える一助となることを願ってやまない。

二〇一六年一二月

吉馴明子
伊藤彌彦
石井摩耶子

現人神から大衆天皇制へ

昭和の国体とキリスト教

目　次

凡　例

一　敬称は原則として省略した
一　引用文等例外もあるが、原則として新字体を用いた
一　引用文中の〔　〕は引用者による注記である
一　引用文中の傍点は断りのない限り引用者によるものである

装丁　的井　圭

現人神から大衆天皇制へ

昭和の国体とキリスト教

Ⅰ 総論

第一章　国民統合軸としての「天皇教」

——制度の視点から

横田耕一

一　はじめに

1　なぜいま「天皇」か

「敗戦が国民にとって、王朝の周囲により密接に結集する契機となった以前とはちがい、今日ではもはや王朝は敗戦を切り抜けることはできない」との指摘は[1]、第一次世界大戦以後のヨーロッパ諸国の王朝について妥当する。しかし、日本の天皇制度に関するかぎり、この指摘は当っていない。

一九四五（昭和二〇）年八月一五日の敗戦を告げる「玉音放送」で宮城二重橋前に集まった人びとが行なったことは、天皇に対して戦争責任を問うことではなく、敗戦の結果をもたらした臣民の努力の不足を天皇に土下座して詫びることであった（「一億総懺悔」）。一方、天皇は「終戦の詔書」の中で、「朕ハ茲ニ國體ヲ護持シ得テ……」と述べて「國體」は不変であると強弁しており、この時期の東久邇宮首相や新聞諸紙も「今こそ國體を護持する秋だ」などとして天皇を中心とする国柄が維持されるべきことを強調していた。このためもあって、天皇制の廃止を唱えた共産党など一部の者を除いて、臣民は圧倒的に天皇制度を支持し続けていた（調査方法に問題はあるが、四五年末の世論調査では九五％が天皇制度を支持し、否定は五％にすぎない〈『日本週報』三号〉）。

こうした状況のため、マッカーサー連合軍総司令官は、占領政策を円滑に遂行するために、米国内の世論や連合国の一部の異論を斥けて、天皇を残してそれを利用しようとしたのである。その結果、日本国憲法の原案となった「ＧＨＱ案」は天皇制度を認めることになった。そして、「國體」に固執する日本政府からの強い反対があったものの、ほぼその内容が日本国憲法第一章となった。この天皇制度（象徴天皇制）を「押しつけ」と感じた当時の政府関係者に対し、「憲法改正草案」公表後の世論調査では、国民の八五％が草案の天皇制度を支持し、反対（廃止論者とともに旧制度支持者も含まれる）はわずか一三％であったことが示すように（『毎日新聞』一九四六年五月二七日）、天皇制度廃止論者はわずかであった。

憲法制定後も象徴天皇制に対する国民の支持は一貫している。世論調査の設問でも一九五〇年台以降になると天皇制度の存続の可否は問題関心の中心ではなくなり（どの調査でも廃止論は一割以下）、「現状維持」か「政治的権限を強化する」かが主に問われるようになっている。二〇一二年の調査（共同通信六月二四日発表）でも廃止五％・現状維持八四％で、象徴天皇制は憲法の中でもとりわけ安定的な制度となっている。しかし、人びとが抱く天皇像は、大日本帝国憲法時代の「神様のような人」「尊くておそれ多い」存在から、同じ調査によれば、「親しみを感じる」（五七％）「すてきだと思う」（一三％）存在に変わっている。けれども、裕仁天皇の死亡時に日本中を覆った自粛ムードや、過去の戦争や原発に関する天皇・皇后の発言や行動に触発されて天皇に国民を指導するイニシアティヴを期待する近時の「リベラル派」の期待などを眼前にするとき、天皇の存在が国民にとって意味しているものの大きさ、深さを改めて考えざるをえない。戦後の神道界をリードした葦津珍彦が述べた、「分裂症の日本国民に、一つの国民たることの自覚を保たせてゐるのは「天皇」の象徴としての御存在である。新憲法以来、国民教育は、ほとんど天皇については何も教へない。しかも陛下の御姿に接するだけで、国民は、内閣総理大臣や衆参議員の議長などとは、まったく異なる高貴なる統合者としての精神を感じてゐる」との言は(2)、私たちに「日本人にとって天皇とはなにか」を問うことを迫っている。

2　制度の面から天皇問題を考える

天皇と日本人の関係を分析するに際しては三層の構造を考察する必要がある。すなわち、明治維新以後に形成され現在にも継続している「天皇教」の分析、それの下地になった歴史的天皇存在・天皇像、そしてそれらを可能にした日本人の思考様式である。

私たちが現在抱く天皇像のほとんどは、大日本帝国時代に形成された疑似宗教である「天皇教」である。しかし、「天皇教」の成立を可能としたのは、庶民を含む日本人が古くから歴史的に抱いてきた天皇像が存在したからであり、無からいきなり創りあげられたものではない。政治権力を握った支配層にとって天皇は一貫して精神的権威者として存在してきたと指摘されている。明治維新期のスローガン「尊皇攘夷」が示しているように、特に明治初期の指導層にとっては権威者としての天皇の存在は自明であったろう。それに対し、明治時代になるまで庶民は天皇について無知・無関心であり、そのため天皇存在を知らせるために東北地方をはじめとする天皇巡幸が必要であったとする説がかつては有力であった。たしかに京都近辺の者を除き庶民は天皇（天子さま）の存在を日常的・現実的に意識することはなかったろう。しかし、能や民話（貴種流離譚など）、ひな祭（お内裏さま）、近隣の神社等を通して、なんらかのイメージが存在していたことは否定できない。お雇い外国人のチェンバレン（B. H. Chamberlain）が「天皇教」の布教を目の当たりにして「この宗教においては、古来の思想はふるいにかけて選り分けられ、変更され、新たに調合されて、新しき効用に向けられ、重力の中心を新たにした」(3)と指摘した事態が可能になったのは、庶民にある種のイメージがあってこそである。したがって、日本人の対天皇像を把握するためには、支配層だけではなく、庶民が歴史的に抱いてきた天皇像を分析することが必要となる。

けれども、歴史的な天皇像や「天皇教」を考察する際には、そうした天皇像を結ぶ底流にある日本人の宗教観・人間観を対象化しなければならないという問題意識も重要である。「日本人の思考様式」といった形の本質論的分析の妥当性に疑問があるとしても、「一木一草に天皇制がある」(竹内好)とか「内なる天皇制」といった言葉で真に問われるのはこのことではなかろうか。これは「天皇は日本人にとって宿命的存在である」ということではまったくない。日本人の「神」認識、共同体意識、またそこから生じる「付和雷同性」「現状追随性」「和の尊重」などの考究がなされるべきではないかということである。

しかし、天皇問題を考える際にはこうした三層の分析が必要であるとしても、後二層の分析は筆者の手にあまる。したがって、本章は、後二層の存在を念頭に置きながら、「天皇教」の成立を中心に、それも主として制度の側面から述べることに限定する。

二　「象徴天皇制」の原点――「天皇教」の成立

1　「国民国家」における「統合軸」

いかなる共同体であろうと、そこには共同体の統合をもたらす軸が存在する。これまで分立していた邦や国をより高次に統合して成立した「国民国家」においても、同様に、統合機能を果たす軸が存在する。しばしばそれは宗教であったり、同一民族であるとの共感であったりするが、「リベルテ・エガリテ・フラタニテ」を理念とするフランスや「独立宣言」（とりわけ「自由」）を統一の理念とする米国のようにある特定の理念をアイデンティティとする国家も存在する。強力な統合軸の存在が強力な「国民国家の統合」をもたらす。

明治維新後に「国民国家」を形成しようとする日本においても、列強に対抗し主権を維持して「富国強兵策」を遂行するためには強力な国家統合が要請された。江戸時代に「クニ」は「藩」を通常意味するものだったので、明治初期の人びとは必ずしも自らを「国民」として認識しておらず、それだけに強力に国民を統合する軸が必要であった。そのため、明治維新直後には「神道」による統合も模索されたが、教派神道以外の「神道」には共通する特定の教義がなかったため、「神道」自体では共通する教義を確立することができず、諸外国の宗教に代わる統合機能を「神道」単独では果たすことができなかった(4)。

しかし、「王政復古の号令」（一八六七〈慶応三〉年）が「神武創業ノ始ニ原ツキ」と謳い、「五箇条誓文」の発布儀式（一八六八〈慶応四〉年）が紫宸殿において公卿・諸侯以下百官を率いて天皇が天神地祇に誓う儀式として行なわれたことなどから、天皇は国家の頂点に立つものであって、その天皇の正統性は神武天皇（ひいては天照大神）に由来するとの「おはなし」がかたまっていった。この「おはなし」が「神道」と結合し、国学、水戸学や儒学あるいは仏教によっても裏打ちされ、国家の統合軸としての天皇像が創られていった。

他方、主として世俗的側面から統合軸としての天皇を強調したのが福澤諭吉である(5)。福澤は説く。一国において人心を収攬するものは、宗教・学事・音楽・謳歌等だが、立君の国では王室である。その際、国を統合するもっとも重要な「情の根拠」となるのは「世態の沿革を経て懐古の情を同ふする」ことである。日本国民の場合、「数百千年来、君臣情誼の空気中に生々したる者」であるから、精神道徳はこの情誼の一点に依頼しており、それゆえ帝室は「無常の尊厳、無比の神聖」な存在として人心を収攬する中心である。福澤はこう説くことで、「神道」や記紀に言及することなく、皇室が「最古最旧、皇統連綿として久しき」こと、それに対する人びとの「尚古懐旧の人情」を根拠として（「伝統的支配」）、天皇を統合軸とみなしている。

ともあれ、こうして憲法制定以前に、根拠づけは異なるものの、国家の統合軸としての天皇という天皇像が確立していったのである。

2　大日本帝国憲法体制下での「天皇教」の創出

(1)　天皇を統合軸とした大日本帝国憲法

一八八九（明治二二）年に発布された大日本帝国憲法が、国家の統一軸として天皇（皇室）を置いていることは、伊藤博文が枢密院で述べた、「抑歐洲ニ於テハ憲法政治ノ萌芽セル事千餘年獨リ人民ノ此制度ニ習熟セルノミナラス又タ宗教ナル者アリテ之カ機軸ヲ爲シ深ク人心ニ浸潤シテ人心之ニ歸一セリ然ルニ我國ニ在テハ宗教ナル者其力微弱ニシテ一モ國家ノ機軸タルヘキモノナシ……我國ニ在テ機軸トスヘキハ獨リ皇室アルノミ」(6)との言葉に端的に示されている。

先述のように、こうした認識は憲法制定以前に共通の理解になっていたが、欧州においてのように既成の宗教ないし神道が統合軸になりえないことも多くの論者の指摘するところであった。たとえば、福澤も、日本の宗教は「其功徳俗事に達すること能はず、唯僅かに寺院内の説教に止まると云ふ可き程のもの」と断じている(7)。したがって、他国の宗教に代替する基軸は天皇（皇室）以外には見出せなかったのである。しかし、宗教に代替する軸である以上、それは「天皇教」として疑似宗教化することになった。

(2)　大日本帝国憲法における天皇像

制定者を天皇とする「欽定憲法」として発布された大日本帝国憲法（以下、明治憲法）は、皇祖皇宗に憲法の制定を告げる「告文」・臣民に対する「憲法発布勅語」・制憲の趣旨を要約した「上諭」・七章七六条からなる「本文」で構成され、第一章天皇は一七条からなっている。「告文」では皇位は祖宗（天照大神から神武天皇までが皇祖、二代綏靖天皇以降の歴代天皇が皇宗）から受け継いでいること、天皇大権等の諸規定内容は憲法による創設ではなく祖宗の遺訓である建国以来の不文法を明文化したものである（上諭も同旨）ことが強調されている。したがって、立憲学派である美濃部達吉にあっても、憲法の解釈は「従來の歴史に基き、憲法以前から既に定まって居るところを參酌して、之を以て解釋の標準と爲し、成文に書き漏らされて居る事柄に付いても從來の歴史を以て之を補充せねばならぬ」とされている(8)。「統帥権の独立」や天皇の「祭祀大権」などはその例であろう。

イ　統治権総攬者

大日本帝国は天皇が統治することが明言され（一条）、天皇は元首であり統治権の総攬者であるとされる（四条）。天皇は大権を行使するが、立法権は帝国議会が協賛し、大権は例外を除き国務各大臣が輔弼し、司法権は天皇の名で裁判所が行なう。ただし、統治権の総攬は憲法の条規に従って行なわれる（四条）ことから、天皇の行為は憲法によって制約される（「立憲主義」）。しかし、議会の議決を経た法律案も最終的には裁可権が天皇にある（六条）ことに示されるように、一見、天皇は法律案を不裁可にしたり、大臣の輔弼内容と異なる行為を行なう独裁的権限保持者のように見える。ここからは、憲法の制約を受けつつも「親政」する天皇像が結ばれる。

また、「統治」という言葉を使用したことも、天皇像に影響を与える。井上毅や歴史的に一貫して天皇が国の統合軸であったとする論者にあっては、天皇の存在は「力で支配する」ことを意味する「ウシハク」存在ではなく、「民意を知り君徳によって治める」ことを意味する「シラス」存在である(9)。したがって、欧米的意味での「統治」

概念は天皇には馴染まないことになるが、「統治」なる言葉の使用はそれを欧米流に理解する余地が生まれる。この理解では、明治憲法の天皇は歴代天皇像の例外ということになり、むしろ日本国憲法における天皇像こそが伝統的なものと評価される。

ロ　「現人神《あらひとがみ》（現御神《あきつみかみ》）」

明治憲法が定めたもう一つの天皇像は「現人神」としての天皇像である。一条の「萬世一系」の四文字、この四文字こそが天皇を神格化する出発点である。「萬世一系」とは「神武天皇から一系の皇統」を意味しているが、その神武天皇が日本を治める正統性は、瓊瓊杵尊が高天原に天孫降臨する際に天照大神が下した「葦原ノ千五百秋ノ瑞穂ノ國ハ是レ吾カ子孫ノ王タルヘキ地ナリ　宜シク爾皇孫就イテ治セ　行矣　寶祚ノ隆エマサンコトマサニ天壌ト窮リ無カルヘシ」との「天孫降臨の神勅」によるとされる。神武天皇は瓊瓊杵尊の孫とされているので、歴代天皇は天照大神の子孫ということになり、まさに「神」の子孫であって、現にある天皇は神格性を付与された「現人神」「現御神」として把握される(10)。それゆえ、欧州の王の統治の根拠が神と人との峻別理解に基づく「王権神授説」であるのに対し、天皇統治の根拠はまったく異なるのである。

統治の根拠が「天孫降臨の神勅」にあるならば、皇祖皇宗を祖先として祀ることは重要な天皇の任務になる。そして、記紀記載の神話が根拠であるから、祀る様式は「神道」式になる。もっとも、天皇を中心とする祭祀を神道式に改める動きは維新直後から生まれており、一八六八年の孝明天皇三年祭は仏式ではなく神道式で行なわれ、同年の「即位の大礼」でもそれまでの即位灌頂など仏式は排除され神道式で行なわれるなど、皇室祭祀は神道式に純化された。けれども、明治憲法下で行なわれた宮中祭祀のうちで伝統的なものは新嘗祭・祈念祭・賢所大前の御神楽のみで、他のほとんどは一九〇八年の「皇室祭祀令」によって新たに作られた祭祀であった。しかし、天皇を祭り主とする神道式の皇室祭祀が増加することによって、祭り主としての天皇像は強化された。その際、天皇は「告文」に見られるように皇祖皇宗に祭祀を行なう国の祭主であるとともに、自身も神の子孫であるとされるので、臣民は天皇に神的な尊厳性を感じ「現人神」として見るにいたる。特に、臣民の祖先も天祖であって皇室は臣民の宗家であるから、父母が現世の天祖であるように天皇は現世における天祖であるといった論(11)などにより、一家の祖先崇拝と天祖崇拝が結合されたときには、天皇を「現人神」として見る見方は強化される。

　このように「萬世一系」によって天皇を「現人神」として神格化した上で、皇男子孫によって継承される「皇位」（二条）の意味を考えれば、単にそれは「統治権総攬者としての天皇の地位」といった散文的な理解にとどまらず、「皇祖神への祭り主としての地位」（葦津珍彦）(12)といった意味をもつことになる。美濃部達吉が憲法上の規定にはない「祭祀大権」を天皇の大権として認めるのも(13)、この理解からする当然の帰結である。また、践祚に際して天皇が鏡・剣・璽の「三種の神器」を、正統性の証たる「祖宗ノ神器」として継承する（「皇室典範」一〇条）ことや、即位に伴う儀式「大嘗祭」も不可欠となる。

　また、諸外国の憲法では単に王の無答責を定めたものとされる「神聖不可侵」規定（三条）も、日本では、「天皇は現人神として神聖であるが故に侵してはならない」と理解された(14)。その結果、天皇に対する不敬行為・言辞は刑法で不敬罪として罰せられた。

　ところで、このように天皇を「現人神」として崇拝すること、しかも天皇崇拝が「神道」と結合していることと、仏教やキリスト教などの諸「宗教」との関係が当然問題になる。すなわち、憲法は二八条で「日本臣民ハ安寧秩序ヲ妨ケス及臣民タルノ義務ニ背カサル限ニ於テ信教ノ自由ヲ有ス」と定めているので、それは「天皇崇拝」「神道」と「信教の自由」との衝突の問題である。「臣民タルノ義務」を美濃部達吉のように「国家及び皇室に忠順なる義務及び之に伴うて国家及び皇室の宗廟たる神宮、歴代の山陵、皇祖皇宗及び歴代の天皇の霊を祭る神社等に対し不敬の行為を為さゞる義務」(15)と解するならば、「信教の自由」は大幅に制限される。また、美濃部は、「実質に付いて謂《なら》ふわが古来の祭祀も亦疑もなく一の宗教であり、而してそれはわが帝國の國教である」(16)とするが、公定の解釈は、神道祭祀を宗教的祭祀とは認めず、神道は「国民的習俗（道徳）」であり、神社は宗教施設ではないとすることによって、「神道」と「信教の自由」との正面衝突を避けた。けれどもこの場合でも「臣民タルノ義務」は厳存するから、記紀神話を根拠とする「現人神」天皇を他国の宗教に代替する国家の統合軸として位置づける以上、臣民を超越した天皇を崇拝する疑似宗教、すなわち「天皇教」の枠は諸宗教にはめられていたと言える。

ハ　二つの天皇像

「現人神」という言葉を媒介して説くかどうかはともかく、「萬世一系」の天皇がそれゆえに国家の統合軸として機能すべきことについては明治憲法時代に異論はない。しかし、統治権総覧者としての天皇のあるべき姿については異論があった。

維新後の初期には、「王政復古」の言が暗示するように、天皇が政治に直接携わるべきだとの「天皇親裁」論が有力であった（岩倉具視、佐々木高行、元田元孚など）。これに対し、神聖祭祀中心であるべきだとの主張がなされていたが（木戸孝允、三条実美など）、初期の天皇巡幸をきっかけとして後者のような主張が有力になったとされている(17)。また、福澤諭吉も、「帝室は政治社外のものなり」と断じ、「帝室は万機を統るものなり、万機に当るものに非ず」としていた(18)。もっとも、福澤の天皇像は「神聖祭祀中心」ではなく、政治社外にあって政治の世界における争いを「緩解調和」する存在であった。

明治維新前後から多義的に論じられることが多くなったとされる「國體論」だが(19)、「国の基本的なかたち（原理）」といった視点で論じられる「國體論」においては、一貫して権威者として歴史的に存在してきた天皇を中心とする国柄に「國體」なる用語をあて、ときどきの政治のありかたに「政体」なる語を当てることがあるが、その場合、不変なのは「國體」であり、現実に政治権力を行使する形である「政体」は歴史的に変化してきたとされる。この視点からすれば、明治憲法の天皇像が「國體・政体二分論」に近いか、「國體・政体統一論」に近いかが問題になる。

さて、明治憲法の解釈学説としては穂積八束・上杉慎吉に代表される「神権学派」と美濃部達吉に代表される「立憲学派」の対立があった。ここでは対立点の詳細には触れず、「統治権総攬者」で両派の天皇像がどう対立していたかに焦点を絞る。前者の上杉によれば(20)、「天皇は統治権者にして、自己の目的の為めに、自己の意志を以て統治したまふの、統治権の主体であ」り、日本の立憲政体は「大権親政中心主義」である。したがって、議会が可決した法律案を裁可するか、不裁可にするかは天皇の自由であり、また、大臣の輔弼内容に天皇は従う必要はない。上杉の描く天皇像は、福澤流にいえば政治社内の存在である。これに対する美濃部は(21)、天皇は統治権の主体たる法人としての国家の最高機関であるが、議会が議決した法律案の不裁可は「出来るだけ之を避くることが君主の徳を全うする所以」として実際上は全て裁可することを要請し、大臣の輔弼内容に従わなければ内閣の瓦解など「容易ならぬ事態を生ずる」として実質的に輔弼に従う天皇像を描いている。これは実質的に天皇を福澤流の政治社外の存在と位置づけるものである。

実際の憲法の運用においては、「天皇親政」を求める声や運動はあったものの、明治・大正・昭和の三代の天皇とも、基本的に美濃部の描いた天皇像のごとく行動した。したがって、統治権総攬者としての天皇の国家の統合軸としての機能は、実際に政治を行なうことによってではなく、三権の上に立つ権威的存在であることによって発揮されたと言える。

一方、「現人神」としての天皇像は、後に述べる事情によって、徐々に臣民の中に浸透してゆき、とりわけ事変・

戦争が連続した昭和期に入ると国民の統合がいっそう必要になった結果、天皇機関説事件（一九三五年）後の「國體明徴運動」や『國體の本義』に見られるような極限にまで達した。なお、「國體」を法的概念としては排除した美濃部にあっても、精神的意味での「國體」は重要なものであったことに注意しておくべきである。

(3)「天皇教」の布教

明治憲法によって制度的に成立した「天皇教」は、「教育勅語」に補完されて「布教」が行なわれた。

イ　教義としての「教育勅語」

憲法が発効した一八九〇（明治二三）年一一月三〇日、「教育ニ関スル勅語（教育勅語）」が天皇睦仁の名で発表された。これは法的効力をもつものではなく、単に天皇の著作公告とでもいうべきもの（井上毅）(22)であったが、現実においては高度の法的拘束力をもつように取り扱われ、やがては勅語の精神に忠実であることが臣民としての義務の第一であるかのようになった。

教育勅語は「あるべき臣民像」を述べることにより、天皇を軸として臣民が統合する望ましい姿を示しているので、「天皇教」の教義というべきものである。同時に、これまで共通する明確な教義をもたなかった国家の祭祀としての「神道」の精神とも言えた(23)。

教育勅語については爾後多くの解説文が書かれており、しかも各論者の解釈は一致していないが、さしあたり次の点は指摘できる。冒頭で「我カ皇祖皇宗國ヲ肇ムルコト宏遠ニ徳ヲ樹ツルコト深厚ナリ」と述べ、終末の部分で「斯ノ道ハ實ニ我カ皇祖皇宗ノ遺訓ニシテ子孫臣民ノ倶ニ遵守スヘキ所」と受けることで、勅語は新たな教育目標を定めたものではなく、皇祖皇宗の残した教えを明文化したものであることが強調される。その上で、「我カ臣民克ク忠ニ克ク孝ニ億兆心ヲ一ニシテ世々厥ノ美ヲ濟セル」として、臣民が忠・孝を尽して〔天皇の〕心を〔心として〕一つにしてきたことで天皇が治める立派な国を作ってきたと誇る（括弧は別読み）。そしてこれこそが日本の誇るべき國體であり、教育の原点でもあると断じる。こう述べて、臣民が「忠孝を尽」して天皇を中心に一体化することが教育の目標であると確認して、次にそれを実現するための徳目を列挙する。「父母ニ孝ニ」以下「一旦緩急アレハ義勇公ニ奉シ」までがその徳目であるが、これらの諸徳目を「以テ天壌無窮ノ皇運ヲ扶翼スヘシ」で括り、諸徳目を守るのは「天皇が治めることを助けるため」であると解釈するのが通説であった（「以テ」が受ける徳目については異説がある）。以上をまとめると、教育勅語は、（現人神である）天皇を中心として一体化して忠孝を尽す臣民を育成することが教育目標であると述べた文書であると言える。

なお、教育勅語が言及したことによって、「國體」の語は萬世一系の天皇を軸とした祭政教一致体制として確固とした意義をもつようになったと指摘されている(24)。

ロ　さまざまな「布教」活動

臣民教化――学校　特定の思想で人びとを教化しようとするときには、思想的にほぼ白紙状態にある若年層が主たる対象になる。日本においては一八七二年の「学制」頒布以後、児童が学校に一定年間通うことが義務化されており、明治憲法には規定がないものの、兵役・納税の義務と並ぶ「臣民の三大義務」の一つとして考えられていたので、学校が主たる教化の場となった。そのため、チェンバレンが「新しい布教の大要塞ともいうべきものは学校である」(25)と指摘したように、学校は「天皇教」の主たる布教の場となった。

学校では、国史・国語・修身などの教科を通して教化が行なわれたが、とりわけ修身については文部省令によって教育勅語の趣旨に基づいて行なわれるべきことが繰り返し強調された。また、学校には「教育勅語」謄本と天皇の「御真影」が下付され、後には両者は各学校に設置された「奉安殿」に納められ、生徒はその前を通るときには敬礼を強制された。前者の取り扱いが不敬であると糾弾された「内村鑑三事件」や、後者を火事で焼却した校長が自殺した例は、これらが天皇とともに神聖なものとされていたことを示している。

また、学校では、紀元節や天長節に記念儀式を行なうことが学校行事として義務化され、儀式では「教育勅語」が奉読され、「君が代」が歌われた。デュルケム（Emile Durkheim）によれば、人びとが内面に抱く観念である「聖なるもの」は、人びとが集まり儀式を行なうことでお互いに共通する「集合意識」として確認され、「あらゆる価値の源泉として表象され」、それが儀礼を通じて外部の対象に投影されると、その対象は「あらかじめ個人に外在し、個人を拘束する超越的な力を持つかのように現れる」ので、「儀式」は「聖なる存在を生かし、その力を回復させ、不断に再生させる」ものだとされる(26)。まさにこうした意味をもつ学校儀式を通して、子どもたちは「天皇教」を身体化していった。

臣民教化——家庭　一八八〇年代後半より、家庭においては、親は学校の教育方針を尊重して学校と協力して子どもたちを教育する存在として位置づけられるようになった(27)。このことは、家庭教育においても「教育勅語」を指針とすべきことを意味していた。

臣民教育——社会　一般社会に対しての「天皇教」の布教は、在郷軍人会や青年団・宗教集団・企業などを通して行なわれたが、ここでも学校儀式と同様に日清戦争以後の戦勝儀式・行進や紀元二六〇〇年の儀式が臣民教化において果たした役割は大きい。

皇室祭祀と民間の神道祭祀（神社）**との連携化**　皇室祭祀が神道に純化されたこととは逆に、民間の神道祭祀＝「神社神道」は、記紀神話に基づく「萬世一系」の天皇像と結びつくことによって「天皇教」に包含された。

明治初年の「神仏分離令」や廃仏毀釈運動によって神社は神道祭祀に純化されたが、一八七一年に皇祖である天照大神を祭神として祀る伊勢神宮を頂点として全国の神社には社格（官幣社・国幣社・附社・県社・郷社・村社・無格社）が定められ、それによって全国の神社は天皇を頂点とするヒエラルキーの中に収められた。その上で、各神社の祭祀は、祭日や拝礼の作法など、皇室祭祀と同一化された。また、天皇や皇族を祭神とする神社（橿原神宮・吉野神社等）や天皇に忠義を尽した者を祭神とする神社（湊川神社・菊池神社等）を別格官幣社として創設することで、天皇崇敬は強化された。

皇室と国家の「時間」との連動　「祝祭日」のほとんどは、春・秋皇霊祭、新嘗祭などの主な皇室祭祀日に基づいて定められた。天皇との関係では神武天皇即位日とされる紀元節、天皇誕生日を祝う天長節、明治天皇をしのぶ明治節（旧天長節）などがあった。

また、時を統べるのは天皇であるとしてこれまでも「元号」は天皇が吉凶等に伴って制定してきたが、天皇統治を明確にするために一代一号制をとることとし、一八六八年に太政官布告で（後に「皇室典範」「皇極令」で再確認）「一世一元制」が定められた。

皇軍　「軍人勅諭」（一八七八年）に「我國の軍隊は世々天皇の統率し給ふ所にそある」とあるように、陸海軍は「天皇の軍」（皇軍）であった。勅諭では軍人は大元帥である天皇に対し「忠節を盡す」ことが徳目の第一にあげられた。軍隊教育では勅諭の暗唱が強いられ、天皇を神聖化し、天皇に忠誠を尽すべきことが徹底的に叩き込まれた。このため、軍人勅諭は軍人にとっては教育勅語以上の「天皇教」の布教を意味していた。

加えて、一八七九年には天皇のために戦争で一命を捧げた者を「英霊」として合祀し顕彰・尊崇する施設として靖国神社が誕生し、例大祭には天皇が参拝することが通例となった。地方においては、招魂社や護国神社が「天皇教」の布教の場として同様の機能を果たした。

栄誉付与・慈恵　天皇による位階・勲章の付与は、受勲者たちに栄誉感とともに授与者たる天皇に対する畏敬の念をもたらした。また、天皇・皇族が被災者や病人を見舞うとか見舞金を下賜するなどで仁慈を示す行為は、行為の対象者だけではなく、その行為を知った人びとも天皇の慈愛を感じとり、天皇に対する「有難さ」を覚えることになった。「天皇杯」のような形でのスポーツ界や学芸・学術界に対する奨励行為も、右と同様な効果をもった。他方、被差別部落の人びとや沖縄住民のように差別を受けていた人びとにとって、「一視同仁」を標榜する天皇は、「差別からの解放者」であるとの幻想を生んだ。

三　「象徴天皇制」における「天皇教」の「継続」(28)

1　「象徴天皇制」の成立

「大東亜戦争」の期間に最高度に達した「天皇教」は、敗戦によって打撃を受けた。一九四六（昭和二一）年初頭の詔書「人間宣言」によって天皇自ら「現御神」であることを否定し、国民とは「信頼と敬愛」で結ばれている存在であることを強調した。教義であった「教育勅語」は、一九四八年に衆参各議院で排除（失効）決議が行なわれた。また、国家と神道との関係はＧＨＱの「神道指令」によって断ち切られ、それは日本国憲法に受け継がれた。皇室財産も解体され、国有化された。民法改正（一九四七年）によって家父長制的家族制度も消滅した。しかし、占領軍の意向から「天皇」なる名称の制度が維持されることになった一方で、「天皇教」は当時の国民に深く浸透していたため、大きく装いを変えつつも、国家統合の軸としての「天皇教」は生き延びることになった。

(1)　制度の根本的変更と「連続説」的運用

一九四七年から施行された「日本国憲法」（昭和憲法）は、明治憲法の天皇制度に規範文言上は根本的変更を加えた。すなわち、天皇が統治権総攬者たる地位にあることは否定されて「日本国・日本国民統合の象徴」とされ、その地位の根拠は「神勅」ではなく「主権の存する国民の総意」とされた（一条）。また天皇は名目的にも一切の国政に関する権能を保有せず、「憲法の定めた国事行為のみ」を、それも内閣の助言と承認によって、行ないうることとなった（三条〜七条）。「皇位」は世襲とされ（二条）、詳細は法律である「皇室典範」に任せたが、そこでは「男系男子・直系優先・長子優先」の原則による継承が定められた。

このような天皇制度（「象徴天皇制」）であるため、憲法解釈学説上は、この制度は大きく変化したものの明治憲法の天皇制度と連続したものであるとする説（「連続説」）と、「天皇」という同じ名称を使っているため紛らわしいが両者はまったく別の制度であるとする説（「断絶説」）が対立しており、論争は今日まで続いている。しかし、象徴天皇制の現実の展開は「連続説」に基づいており、憲法学説外の世界では現在の明仁天皇が「一二五代天皇」であることを疑う者はまずいない。「断絶説」が有力となっていたなら天皇は敗戦以前の歴史的存在としての天皇と断絶していることになるから、公的場で「天皇教」が残存する余地は徐々にではあっても消えていっただろうが、「連続説」では「天皇教」が維持・再生産される場が公的にも維持されることになるし、現実にそうなっている。

「連続説」が現実に人びとに受け容れられた主な理由は、「天皇」という名称が使われたこと、占領軍も連続性を前提に考えていたこと、昭和憲法が明治憲法の「改正」の形で制定されたため「上諭」の文面からは欽定憲法とも読みとれること、明治憲法と同様に第一章が天皇であること、明治憲法による天皇「裕仁」が当然のように新憲法の天皇位に就いたこと、昭和憲法に明白に矛盾しないかぎり天皇・皇室に関する明治憲法下での法令や慣習が踏襲された（「引き算的思考」）こと、政府が意図的に天皇が明治憲法の天皇と同じであることを外交文書等で演出したこと、裕仁天皇が自らを明治憲法とほぼ同様の存在と考えて行為した（内奏など）こと、戦後教育においても文部省教科書『あたらしい憲法のはなし』のように天皇制度の連続性を当然のこととしていたこと、などによる。このため、人びとの「天皇教」に基づく天皇像は意識の中に強く残存した。

(2)　天皇は「国家統合の軸」となりうるか

ポツダム宣言受諾の是非においても、新憲法制定に際しての「ＧＨＱ案」受諾の是非においても、日本政府側がもっとも危惧したのは「國體」が変更されることであった。したがって、昭和憲法によって「國體」は変わるのかが制憲議会の内外で議論されたのは当時としては当然であった。学者間の論争としては、佐々木惣一・和辻哲郎論争、宮沢俊義・尾高朝雄論争が有名であるが（いずれでも前者が変更論）、実質的には「國體」の変更の有無ではなく、「國體とはなにか」という「國體」の定義をめぐる論争であったと言える。したがって、制憲議会において金森徳次郎国務大臣が述べた「天皇を憧れの中心とする」という定義づけが示唆している問題、すなわち、昭和憲法によって天皇が国民意識を統合する「国家の統合軸」ではなくなるのかというのがここで考えるべき問いである。

天皇が「国家の統合軸」として実際に機能するかどうかは憲法の規定のみによって決まるものではないから、問題は社会的機能として国家統合を果たすような制度として憲法は象徴天皇制を構築しているかどうかである。天皇は主権者でも統治権総攬者でもなく、「萬世一系」といった神話的背景は明文規定上にはなく、「神聖不可侵」規定もない、一方、政教分離は原則となり、国民には思想・信条・信教の自由が絶対的に保障されており、また、教育を受ける権利が国民には保障されているので、特定の思想・信条を国民に強制的に教育することは許されない。こうしたとき、制度規範的には「天皇教」はその存在基盤を失っており、もはや天皇による国民意識の統合・国家統合は不可能ではないか。

この問いに対し、「政治の様式よりみた國體の概念」からすれば國體の変更は明らかだと論じた憲法学者・佐々木惣一は、なおその上で、天皇が統治権総攬者ではなくなったことで「精神的観念より見た國體の概念」も変わるとして、天皇が国民意識統合の軸ではなくなる可能性を示唆した(29)。同様に、君主としての権力的地位が象徴機能を果たすためには最低限必要であると論じた憲法学者・黒田覺は、憲法は天皇に社会心理的機能である国民統合を果たす十分な「場」を与えていないとの認識に立って、天皇が国・国民統合の象徴として機能する可能性はほとんどないと断じていた(30)。また、天皇の精神的権威と統治権は不可分であると論じた葦津珍彦は、軍の統帥権が天皇になくなったことは、生命を国に捧げる心理になることを国民から奪ったとしている(31)。これらの論では、「天皇教」を成立させる憲法上の根拠は稀薄化しており、たとえ名目的であっても明治憲法のように天皇が統治権をもたなければ、天皇が「国家の統合軸」として機能することは疑わしいということになる。

2　「天皇教」を再生産させるもの

天皇が「国家の統合軸」として機能することが疑われ、「天皇教」はもはや消滅の道を辿るのではないかとも疑われていたにもかかわらず、「連続説」を前提として運用されてきた象徴天皇制は、冒頭の1で述べたように、今日、国民の絆を強める役割や世論のリードを天皇に期待する空気を生んでいる。また、二〇一二年に発表された『自民党・憲法改正草案』は、前文で日本国は「天皇を戴く国家」であることを定めようとしており、制定に関わった者（磯崎陽輔）の解説ではこれを「國體」と論じるまでにいたっている。なにがこの情況を生み出したのだろうか。

(1)　法的根拠

そもそも憲法自体の中に、解釈によっては「天皇教」の再生産を許す部分が存在する。特に切り札になるのは二条の「世襲」という文言である。天皇の連続性を前提にして裕仁天皇を一二四代とする理解からすれば、皇位は「世襲」によって皇祖皇宗から「萬世一系」で受け継がれてきたという明治憲法と同様の認識が生まれる。その結果、二条は、皇位に関わる歴史的事柄が「世襲」とともに総じて継承されると解されることになり、三種の神器の承継のみならず大嘗祭などの宮中祭祀も、「世襲」天皇制が平等原則の例外とされるように、それらの公的取り扱いは政教分離原則に違反しないことになる。また、皇室典範が規定する男系男子による継承も、皇族の特別扱いも、全て合憲となる。こうしてひとたび歴史的天皇像が解釈に導入されると、一条の「象徴」も深遠な意味をもつものとして取り扱われたり、「国民統合の象徴」も天皇に積極的国民統合作用を期待するものとして理解されている。

仮に通説のように二条の「世襲」を単なる継承方法と解するとしても、形式的・儀礼的ではあれ国事行為として内閣総理大臣・最高裁判所長官を任命したり栄典を授与したりする天皇は、あたかも三権の長であるかのごとき印象を与え、天皇の権威を高めている。

(2)　憲法の運用

憲法の実際の運用においても、明治憲法下の運用に準拠するかのようである。たとえば、外交文書の記載形式が明治憲法下のそれを引き継いでいたり、着任した外国大使が信任状を天皇に提出することの常態化は、諸外国が天皇と理解することになっている。

天皇の公的な行為は「憲法の定める国事行為のみ」に限定されている筈だが、天皇は象徴であることを名目に、外国公式訪問や国内行幸・内奏・植樹祭等への出席など、国事行為以外に多くの「公的行為」なるものを行なっている。こうして天皇が象徴として機能する「場」は多くあり、黒田の心配は杞憂に終わっている。また「公的行為」における天皇の政治的発言は、特に明仁天皇が皇太子時代から発言内容に個性をもたせたいとしていたことから、このところ多くなっており、国民の多くはそれを権威あるものとして受けとっている。

皇室典範は認めるが憲法には規定のない「皇族」については、憲法的には説明困難な「皇族の公務」なるものが頻繁に行なわれており、天皇・皇族は一種の「神聖家族」として国民の目には映じている。

また、本来は憲法の枠外にある天皇・皇族の私的な動静や談話もマスメディアを通して広く報道され、崇敬すべき存在であるかのごとき印象を国民に抱かせている。もっとも、「開かれ過ぎた皇室」は天皇・皇族をスター的な存在と同列化し、権威を落としているとの批判は、天皇が強固な「国家の統合軸」となることを期待する者たちからなされている。

(3)　宮中祭祀

皇居内には「宮中三殿」が設置され、宮中祭祀も明治憲法時代と同様に行なわれている。神道式で行なわれる宮中祭祀は、それらをどのように意義付けようと、現在は国家と関係のない天皇・皇族の私的行為にすぎない。しかし、宮内庁のホームページでは、宮中祭祀は「宮中のご公務など」の中で紹介しており、公的な性格をもっているかのように取り扱われている。また、憲法と関係なく、あたかもそれが今も公的な天皇存在の本質であるかのように説く論者も後を絶たない。そして、新嘗祭には三権の長が招かれて参加することが慣例となっており、宮中三殿へは公務員たる侍従が「毎朝御代拝」を勤めている。このように、宮中祭祀は半ば公化されており、現天皇の大嘗祭には皇室行事として公費たる宮廷費が支出された。また、現在の「国民の祝日」の多くが宮中祭祀日に対応しているのは明治憲法下と同様である。

伊勢神宮の「式年遷宮」が天皇による日時等の「御治定」を受けて行なわれているように、全国諸神社との密接な関係も維持されている。しかも、天皇の伊勢神宮参拝は宮内庁長官の先導で行なわれており、歴代首相は年初めに伊勢神宮に参拝することが慣例となっている。こうして神道は「天皇教」を今も支えている。

(4)　その他の諸事例

天皇に関わるシンボル等　敗戦後も「日の丸」「君が代」は占領下の一時期を除いて国旗・国歌のように使われていたが、一九九九年に「国旗・国歌法」が成立し両者は正式に国旗・国歌とされた。「君が代」は明治憲法下の修身教科書では「天皇陛下のお治めになる國がいつまでも栄えるように」という歌だとされていたが、前記「自民党・憲法改正草案」では「君が代」を国歌と憲法規定化し、国民に尊重義務を課そうとしている。また敗戦後、慣習的に使われてきた元号も一九七九年制定の「元号法」で法定化された。

学校教育　学校教育においては、小学校の「学習指導要領」などで「天皇を敬愛する教育」を行なうよう指導しており、天皇を重視する歴史教科書なども出現している。かつての「教育勅語」のようなものは存在しないが、教育基本法の改正によって「国を愛する」ことが教育目標の一つにあげられた(二条)。また、学校儀式においては、「日の丸」「君が代」が実質的に強制されている。なお、前述の憲法制定直後からの中学校教科書『あたらしい憲法のはなし』は、「天皇陛下を私たちのまん中にしっかりとお置きして、国を治めてゆくについてごくろうのないようにしなければなりません」と、憲法に反する天皇像を教えていた。

儀式　裕仁天皇の「御在位記念五〇年式典」や明仁天皇の「御在位記念一〇年式典」「御在位記念二〇年式典」などの天皇に直接関係する儀式だけでなく、天皇が出席する「全国戦没者追悼式典」などの儀式は、先述したように天皇を権威化ないし神秘化している。

自衛隊　天皇は自衛隊の栄誉礼受令資格者の筆頭であり、自衛隊の最高の敬礼対象である。二〇〇六年にサマワから帰還した自衛隊員を接見したように、天皇は自衛官を激励したりもしている。他方、自衛官の靖国神社参拝も行なわれている。

国民　被災者を慰めるため被災地を訪問したり、見舞金を贈ったりする行為は、今も当事者やそれを見聞きする者を感激させ、天皇を崇敬する感情をもつにいたらせている。また、天皇の行幸地の宿舎外で提灯行列を行なうことも慣例化してきた。新聞やＴＶの報道等での天皇・皇族の取り扱い方、とりわけ「敬語」の使用は、天皇を戴いているとの印象を国民に植え付ける効果をもっている。切手の図柄に天皇の肖像を使うことがタブーとされていることも、天皇を神聖なものとして取り扱っていることの表れである。

抑圧　大逆罪や不敬罪は存在しないが、天皇制を否定したり非難したりすることはタブー化されており、反天皇制のデモ等は厳しく取り締まられ、反天皇を唱える者は厳しく監視されている。ある場合には、民間からのテロにさらされる（長崎市長襲撃事件など）。

このように見てくると、存在形態は柔和になっているものの、天皇を「国家統合の軸」としようとする、他国の宗教に代替する疑似宗教である「天皇教」は、いまだこの国で健在であると言えるだろう。

［注］

（1）カール・レーヴェンシュタイン、秋元律郎訳『君主制』みすず書房、一九五七年、一三頁。
（2）葦津珍彦「御在位六十年に際し切望す」『葦津珍彦選集（二）』神社新報社、一九九六年、二〇六頁。
（3）チェンバレン、高梨健吉訳『日本事物誌　一巻』平凡社、一九六九年、八七頁。
（4）安丸良夫・宮地正人「解説」『日本近代思想大系5　宗教と国家』岩波書店、一九八八年。
（5）福澤諭吉「帝室論」「尊王論」『福沢諭吉選集　第六巻』岩波書店、一九八一年。
（6）伊藤博文『樞密院會議議事録　第一巻』東京大学出版会、一九八四年、一五七頁。
（7）福澤、前掲「帝室論」五六頁。
（8）美濃部達吉『逐条憲法精義』有斐閣、一九二七年、一二六～一二七頁。
（9）坂本一登「明治憲法体制の成立」『岩波講座　日本歴史　第一六巻』岩波書店、二〇一四年、七頁。
（10）上杉慎吉『帝国憲法逐条講義』日本評論社、一九三五年、一一頁。
（11）穂積八束『国民教育　愛国心』有斐閣、一九一〇年、四～五頁。
（12）葦津珍彦「現行皇室法の批判的研究」前掲書、七三〇頁。

(13) 美濃部達吉『憲法撮要〔訂正四版〕』有斐閣、一九二六年、二二六頁。
(14) 伊藤博文、宮沢俊義校訂『憲法義解』岩波文庫、一九四〇年、二五頁。
(15) 美濃部、前掲『逐条憲法精義』、三九九〜四〇〇頁。
(16) 同書、四〇二頁。
(17) 八木公生『天皇と日本の近代　上』講談社現代新書、二〇〇一年、三九頁。
(18) 福澤、前掲「帝室論」三六頁。
(19) 米原謙『国体論はなぜ生まれたか』ミネルヴァ書房、二〇一五年、七頁。
(20) 上杉の説は、主に前掲書と『帝国憲法述義』有斐閣、一九一八年による。
(21) 美濃部の説は、主に前掲二書と『憲法講話』有斐閣、一九一二年による。
(22) 山県有朋宛井上毅書簡（一八九〇年六月二〇日付）、山住正己編『日本近代思想大系　6　教育の体系』岩波書店、一九九〇年、三七五頁。
(23) 葦津珍彦「帝国憲法時代の神社と宗教」前掲書、三七一頁。
(24) 米原、前掲書、三〇頁。
(25) チェンバレン、前掲書、八九頁。
(26) デュルケム、古野清人訳『宗教生活の原初形態 下』岩波書店、一九七五年、三三六頁。
(27) 小山静子「近代学校教育制度の確立と家族」前掲『岩波講座　日本歴史　第一六巻』、二一〇頁。
(28) 詳しくは、横田耕一の以下の文献の参照を請う。『国民主権と天皇制』（針生誠吉と共著、法律文化社、一九八三年）、「統治構造理論における「連続性」と「断絶性」」『公法研究　第四〇号』（一九七八年）、「天皇」『現代憲法講座　上』（日本評論社、一九八五年）、「国民と天皇　①〜⑮」『法学セミナー』四一三号〜四三六号（一九八九〜九〇年）、『憲法と天皇制』（岩波新書、一九九〇年）、「天皇の存在意義」『講座憲法学　2』（日本評論社、一九九四年）、「「国民統合」と象徴天皇制」『世界』六七〇号（一九九九年）、「象徴天皇制と憲法学」『変動する社会と憲法』（敬文堂、二〇一三年）。
(29) 佐々木惣一「国体は変更する」『憲法学論文選　二』有斐閣、一九五七年。
(30) 黒田覺「天皇の憲法上の地位」『公法研究　第十号』有斐閣、一九五四年。
(31) 葦津珍彦「天皇・神道・憲法」前掲書、六八二頁。

［参考文献］

本文に引用のもののほか
宮地正人『国民国家と天皇制』（有志社、二〇一二年）、宮地正人『通史の方法』（名著刊行会、二〇一〇年）、『日本近代思想大系9　憲法構想』（岩波書店、一九八九年）。

Ⅱ　現人神天皇から象徴天皇へ

第二章　敗戦と天皇の聖性をめぐる政治

――「国体護持」と「国体のカルト」の制御

島薗　進

一　「天皇の人間宣言」は誰の意思によるものか？

「天皇の人間宣言」と称される文書は、一九四六（昭和二一）年一月一日に官報により発布された昭和天皇の詔書を指す。「新日本建設に関する詔書」とも呼びならわされてきたもので、一〇〇〇字近くに及ぶ長いものであるが、「天皇の人間宣言」にあたる核心部分は以下のようなものである（全文はこの章の末尾に「資料」として掲載している）。

惟フニ長キニ亘レル戦争ノ敗北ニ終リタル結果、我国民ハ動モスレバ焦躁ニ流レ、失意ノ淵ニ沈淪セントスルノ傾キアリ。詭激ノ風漸ク長ジテ道義ノ念頗ル衰ヘ、為ニ思想混乱ノ兆アルハ洵ニ深憂ニ堪ヘズ。然レドモ朕ハ爾等国民ト共ニ在リ、常ニ利害ヲ同ジウシ休戚ヲ分タント欲ス。朕ト爾等国民トノ間ノ紐帯ハ、終始相互ノ信頼ト敬愛トニ依リテ結バレ、単ナル神話ト伝説トニ依リテ生ゼルモノニ非ズ。天皇ヲ以テ現御神トシ、且日本国民ヲ以テ他ノ民族ニ優越セル民族ニシテ、延テ世界ヲ支配スベキ運命ヲ有ストノ架空ナル観念ニ基クモノニモ非ズ。

難しい用語が多々用いられてはいるが、いちおう天皇が国民に親しく語りかけようとするトーンは貫かれている。たとえば、「休戚ヲ分タント欲ス」というのは、「喜びも悲しみもともにしたい」という意味である。天皇と国民との結び合いの関係は「単ナル神話ト伝説トニ」よるものではない、「天皇ヲ以テ現御神《あきつみかみ》ト」する架空の観念に基づくものではないとあるところが核心部分である。

また、「日本国民ヲ以テ他ノ民族ニ優越セル民族」とする観念、ひいては「世界ヲ支配スベキ運命ヲ有ス」などというのも、天皇に関する妥当ではない観念だと述べられている。この最後の部分は、「国体」という理念に関わっている。世界で唯一、万世一系の君主、すなわち天皇をいただくが故に日本は他民族に優越する——これが天皇をいただく日本の神聖な「国体」だという観念が「架空」のものであり、妥当ではないとされている。

「天皇の人間宣言」というのは、天皇は「現御神」ではなく人間だというだけでなく、天皇が神話等に基づく聖性を帯びた存在でもなく、したがって聖性を帯びた「国体」観念と結びつくものでもないということまで含意されていると受け取ることもできないわけではない。なお、これに相当する内容は、一九四五年一二月一五日に発せられた「神道指令」(1)にもいくらか触れられている。「神道指令」は度々、「軍国主義的乃至過激ナル国家主義的「イデオロギー」」という句を用いているが、その語について「日本ノ支配ヲ以下ニ掲グル理由ノモトニ他国民乃至他民族ニ及ボサントスル日本人ノ使命ヲ擁護シ或ハ正当化スル教ヘ、信仰、理論ヲ包含スルモノデアル」と説明している。「以下ニ掲グル理由」とは次の四つにまとめられている。

(1)　日本ノ天皇ハソノ家系、血統或ハ特殊ナル起源ノ故ニ他国ノ元首ニ優ルトスル主義
(2)　日本ノ国民ハソノ家系、血統或ハ特殊ナル起源ノ故ニ他国民ニ優ルトスル主義
(3)　日本ノ諸島ハ神ニ起源ヲ発スルガ故ニ或ハ特殊ナル起源ヲ有スルガ故ニ他国ニ優ルトスル主義

(4) ソノ他日本国民ヲ欺キ侵略戦争へ駆リ出サシメ或ハ他国民ノ論争ノ解決ノ手段トシテ武力ノ行使ヲ謳歌セシメルニ至ラシメルガ如キ主義

この(1)と(2)は「国体」の観念に関わっており、「天皇の人間宣言」の内容に大いに関わっている。ただ、ここでは「他国ニ優ルトスル主義」という点が強調されており、天皇崇敬や「国体」観念そのものを問うてはいない。

「新日本建設に関する詔書」が出されるようになった経緯については、事実経過の究明と背景事情の考察が積み上げられてきた。ウィリアム・P・ウッダードの『天皇と神道――GHQの宗教政策』(原著、一九七二年)、平川祐弘『平和の海と戦いの海』(一九八三年)、木下道雄『側近日誌』に付された高橋紘の「解説」(一九九〇年)(2)、大原康男『神道指令の研究』(一九九三年)などが主なものだ。

木下道雄は一九四五年一〇月末からおよそ八か月間、侍従次長として昭和天皇に仕えた。その木下が克明に記した『側近日誌』の一二月二三日に「大詔渙発」とあり、続いて、「ダイク―ブライス―山梨―石渡―○―幣原―鈴木」と記載されている。「○」は昭和天皇を指す。ダイク准将はGHQ(連合国軍最高司令官総司令部)の民間情報教育局(CIE)の初代局長である。その下で、教育・宗教部門の教育課長を務めたのがハロルド・ヘンダーソン中佐だ。高橋紘はヘンダーソンがインタビューに答えた回顧録(3)の一節を引き、こう述べている。

ヘンダーソンは言う。

「天皇が神であるという観念は、軍部によってあまりにも誤用されてきたと思いました。軍隊はすべての兵隊は天皇のために死ぬべきで、それは天皇の命令である。天皇は神だと教え込んだのです。日本人が二度と天皇を神とするという誤った観念を持たないようにすべきでした」

その結果、CIEが思いついたのが、天皇から神聖さを除去することだった。そのためには「大詔渙発」

――即ち天皇自らが人間であることの詔《みことのり》（お言葉）を天下に発布する必要があったのである。それが四六年元旦の「新日本建設に関する詔書」いわゆる〝人間宣言〟だった(4)。

このように高橋は「天皇の人間宣言」がＧＨＱ（とくにＣＩＥ）によって求められたものだとする見方をとっている。実際、「人間宣言」のもとになった最初の走り書きのようなメモは一二月の初めにヘンダーソンが執筆し、学習院の教員で宮廷とＧＨＱのインフォーマルな情報交換の役割を担っていたレジナルド・ブライスに渡した。『回顧録』にそう記されている。その後、ブライスらが文案を修正し、政府側に渡され、幣原喜重郎首相や石渡荘太郎宮内大臣が加わり、天皇の意向をうかがいつつ「大詔」の案が練られたという。それをもとに日本側の草案が練られたということになる。大原康男『神道指令の研究』やジョン・ダワー『敗北を抱きしめて』（原著、一九九九年）はこの立場を支持するために多くの資料を参照しているが、ここでは紹介を省く。

他方、むしろ日本側が積極的に働きかけたという見方もあり、日本の宗教に詳しく、ＣＩＥの宗教政策の立案に助言者として関わったウッダードの『天皇と神道』はこの立場をとる。また、皇室とＧＨＱの双方にパイプがあった学習院の院長、山梨勝之進や山梨院長の下で英語を教えていたブライスについて詳しく調べた平川祐弘の『平和の海と戦いの海』も同様である。平川によれば、ヘンダーソンのメモを燃やすように指示したのはおそらく山梨で、新たに山梨とブライスで修正案を創ったという。

ウッダードは幣原平和財団編『幣原喜重郎』等に依拠しつつ、こう述べている。

一九四五年の暮、おそらくは一二月一〇日ごろ、首相であった幣原喜重郎男爵は、天皇に拝謁するために宮中へ参内した。天皇は、年頭の詔勅を出すことをすでに決意されていて、政府が適切な原案を準備するように求められた。この話題に入るのに先立って、病を得られた後水尾天皇（在位一六一一〜二九年）が侍医は直接天皇の体にふれて脈をとることを許されないことになっていたので、医師の治療を受けるために退位したという有名な話をされ、「それは馬鹿げたことではないか」と述べられたというのである。

その後で、陛下は、首相に拝謁を命じられた理由を説明された。陛下は、天皇のいわゆる神格性にかんする伝統的な観念が修正されないかぎり、「民主化された日本国の天皇が存在する」ことはできないと確信するようになったといわれたという。そして政府がこの件についてどのように考えるかを尋ねられたのである。

幣原首相は、当然ながら深い感銘を受け、最善と思われたお答えをした。首相は、臣民は陛下のご神格をおおいに敬ってきたところ、極端論者がこの観念を誤用し、その結果、国家を破壊に導いてしまったのであり、首相もまた世界中に流布された誤った観念は、これを改めるべきだと考える旨奏上した。そして、この趣旨を盛り込んだ詔勅を起草することに同意した(5)。

平川祐弘は山梨勝之進の果たした役割が大きかったと見ている。毎日新聞の藤樫《とがし》準二記者の証言などに依拠しながら、平川は山梨が石渡荘太郎宮内大臣や松平慶民宗秩寮総裁に依頼して天皇に働きかけたことが誘因になったとする。

陛下は提案に御賛同になった。それで山梨院長は一方では政府筋へ、他方ではブライスさんを使って総司令部筋へ働きかけるのである。陛下が御賛同になると、石渡宮相は行きがかりにとらわれず実行を山梨院長に委せたに相違ない。山梨、ブライス両氏は宮内大臣の名において行動した。またそれだからこそ山梨さんは功績を石渡宮相に帰しているのである(6)。

「人間宣言」を公にするということについて、占領軍側、日本側のどちらが先に言い出したかというのは容易に決着がつかないことのようだ。相手の意向を察しながら、どちらもできるだけこちら側の意思が通せるような形を選んで行ったというところだろう。ウッダードが次のように述べているのは、ことの真相をよくつかんでいるように思える。

このアイデアが、初めにどこで、どのようにして具体的な形になったのかは、たぶん誰も知らないし、今後明らかになるということもないだろう。私が山梨提督に詔勅の起源を尋ねたところ、提督は両手を前に出してぴしゃりと叩き、「どちらの手が音を出しましたかな」と問うたものである(7)。

いわば「あうんの呼吸」で出されたということになるが、それぞれに思惑があった。日本側は天皇の責任を問う国際的な声を意識しながら、天皇を守る（「国体護持」する）必要があった。GHQの側は、日本の民主化の基盤を築く上で天皇をどう処遇するか（「国体のカルト」の制御）という大きな課題があった。実は「人間宣言」の準備が進められた一九四五年一二月は一五日に「神道指令」が発せられている。天皇制維持と宗教政策という両面から基本的な対応策が固まっていった段階で、GHQと天皇周辺がともに動き出したということである。

二「国体のカルト」をどう制御するのか？

「神道指令」の立案の責任者であった民間情報教育局宗教課長のウィリアム・K・バンスは、ウッダードの『天皇と神道』に寄せた序文で以下のように述べている。

同氏（ウッダード）は、神社神道を非国教化し、いくつかの行為や慣行を禁止した連合国軍総司令官の指令が、神社神道（Shrine Shinto）と国家神道（State or National Shinto）を明確に区別することなく用いていたために、総司令部の宗教課が実現していたことの意図をかなりあいまいにしたと指摘するのである。「神道指令」の狙いは神社神道そのものにあったのではないし、多くの人びとが考えたように、それを誹謗することにあったのでもない。その対象となったものは、政府によって支援され自国の政治組織を尊崇する宗教的なしくみ、ないし著者の好む用語を用いるならば「国体のカルト」であった(8)。

ここで用いられている「国体のカルト」は何を指すのか。ウッダードは「「国体のカルト」は、日本の天皇と国家を中心とした超国家主義および軍国主義のカルトを指す私の造語である」(9)と述べている。また、さらに詳しく、以下のようにも説明している。

国体のカルトは、政府によって強制された経説（教義）、儀礼および行事のシステムであった。天皇と国家とは一つの不可分な有機的・形而上学的存在であり、天皇は伝統的な宗教的概念が過激派によって宗教的、政治的絶対者に転用され、すこぶる特異な意味での「神聖な存在」であるという考えかたが、その中心思想になっていた。それは国民道徳と愛国主義のカルトであって、「民族的優越感を基盤として、新しく調合された民族主義の宗教」であった。国家が神国だっただけでなく、日本の国土が神の国だとみなされていた。

国体のカルトを支えるもう一つの基本原則は、神道の儀礼と政治の執行の一体性であって、よく知られている「祭政一致」と呼ばれるものである(10)。

ウッダードが「国体のカルト」と呼ぶものは、私が「国家神道」と呼ぶものとおおよそ重なり合うものだ(11)。GHQはこの「国体のカルト」にあたるものを廃止する、あるいは限界づけなくてはならないと考えていた。だが、「神道指令」はもっとも扱いが困難な天皇崇敬に関わる問題を除外せざるをえなかった。そこで主要な目標とされたことは、①政教分離、つまり神社神道と国家の分離、そして、②「軍国主義的並びに過激なる国家主義的」な思想と国家や神社神道が結びつくことの排除だった。だが、そこでは天皇崇敬や皇室祭祀に関わる問題がほとんど取り扱われていない。元来、もっとも重要と見なされていたはずの天皇への宗教的な崇敬を限界づけようとする内容が、「神道指令」には欠けているのだ(12)。そこで、「神道指令」の公表が日程に上るに連れて、天皇崇敬を制限づけるための措置をどうするかという問題が浮上していったのだ。

大原康男もそのことをよく理解していて、「神道指令」と「人間宣言」の相互関係に注目している。大原の『神道指令の研究』の第三章は「神道指令と元旦詔書」と題されており、以下のように書き始められている。

昭和二十一年一月一日に発せられた詔書――いわゆる天皇の〝人間宣言〟――は、戦後思潮の一つの原点ともなっているものだが、詔書煥発の背景や、草案起草の経緯については必ずしも明確にされてきたわけではなかった。とりわけ、一月五日付ニューヨークタイムスが、この詔書は神道指令の不十分さを補完して「神権政治のとどめ」を刺すためのものであると的確に評しているにもかかわらず、神道指令との関係は曖昧なままにおかれてきた(13)。

後に述べるように、「神道指令」の形が整っていく過程で、天皇崇敬に関わる内容を落とさざるをえなかった。そのかわりに、何らかの形で天皇の聖性を除去する措置が必要との認識が高まっていったことが察せられる。高橋紘はこのことに関わるバンス自身の証言をあげている。

後年、バンスは「日本における天皇崇拝、天皇信仰をどのようにして消滅させるかは、大きな問題になったと思うが」という岸本（英夫）の問に、こう答えている。

「それは非常にむずかしい問題で、司令部の上層部も私も、随分頭を悩ましたものである。私としては、天皇自身が、〝私は神でない〟と言うことが、一番良い方法だと思った。私はその考えを神道指令のスタッフ・スタディに書いておいた。マッカーサー元帥が私のその方針をそのまま採択したかどうかは知らないが、その結果が〝人間宣言〟につながったのだと思う(14)。

バンスの記憶はやや不確かなようだが、「神道指令」の形成過程をたどると事態の推移について、もう少しはっきりとした像が見えて来る。これについては、大原康男の記述から教えられることが多い。大原が示しているところでは、「神道指令」の早い時期の草案では、天皇崇敬や「国体のカルト」にあたるものへの言及がはっきりとなされていた。第六次まである草案のうち、初期の段階の草稿は、バンスではなくロバート・キング・ホール少佐のもとでまとめられたことが知られている。

一〇月二三日に提出された第一次草案では、法令や公文書において、「天皇・国民・国家の神聖な起源に言及することの禁止」という項目がある(15)。また、この草案と一〇月二七日までにできあがっていた第二次草案には、教育勅語に関する以下の内容を含む条項案があった。

一八九〇年十月三十日に明治天皇によって発せられた教育勅語、ならびにその内容・表現法・文脈・公的儀式や慣習によって築きあげられている象徴性によって国家神道のイデオロギーを反射しているその他のすべての公文書は禁止され、全面的あるいは部分的に税金によって維持されているすべての役所・学校・施設・団体・建物から物理的に撤去されるであろう。例外として、公文書館・図書館及び大学の水準を有する教育施設（大学・専門学校）では、かかる文書を保存し、展示し、歴史的文書として研究することが許される(16)。

この内容はバンスがまとめた第三次草案では完全に削除された。それはバンスの上司であるヘンダーソンが、教育勅語の内容は容認できると見なしたためであろうと推測している。だが、第三次草案を提出する際にまとめられた一一月三日付けの第一次担当者研究（スタッフ・スタディ）には、「教育勅語」と題された次のような一節が含まれていた。

一八九〇年の教育勅語は、日本でこれまで出された最も重要で影響力を有する文書の一つである。それは親孝行（儒教的表現）と天皇への忠誠を教え込むための最も重要な単一の文書となってきた。それは、極めて神聖なものに接するが如き態度の崇敬の念をもって取り扱われ、明治天皇の誕生日にすべての学校で行われる勅語の奉読は印象深い儀式である。感じやすい青年に対する勅語の影響力は巨大である。『国体の本義』のような著作における公的解釈を通して、勅語は、近年、他国民に対する日本人の優越性を宣言し、日本国家の神聖な使命を主張することに利用されている。

教育勅語は、超国家主義的解釈をはっきりと拒む新しい教育勅語によって取り替えられ、修正され、再解釈されるべきであり、もしくは学校から追放されるべきである。もし後者の道がとられるならば、それは神道の理論家や軍国主義者が超国家主義的な利用をしたために、このような処置が命令されたということをできるだけ広汎に周知させることを伴うべきである。数人の自由主義的な日本人によれば、このような注意深い説明が必要である。さもなくば、その大部分が勅語の超国家主義的解釈に気づいていない日本人の多数に大きな衝撃をもたらし、これは断言できるが、勅語の追放を天皇の地位に対する直接の攻撃とみなすだろう。超国家主義的解釈をはっきり拒絶する日本側からの権威ある声明を手に入れるという企ては、目下のところ、よりよい政策のように思われる。教科書、教師用指導書、あるいはその他の著書、論文、パンフレットに超国家主義的な解釈を書いたことで何らかの責任を有する者は、公職から排除されるべきである(17)。

これに先立って、一〇月二〇日に連合国翻訳通訳部（略称ＡＴＩＳ）の情報課のケイガーとヤングから送られてきた神道研究の文書があり、その結論には「世界の平和への脅威となることなく、天皇が国民の祭祀王（Priest-King）の地位を維持することはできる。このことのために皇位を利用する可能性は、理論上、天皇から最高権力を剝奪する憲法改正によって除去されうるだろう」とあった(18)。これについて、バンスは一〇月二四日付けヘンダーソン宛の「神道に関するＡＴＩＳの研究」と題するメモで以下のようにコメントした。

同意する。しかしながら、国民の中にある「祭祀王」への信仰（belief）は、彼らの自由な選択に全面的に基礎づけられねばならないし、国家の圧力・宣伝、または国家の神道への支援・関係によって強制され、生み出され、助長されてはならない(19)。

バンスからヘンダーソンへの一〇月三〇日付けの「神道と政治」というメモも同様の内容を異なる表現で述べている。

天皇が危険であるという理由は、天皇が精神的、政治的双方の権力であるということにある。私の見解では、我々は都合のよい時に天皇を政治的権力から分離させ、強制的でなく、それを好む人びとが従う国家神道の精神的首長（the spiritual head of the State Shinto）として残ることを容認すべきである。政治的権力はその属する人びとの手中に入るべきである。天皇はなお国家の象徴として残り、そのような資格で国家を飾り、国民を鼓舞する目的に資するであろう(20)。

一〇月から一一月への展開のなかで、天皇崇敬（「国体のカルト」）への制限を「神道指令」に盛り込むかどうかについて、ＣＩＥのなかで急いで検討がなされ、かなりのぶれがあり、結局、そこに触れることを見送った。そのかわりに何らかの形で神聖な天皇に限定を加える必要がＧＨＱ内で認識されていた。そして、どのような形なのかはよく分からないが、そうした状況の推移が日本政府と宮中にも伝わったのだった。

三　神道と天皇崇敬という複合問題

戦後の天皇の処遇に対するＧＨＱやアメリカ本国の認識も一様ではなかった。天皇制を維持するという方針をとるとしても、その場合、天皇崇敬が民主主義にとって危険な政治的効果をもたらすかについてどう考えていけばよいのかよく分からず、模索のなかで、追われるように方針をきわめて行かざるをえなかったようだ。「神道指令」の原案を練ろうとしていたホールが、後のバンスよりも天皇崇敬に厳しい考えをもっていたことについて、大原康男は神道研究者として知られるダニエル・クラレンス・ホルトムの九月二二日付けの「日本の学校における国家神道に対し、米合衆国軍制当局の採用すべき特別政策の勧告」という文書に注目している。

この中でホルトムは、日本の教育制度の欠陥に通暁し改革に賛同する文部大臣の任命、教員の適確審査の必要性、主として歴史・修身の教科書から神話的・非歴史的資料の除去、神格天皇観の修正、御真影奉拝儀式の廃止、教育勅語の再検討、天皇と国家及び天皇と国民の関係の根本的改革、神社の強制参拝の禁止、神道的儀式への参列の自由、神社・神職に対する国や地方公共団体の支援の漸減、神祇院の廃止と神社管理の文部省への移管など、極めて具体的に提言している。一目瞭然のことだが、これは先記した四大教育指令や元旦詔書――天皇の〝人間宣言〟として知られている――など、占領初期にＣＩＥが行った教育・宗教政策のほとんどを網羅している。いや、ＣＩＥはホルトムのこの勧告書を重要な手がかりとしてこれらの政策を次々に立案・実施していったのではなかろうか(21)。

四大教育指令というのは、一九四五年の一〇月から一二月にかけて発せられた「日本教育制度ニ対スル管理政策」（第一指令）、「教育及教育関係官ノ調査、除外、認可ニ関スル件」（第二指令）、「神道指令」（第三指令）、「修身・日本歴史及ビ地理ノ授業停止ニ関スル件」（第四指令）の四つである。ホルトムの勧告書がこれらに大きな影響を与えたというのは明らかにホルトムの影響への過大評価である。

ただ、ここにホルトムがあげている諸項目のうち、四つの指令では果たされていない重要な内容が残されていたことは確かである。それは、「神格天皇観の修正」、「教育勅語の再検討」、「天皇と国家及び天皇と国民の関係の根本的改革」などだ。これらは明らかに難問であり、容易に答えを導き出せなかった。当初は、「神道指令」となるはずの文書で、そこまで踏み込むという考えもあった。だが、それはすぐにはできないという判断に至ったのではないか。そこで、「天皇の人間宣言」によって応急処置を行なった――そう理解できる。

日本の宗教や神道や天皇崇拝（ウッダードの言う「国体のカルト」）についてどのような変革が必要かという問題について、もちろんアメリカは、占領が始まってからようやく検討を始めたわけではない。ただ、争点は天皇を君主として残すかどうか、つまりは天皇制を新たな立憲君主制として維持するかどうかというところにあった。日本の戦後計画については、アメリカ政府は早くも一九四二年二月にハル国務長官の下に「戦後対外政策に関する諮問委員会」（第二次諮問委員会と略す）を作って取り組みを開始した(22)。一九四三年の三月にはこの第二次諮問委員会を支える領土小委員会が活動を開始する。

この領土小委員会では天皇制を維持するのがよいとする「知日派」が主導権を握った。なかでもヒュー・ボートンは「自由主義的改革に天皇制のマントを着せる」という「積極誘導論」を唱え、天皇制の廃止を求める「介入変革論」と明治憲法を容認しようとする「介入慎重論」の間にあって、後の方向性を先取りする立場を打ち出した。

だが、この段階で、国務省の立案者のうち天皇制の廃止を主張する側は、「日本の侵略的膨張は、天皇の神格性、不可侵性の思想と深く結びついてい」るという(23)。森田英之はこのグループの主張を次のように要約している(24)。すなわち天皇制は神道、軍国主義及び天皇崇拝思想と一体化している。それゆえ、天皇制をこれら「嫌悪すべき」思想より分離することは、事実上不可能である。したがって天皇制の廃絶を含む日本の政体の全面的な改革を断行し、過去を完全に絶ち切ることが、日本軍国主義を破壊するための第一の前提となる。

ウッダードが「国体のカルト」と呼ぶものを廃止するのか、そうでなければどう限界づけるのかという問題が、すでにこの段階で強く意識されていたことが分かる。

これに続く検討は、一九四四年二月に設けられた「戦後計画委員会」（ＰＷＣ）で進められる。ここでは天皇制廃止の論が強く、知日派は繰り返し修正案を提示して抵抗せざるをえなかった。一九四四年五月、元日本大使のジョセフ・Ｃ・グルーが国務省極東局長に入る。グルーはかねてより、天皇制を維持して日本の民主化を進めることが日米双方にとって有利だという論陣を張っており、ＰＷＣにおいて天皇制廃止論が優位に立つのを抑える上で大きな役割を果たしたとされる。

国務省に戻る前の時期、グルーは著名な論客として天皇制擁護の論陣を張っていた。

一九四三年十一月二十九日のシカゴでの演説でグルーは、天皇は軍閥ではなくよき日本国民の側にある、といっそう直截に天皇制を擁護した。また、日本の国家神道の問題にもふれた。神道が軍部によって好戦的選民思想と結びつけられ歪曲されたのは事実であるにせよ、基本的には祖先崇拝を説く土着信仰たるにすぎず、神道が諸悪の根源とはいえない、との見解すら表明したのである(25)。

これに対して、激しいグルー批判の論がわき上がった。二月二日付けの『ニューヨークタイムズ』紙は、現時点で天皇に対して攻撃を加えるのが得策でないという論点には賛同しつつ、神道と天皇ヒロヒトに関する論には問題がある、「民族自決にもとづく真の民主主義の発展を阻害する専制的神政政治を擁護することは、われわれの信条に背馳する」とグルーを攻めた(26)。

「近代の神道は、ナチズムと同様に、八紘一宇の標語のもとに膨張主義の教義と化し、全世界を日本天皇の支配下に「統合」することを説いた」。「神なる天皇」や「聖戦」の教義は、ナチズムやファシズムに劣らず危険であり、これらはわれわれがすでに排除することを誓ったところである。「われわれの軍隊が太平洋中において神道や日本天皇に象徴されるものすべてに対して戦っている現在、それをいささかでも擁護するがごとき言動は場ちがいであろう」——と(27)。

こうした世論動向を踏まえ、一九四四年三月一五日、国務省の極東に関する部局間地域委員会は、「日本——信教の自由」(28)と題する神道と信教の自由に関する基本的政策文書をとりまとめた。この文書の問題の設定は、「神道を一宗教として、極端な国家主義（extreme Nationalism）から区別するのが困難であることを考えるとき、占領軍は日本に信教の自由を許すべきか否か」というものだった。信教の自由は大前提となる原則ではあるが、それを日本へ適用しようとすると困難な問題が生じる。

それは、本来無害で原始的なアニミズムである原始神道（Original Shinto）のうえに、昨今の狂信的な愛国主義と侵略主義を増長させるため軍国主義者によって利用された「国家主義的天皇崇拝カルト」が接ぎ木されているからであると述べ、神道のこうした二側面を、すなわち、古神道（Ancient Shinto）と極度に好戦的な国家主義儀礼である国家神道（National Shinto）とを区別する必要性を強調している(29)。

この段階で、アメリカ政府は「国家主義的天皇崇拝カルト」をどう処理するかという問題を明確に認識していたことが分かる。しかし、文書のなかでは、神社神道をどのように遇するかについては、具体的な勧告内容が示されており、「神道指令」に至る内容の検討文書としてよく理解できる。だが、「天皇崇拝カルト」をどう遇するかは示されていない。これは、そもそも天皇制にどのような態度で臨むのかの基本的判断が見えない段階では当然とも言える。実際、同年五月九日付で出された「日本――政治的諸問題・天皇制」(30)では、冒頭に「（占領軍の）軍政府が天皇制に如何なる態度で臨むかを現時点で最終的に決定するのは困難である」と記されている。また、こうした困難性は「天皇は神聖不可侵であり、全ての権威の源であると考えられている、日本の天皇の特異な立場に由来する」ものだとも述べられている(31)。

この後、ポツダム宣言の受諾を経て、一九四五年一二月一五日の「神道指令」に至る時期の、宗教に関わる占領政策の基本線は、「国務・陸軍・海軍三省調整委員会」（ＳＷＮＣＣ）で検討され決定された。同委員会の二つの文書、八月二九日付けの「降伏後における米国の初期対日方針」(32)、一一月三日付けの「降伏後の日本固有の軍政に関する基本指令」(33)にその内容が示されている。中野毅はそれを以下のように要約している。

天皇制を将来どうするか、また天皇・裕仁個人の処遇や戦争責任をどのように考えるかという問題には明快な効果あらしめる方策がとられ、なおかつ国家神道の廃止、軍部の解体、軍国主義的・超国家主義的イデオロギーの宣伝の禁止という措置が取られたことは、天皇制と膨張的軍国主義とを区別して対応したことになる(34)。

また、これらとは別に一九四五年一〇月一八日にワシントンで国務省極東部長兼ＳＷＮＣＣ極東小委員会委員長のジョン・カーター・ビンセントが行なった放送を要約した文書も「神道指令」の形成に関与することが大きかったとされる。

ＧＨＱの民間情報教育局（ＣＩＥ）が「国体のカルト」について、「神道指令」となる文書からははずし、それ以外の方法で制御することを模索しようとすることになる背後には、天皇制をめぐるアメリカの占領政策の、以上のような政策決定経緯が存在した。

四　「天皇の人間宣言」が先送りしたもの

民間情報教育局（ＣＩＥ）のダイク局長の指示を受けたヘンダーソン教育課長、学習院の英語教員でＣＩＥと連絡をとっていたブライス、学習院院長の山梨勝之進、石渡荘太郎宮内大臣、前田多門文部大臣、幣原喜重郎首相らによって作成された「新日本建設に関する詔書」の案文は、天皇周辺で二つの大きな変更が加えられることになる。その経緯については、『幣原喜重郎』や木下道雄『側近日誌』の記述によっておおよそ明らかになっている。

一二月二四日の夜、幣原首相が案文をもって天皇に夜間拝謁した。その際、天皇は幣原に、日本においても民主主義の思想と実践の先例があったことを示すために明治天皇の「五箇条の御誓文」に触れたいと述べたとされる。また、一二月二九日には、侍従次長の木下道雄が天皇の意見を聞きながら修正を試みた。木下は翻訳文体であることをはじめ、「詔書中気に入らぬことは沢山ある」としながら、その要点は「神の裔にはあらず」という記述を削ることだったという。『側近日誌』によると、原案では以下のようになっていた。

朕と我国民との間の紐帯は終始相互の信頼と愛情に依りて結ばれ来たる特性を有す。此の紐帯は単なる伝説と神話に依るに非ず。日本人を以て（これをMac自身はEmperorと書き改めた）神の裔なりとし他の民族に優越し世界を支配すへき運命を有すとの屢々日本人の責に帰せしめられたる（これは学習院ブライスの原文に首相が加入せる文句）架空なる観念に依り（false conception）説明（predicated）せらるるものにも非す木下は「天皇が神の裔である」というのを「架空」だとし、それを否定するのは許しがたいと考えた。「そこで予はむしろ進んで天皇を現御神とする事を架空なる事に改めようと思った」。天皇もこの考えに賛成だった。「天皇自身が神である」ことは「架空」だが、「天皇が神の子孫である」のは「架空」ではないという考えである。そこで、以下のような新たな案文ができたという。

凡そ民族には真の民族特有の神話伝説の存するあると雖　朕を以て現神とし　爾等臣民を以て神の裔とし　依つて以て他民族に臨み　其の優越を誇り　世界を支配すへき運命を有するか如く思惟するは誤れるの甚だしきものたるを覚《さと》らさるへからず

最終的な「新日本建設に関する詔書」の文面と比べると、この案文もかなり異っている。「凡そ民族には真の民族特有の神話伝説の存するあると雖」というところ、また、「爾等臣民を以て神の裔とし」というところが削除されている。だが、「天皇が神の裔である」とあったのを「天皇を現御神」と変更するという案は通った。「天皇が神の裔である」という観念も天皇の聖性を認めるものであり、「国体のカルト」や「天皇崇敬」の大きな構成要素だったと思われるが、それは否認されないようにしたということである。

また、「五箇条の御誓文」を冒頭に引いたということも大きな意義をもつことである。それは単に「日本においても民主主義の思想と実践の先例があったことを示すというのにとどまらない。「五箇条の御誓文」は「誓祭」とともに下された。つまり、天皇の聖性を印象づける念入りな儀礼を伴い、その天皇の「誓文」として下された(35)。天皇自身が明治維新の当初に、「誓祭」を行ない、神的な権威をもって示した文書が引かれたことは、天皇の神的権威を再提示するものであろう。「五箇条の御誓文」を引いた天皇の神的な権威が再認される効果を含んでいる。このように天皇周辺の意思により、天皇の神聖性を否定するという「天皇の人間宣言」の意義を多少なりとも縮減するような変更が加えられたのだ。

結局のところ、「天皇の人間宣言」と称される文書、天皇自身の神格否定の発語という形をとったこの文書は、どのような政治的意味をもったのか。これに対する批判の声は、天皇制を廃止しようとする側からも、「国体護持」を求める側からもさほど大きなものとはならなかった。この文書は、一方で、天皇制の廃止を求めるアメリカ国内、また中国やイギリスなどの国際的な声を抑え、国際的に天皇制の維持を受け入れやすくする機能を果たしたと言える。他方で、日本国憲法によって規定される「象徴天皇」のあり方を先取りするものであり、日本国憲法を国民が受け入れる一つの基盤を作る機能を果たしたと言える。

だが、戦前の日本を超国家主義や軍国主義に導いた、全体主義的な天皇崇敬と宗教性に対して、どのようにそれを制御するかという課題については、「天皇の人間宣言」は明快な答えとなっておらず、曖昧な一時的措置にとどまった。たとえば、「教育勅語」をどうするかは先送りされた（一九四八年六月の国会両院の決議によって廃棄された）。したがって、「神道指令と天皇の人間宣言という二つの措置が、日本の国体を変革した」[36]というのは、「天皇の人間宣言」の意義を大きく評価しすぎたことになるかもしれない。

実際は日本国憲法の下でも、天皇の神聖性が一定程度保たれ、それを拡充することを目標とする政治勢力が影響力を保持し続けることとなった[37]。皇室祭祀は一九四五年以前とあまり異なるところなく継続されてきてもいる。靖国神社や靖国神社や三種の神器の国家的地位を高めようとすること、明治憲法に近づくような方向で「憲法改正」を進めること、元号法案、建国記念日の制定や昭和の日・明治の日などの名称変更、代替わり儀礼の宗教的側面を国家行事的な地位に高めようとする動き、君が代・日の丸を強制的に尊ばせること、教育勅語を復権させようとする運動、日本の歴史教育で天皇の意義を強調しようとする動き（「新しい歴史教科書をつくる会」）などが継続的に試みられてきた。二〇〇〇年代になって、とりわけ二〇一二年に成立した第二次安倍政権以後、こうした「国家神道復興」の動向は一段と勢いを強めているようである(38)。

国政によって天皇の神聖性を鼓吹し、人びとがそれに従うように求めていくことは、日本国憲法の諸条項（とくに、第一九条、第二〇条）に照らして大きな問題がある。それは、人びとの思想信条の自由、信教の自由（宗教を信じる自由・信じない自由）、良心の自由を脅かす可能性がある。日本国憲法のこれらの規定は天皇崇敬を押し付けることへの一定の歯止めとして機能している。しかし、それでもさまざまな形で、国民が天皇の神聖性を受け入れざるをえなくするような方向での政治的決定が積み重ねられてきた。そして、それは二〇一〇年代に入って、一段と強められようとしているように見える。

天皇の聖性を制御する制度的措置の必要性は、日本と戦った諸外国では強く認識されていた。ポツダム宣言受諾から日本国憲法制定に至る過程では、その問題が強く意識されていた。だが、その認識を具体化する制度的な対応がどうあるべきかは明確に討議され、制度化されたわけではなかった。ＧＨＱも日本政府側も天皇周辺もそれが大きな課題であることを認識していたが、それに正面から取り組むことは回避した。「国体護持」と「国体のカルト」の制御とはどう関わるのかは、容易に取り組むことはできず、かつ重すぎる問題だったようだ。

独立した組織をもつ「宗教」と国家の関係を問うところから形成されてきた西洋の近代的な立憲的政治体制とは異なり、祭政一致・祭政教一致を掲げて近代化を進めようとした日本において「天皇の聖性」の政治力をどう制御するのか、この問いは天皇制を維持する方針が明らかになった直後には、大きな取り組み課題となった。「天皇の人間宣言」はそれに対する一つの応答であったが、その問題をあいまいなままに迂回し、問題の検討を先送りする役割を果たした。今後の日本で立憲民主主義が穏当に定着していくことを望むならば、この問題との取り組みは不可欠となるだろう。

［注］

(1)「国家神道、神社神道ニ対スル政府ノ保証、支援、保全、監督並ニ弘布ノ廃止ニ関スル件」SCAPIN-448

(2) 一九九〇年、その後、高橋紘『象徴天皇の誕生――昭和天皇と侍従次長・木下道雄の時代』（角川文庫）として、二〇〇二年に刊行。

(3) *The Reminiscences of HAPRPLD C. HENDERSON*, Columbia University Press, 1962.

(4) 木下道雄『側近日誌』文藝春秋、一九九〇年、三三八頁。

(5) ウィリアム・P・ウッダード『天皇と神道――GHQの宗教政策』（原著、一九七二年）、サイマル出版会、一九八八年、二九三頁。

(6) 平川祐弘『平和の海と戦いの海』講談社文庫、一九九三年（初刊、新潮社、一九八三年）、二六一頁。

(7) ウッダード、前掲書、二九七頁。

(8) 同書、一四頁。

(9) 同書、八頁。

(10) 同書、九～一〇頁。

(11) 島薗進『国家神道と日本人』岩波新書、二〇一〇年。

(12) 同書。

(13) 大原康男『神道指令の研究』原書房、一九九三年、七九頁

(14) 高橋紘『象徴天皇の誕生――昭和天皇と侍従次長・木下道雄の時代』角川文庫、二〇〇二年、二一二～二一三頁。

(15) 大原、前掲書、一五頁。

(16) 同書、八三頁。

(17) 同書、八五頁。

(18) 同書、一一頁。

(19) 同書。

(20) 同書、一一～一二頁。

(21) 同書、一三頁。

(22) 森田英之『対日占領政策の形成――アメリカ国務省 1940-44』葦書房、一九八二年、五百旗頭真『米国の日本占領政策――戦後日本の設計図』上・下、中央公論社、一九八五年、同『日米戦争と戦後日本』講談社学術文庫、二〇〇五年（初刊、大阪書籍、一九八九年）、中野毅「アメリカの滞日宗教政策の形成」井門富二夫編『占領と日本宗教』未来社、一九九三年。

(23) 中野、前掲書、四五頁。

(24) 森田、前掲書、一二三頁。

(25) 五百旗頭、前掲『日米戦争と戦後日本』、七七頁。

(26) 同書、七九頁。

(27) 同書。

(28) PWC-115

(29) 中野、前掲書、五四頁。

(30) PWC-116d

(31) 中野、前掲書、五五～五六頁。

(32) SWNCC150/A

(33) SWNCC52/7

(34) 中野、前掲書、六〇頁。

(35) ジョン・ブリーン『儀礼と権力――天皇の明治維新』平凡社、二〇一一年、第二章「天皇の権力――国家儀礼としての「五ヶ条の誓文」」。

(36) 阿部美哉『政教分離――日本とアメリカにみる宗教の政治性』サイマル出版会、一九八九年、五八頁。

(37) 島薗進「戦後の国家神道と宗教集団としての神社」圭室文雄編『日本人の宗教と庶民信仰』吉川弘文館、二〇〇六年、

島薗、前掲『国家神道と日本人』。

(38) 島薗進「現代日本の宗教と公共性 ― 国家神道復興と宗教教団の公共空間への参与」島薗進・磯前順一編『宗教と公共空間 ― 見直される宗教の役割』東京大学出版会、二〇一四年。

資料 ― 新日本建設に関する詔書

茲ニ新年ヲ迎フ。顧ミレバ明治天皇明治ノ初國是トシテ五箇條ノ御誓文ヲ下シ給ヘリ。曰ク、

一、廣ク會議ヲ興シ萬機公論ニ決スヘシ
一、上下心ヲ一ニシテ盛ニ經綸ヲ行フヘシ
一、官武一途庶民ニ至ル迄各其ノ志ヲ遂ケ人心ヲシテ倦マサラシメンコトヲ要ス
一、舊來ノ陋習ヲ破リ天地ノ公道ニ基クヘシ
一、智識ヲ世界ニ求メ大ニ皇基ヲ振起スヘシ

叡旨公明正大、又何ヲカ加ヘン。朕ハ茲ニ誓ヲ新ニシテ國運ヲ開カント欲ス。須ラク此ノ御趣旨ニ則リ、舊來ノ陋習ヲ去リ、民意ヲ暢達シ、官民擧ゲテ平和主義ニ徹シ、教養豊カニ文化ヲ築キ、以テ民生ノ向上ヲ圖リ、新日本ヲ建設スベシ。

大小都市ノ蒙リタル戰禍、罹災者ノ艱苦、産業ノ停頓、食糧ノ不足、失業者増加ノ趨勢等ハ眞ニ心ヲ痛マシムルモノアリ。然リト雖モ、我國民ガ現在ノ試煉ニ直面シ、且徹頭徹尾文明ヲ平和ニ求ムルノ決意固ク、克ク其ノ結束ヲ全ウセバ、獨リ我國ノミナラズ全人類ノ爲ニ、輝カシキ前途ノ展開セラルルコトヲ疑ハズ。

夫レ家ヲ愛スル心ト國ヲ愛スル心トハ我國ニ於テ特ニ熱烈ナルヲ見ル。今ヤ實ニ此ノ心ヲ擴充シ、人類愛ノ完成ニ向ヒ、獻身的努力ヲ效スベキノ秋ナリ。

惟フニ長キニ亘レル戰爭ノ敗北ニ終リタル結果、我國民ハ動モスレバ焦躁ニ流レ、失意ノ淵ニ沈淪セントスルノ傾キアリ。詭激ノ風漸ク長ジテ道義ノ念頗ル衰ヘ、爲ニ思想混亂ノ兆アルハ洵ニ深憂ニ堪ヘズ。

然レドモ朕ハ爾等國民ト共ニ在リ、常ニ利害ヲ同ジウシ休戚ヲ分タント欲ス。朕ト爾等國民トノ間ノ紐帯ハ、終始相互ノ信頼ト敬愛トニ依リテ結バレ、單ナル神話ト傳説トニ依リテ生ゼルモノニ非ズ。天皇ヲ以テ現御神（アキツミカミ）トシ且日本國民ヲ以テ他ノ民族ニ優越セル民族ニシテ、延テ世界ヲ支配スベキ運命ヲ有ストノ架空ナル觀念ニ基クモノニモ非ズ。

朕ノ政府ハ國民ノ試煉ト苦難トヲ緩和センガ爲、アラユル施策ト經營トニ萬全ノ方途ヲ講ズベシ。同時ニ朕ハ我國民ガ時艱ニ蹶起シ、當面ノ困苦克服ノ爲ニ、又産業及文運振興ノ爲ニ勇往センコトヲ希念ス。我國民ガ其ノ公民生活ニ於テ團結シ、相倚リ相扶ケ、寛容相許スノ氣風ヲ作興スルニ於テハ能ク我至高ノ傳統ニ恥ヂザル眞價ヲ發揮スルニ至ラン。斯ノ如キハ實ニ我國民ガ人類ノ福祉ト向上トノ爲、絶大ナル貢獻ヲ爲ス所以ナルヲ疑ハザルナリ。

一年ノ計ハ年頭ニ在リ、朕ハ朕ノ信頼スル國民ガ朕ト其ノ心ヲ一ニシテ自ラ奮ヒ自ラ勵マシ、以テ此ノ大業ヲ成就センコトヲ庶幾フ。

御名御璽

昭和二十一年一月一日

内閣總理大臣兼第一復員大臣第二復員大臣　男爵　幣原喜重郎

以下略（一一人の大臣の名）

第三章　天皇は人間宣言でどう変わったか

吉馴明子

インターネットの質問サイトを見ると、戦前は天皇が神だと皆本気で信じていたのですかという質問に、天皇は明らかに人間なのだから、そんなことを真面目に信じていた人はいなかったはずです、という答えがベストアンサーとされている。今の時代、これが当然のように受け入れられているようだ。あなた方は「現人神」天皇が主演の劇を見ていたかもしれぬが、もう幕はとっくに下りたんだよ！　というわけである。しかし事実戦前の天皇は、劇中ではなく実際に「現人神」であったのだから、その実像を歴史的に明らかにしたい。まずは、祭政一致で始まった明治政府が西欧列強の仲間入りを目指して、どのように「天皇を基軸」とする国家を作り上げていったか。①大日本帝国憲法で天皇が「神聖にして侵すべからず」と規定されるまでの過程とその意義、②教育勅語による「忠孝」道徳の強調と、その国家への囲い込み、③国家神道による天皇崇拝という宗教の生成、これら三側面から「神権天皇」の姿を明らかにする。その上で、敗戦直後出された天皇の「人間宣言」が日本の政治社会秩序をどのように転換させたか、民主主義国家への転換の基礎を据えたか否か。戦前の「神権」天皇の特徴を遺していないか、遺しているとすれば何か、を本章において明らかにしたい。

一　天皇が「現人神」となるまで

明治政府の始まりは、一八六八（慶応四）年、京都御所紫宸殿で公卿・諸侯・徴士ら群臣参加のもとで行なわれた、神祀儀式の「五箇条の誓文」奉読であった。一八六九（明治二）年、東京遷都に伴い、賢所に八咫鏡、神祇官に八神に併せて歴代の皇霊と天神地祇が祀られた。七一年、廃藩置県を行ない、政府組織も太政官制となると、これに伴って、神祇官に託されていた神々はすべて宮中賢所の聖域へ移された。やがて皇室祭祀の体系の充実が計られ、新嘗祭、神武天皇祭（天皇家の先祖祭）、紀元節祭、春秋皇霊祭、四方拝、大祓などが行なわれるようになった。神社については伊勢神宮を頂点とする祭祀・神道として整備統合が始まり、伊勢では御師が持っていた大麻（神札）や神宮暦の製作配布権が取りあげられた(1)。後に恵泉女学園を創立し、戦後教育刷新委員会の委員を務めた河井道の父親が伊勢の神職を辞めて北海道へ移ったのはこのためであったと考えられる。他方、太政官制への移行の二か月後出発した岩倉遣欧使節団は、欧米諸国の制度・文物をつぶさに知るうちに、キリシタン弾圧に対する強い抗議を受け、キリシタン禁令の高札を撤去した。国内でも神仏合同の皇道宣布運動が行き詰まり、「天皇を中心とする神道」による国民統合は挫折した。帰国後執筆された憲法制定に関する意見書で、木戸孝允はイギリスの議院内閣制について「有司たるもの……非常緩急の際に在りと雖ども一致せる民意の許す所に在らざれば漫りに挙動を試むる事能はず」と記し(2)、大久保利通も「定律国法ハ即ハチ君民共治ニシテ」と述べている(3)。彼らは、「欧州の一島国」にすぎず、歴史も日本に比べれば浅いはずのイギリスが、世界の強国として隆盛を極めていることに強い衝撃を受けたのだろう。しかし、その後起こった自由民権運動に危機感を抱いた政府は、明治一四年の政変を機に井上毅起案による岩倉綱領を決定し、立憲制モデルを強引にイギリス型からプロシア型へと急旋回させた。

1　岩倉綱領と伊藤博文・井上毅の理解

伊藤はその「岩倉綱領」に基づいた憲法を制定すべく、調査のためヨーロッパへ渡った。滞欧中に岩倉具視に宛てた書簡（一八八一、七、六）で、伊藤は「皇室の基礎を固定し、大権を不墜の大願目は充分相立候」と書き、その眼目を以下のように述べている。

君主立憲体なれば、君位君権は立法の上に居らざる可からずと云の意なり。故に憲法を立て立法行政の両権を並立せしめ、恰も人体にして意想と行為あるが如くならしめざる可からずと云。……君主は則此両組織の上に在りて、所謂邦国の元首なり。故に法以て之を束縛すべからず、刑以て之に加ふ可からず、不可干犯の地位に立て邦国を統括す(4)。

天皇が「不可干犯の地位に立て邦国を統括す」とする点で、「プロシア型」統治を想記させるが、伊藤は天皇が「頭」となってあらゆる機構を動かすとは考えていない。「意想」と「行為」、つまり立法と行政の二つの組織を持った上で、「君主は則此両組織の上にあり」という形になる。この点、天皇大権の下で天皇と内閣との一体性を確保しようとした井上とは決定的に異なる。伊藤が天皇を「不可干犯の地位」に置くのは、立法と行政の二つの組織が「相撞着」して統治不能にならないためである。例えば、立法権を議会に、統治権を内閣に移譲したイギリス型では、「統治の実権」の帰一すべきところがなく、それでは「国権を拡張」も「民庶の幸福」の保持もできないと、伊藤は考えたのである。岩倉綱領に列記されているような宣戦布告・条約締結権、大臣及び文武官の任命権など、天皇に広範な権限を認めたのも「統治の実権」の帰一、「大権の不墜」のためであったろう。「此憲法草案に於ては……君権を尊重して成るべく之を束縛せざらん事を勉めたり」(5)。

このように伊藤はある面では井上と同じように「天皇大権」を認めていながら、天皇の立憲制の中での位置付けには差異があり、明治憲法の三条、四条の起草過程での紆余曲折は、この点に関わっている。

第三条「天皇ハ神聖ニシテ侵スヘカラス」の起草過程を見ると(6)、この文言が初めに出たのはロエスレル案で「天皇ハ神聖ニシテ侵スヘカラサル帝国ノ主権者ナリ　天皇ハ一切ノ国権ヲ総覧シ此憲法ニ於テ款定シタル規定ニ従ヒ之ヲ施行ス」であった。これに関連する井上毅の試草甲乙案には、天皇は「大政」もしくは「国権」を総覧しとあり、「天皇ハ神聖ニシテ侵スヘカラサル」という句はない。「大政」は井上が天皇の統治を理解する「しらす」(7)の代替表現とされるが、十月草案では「天皇ハ国ノ元首ニシテ一切ノ政権ヲ総覧シ此ノ憲法ニ依リ之ヲ施行ス」「天皇ノ身體ハ神聖ニシテ侵スヘカラス」の二つの条文に分ける案となった(8)。ロエスレルは主権の至高性を表す言葉として「神聖」を用いたが、十月草案の「神聖」は主権の保持する機能とは分離され、天皇の「体」の不可侵とされた。そして最終的に、天皇の物理的存在を表す「体」が省かれ「天皇ハ神聖ニシテ侵スヘカラス」とされ、天皇という存在そのものが神聖と読める文章となった。この延長上に「現人神天皇」が語られるようになったといえよう。

本来、「不可侵」が求められる主権＝「君主の大権」については、次の第四条前半で「天皇ハ国ノ元首ニシテ統治権ヲ総覧シ」と定められた。しかし、後半の「此ノ憲法ノ条規ニ依リ之ヲ行フ」は、「君主の大権」に制限を加えるように読め、枢密院での審議時に「憲法ノ条規」以下の後半部分の削除を求める意見が出された。これに対して、伊藤は「抑憲法ヲ創設シテ政治ヲ施スト云フモノハ、君主ノ大権ヲ制規ニ明記シ、其幾部分ヲ制限スルモノナリ」と反論をした。「憲法ノ条規ニヨリ」以下がなければ、立憲政治ではなく無限専制の政体となるので、それは認めがたいということであった(9)。

これに関連して問題になるのが五五条「国務各大臣ハ天皇ヲ輔弼シ其責ニ任ス　凡法律勅令其他ニ関ル詔勅ハ国

務大臣ノ副書ヲ要ス」、大臣輔弼原則である。伊藤が本格的に憲法起草に関わるようになったのは、一八八七年八月の夏島草案以後であるが、その六条（一〇月草案では五条）に「天皇ハ諸大臣ノ補弼ヲ以テ大政ヲ施行ス」と記し、三二条には「凡テ法律起案ノ権ハ政府ニ属ス」と記した。これら二条は、行政権はもちろんのこと、法律起案権も、天皇「大権」に含まれるとする井上毅の考えに、真っ向から対立するもので井上から執拗な批判を受けた。結局、憲法草案の元になる八八年の二月草案では、天皇は「統治権ヲ総覧」するとして、諸大臣の天皇補弼を削るとともに、天皇の内閣臨御と親裁を定めた六五条を削除し、大臣の輔弼任務を改めて「国務各大臣ハ天皇ヲ補弼シ及法律勅令其他国務ニ関スル詔勅ニに副書シ其責ニ任ス」（五七条）と規定して一応の決着を見た(10)。その後これを二項に分けて上記の五五条となる。この条文は今日から見ると、内閣の連帯責任、立法府に対する責任の欠如とみなされる箇所であるが、他面、天皇親政を斥け大臣に「立法」「行政」上の役割を指定する条文でもある。坂本一登が「大臣補弼の原則を明示することによって、内閣を天皇から独立した機関として……天皇の政治争点化を回避」し、「政治」の自立空間を制度化したと言うとおりである(11)。これら起草過程における諸論争は、明治憲法が君主制と立憲制という二つの制度を折衷したことを物語って余すところがない。

前に触れたイギリス型でこれを考えると、権力集中を重視する国民議会になる前のイギリスに近似してくる。大臣は「ローヤル・フェーヴァー」（王の愛顧）で選ばれ、首相に閣内統一の権限はなく、もちろん戦争を始める権限は王に属していた。「王権神授説」が唱えられ、王の権力は絶対であった。統治権が実質的に下院＝内閣に引き渡されるようになったのは、名誉革命を経て国会が等族議会から国民議会に変わり、国王が「キング・イン・パーリアメント」と呼ばれるようになった一八〇〇年代後半になってからである。井上が事あるごとに福沢諭吉の主張するイギリス型を目の敵にしたのは、国民議会へ変化した後の立憲君主制を意識したからであろうし、事実、大隈が密かに予見したように、「憲政の常道」つまり政党内閣制への道を残す事になった。

以上に述べたような差異を内包しながらの、伊藤と井上が共に望んだことは、天皇の伝統的な「神」性に、国家のよるべき権威を求める点であった。憲法第一条の「大日本帝国ハ万世一系ノ天皇之ヲ統治ス」がそれである。「万世一系の天皇」とは、ニニギノミコト（瓊瓊杵尊）の天孫降臨神話から「神武天皇」の建国を経て、天皇家の家系が絶えることなく日本を治めてきたように、将来にわたって日本を統治するという意味である。この条文案を見たロエスレルが、ヨーロッパの歴史に鑑みて、日本でも「今後幾百千年ノ後マテ皇統ノ連綿タルヘキヤハ」予知できないのであるから、そのような「漠然タル文字ヲ憲法ノ主条ニ置」いて世の論難を招くのは得策でないと反対した。建国神話が法制に入り込むことへの批判であったが、井上毅ら日本人起草者は、神話の世界にまで連なる天皇の統治を強調することを願っていたので、条文案通り残された。その趣旨は憲法前文に当たる「告文」により明白であろう。この天皇観は、教育勅語冒頭の「朕思うに我が皇祖皇宗国を肇ること高遠に、徳を立つること深淵なり」へと流れていく。

2　教育勅語

憲法発布から一年後一八九〇年二月に開かれた地方長官会議で、「民心の離乖」が問題とされ、「道徳上の大本を立て、民心を統一」するための天皇のお言葉を要望する声が榎本文相に届けられた。山県有朋首相はこの建議を受けて教育勅語の起草準備に動き出した。①この起草過程について、統治の必要と良心の自由の衝突についての井上毅の考え方を紹介し、②教育勅語が天皇中心のナショナリズム形成へ拍車をかけ、天皇が国民に絶対的な「信」を求める君主となったことを明らかにする。

(1)　民心統一の必要と良心の自由

山県は、まず中村正直に私案を書かせ、これを以て法制局長官井上毅に意見を求めたところ、井上は山県に返書をしたため「此勅語ハ他ノ普通ノ政治上ノ勅語ト同様一例ナルベカラズ。……今日ノ立憲政体ノ主義ニ従ヘハ、君主ハ臣民ノ良心ノ自由ニ干渉セズ」と述べた(12)。「良心の自由」という原則は、明治初年に発行された福沢諭吉の『西洋事情』において、西欧近代の政治原則であることが既に紹介されている。明治憲法の起草に際しても、この原則は勘案されていた。井上はさらに言葉をついで次のようにいう。

今勅諭ヲ発シテ教育ノ方向ヲ示サルヽハ政治上ノ命令ト区別シテ社会上ノ君主ノ著作公告トシテ看ザルヘカラズ　陸軍ニ於ケル軍事教育ノ一種ノ軍令タルト同シカラズ(13)。

「一種ノ軍令」とは山県がその成立に一役買った「軍人勅諭」である。井上は「教育に関する勅語」が、「軍人勅諭」の二の舞になることを恐れた。もし軍人勅諭のようであれば、天皇は国民に対する強力な教化主体となろうからである。この弊害を防ぐためには、勅語は強制力を持つ法律ではなく、社会上の「公告」でなければならぬとした。そのためには、「真成なる王言の体」をなしておらねばならず、公布形式についても慎重を期すべしとした。すなわち、「文部大臣まで下布せられ世に公布せず」と、「演説の体裁とし、文部省に下付されずして、学習院か又は教育会へ臨御之序《りんぎよのついで》に下付する」という二つの案を出し、後者でもよいので、「政治命令と区別する旨」を明記して、勅語案を「試草」したと八木はいう(14)。しかしできあがった教育勅語は宮中へ内閣総理大臣・文部大臣を召して下賜され、それを受けて大臣が全国一般に訓令したのであった。このような発令形式は、実は初めから天皇と山県との間で合意されていたのである。しかも勅語本文は軍人勅諭と同じ「金罫紙ニ書シ、黒塗御紋付箱」に収められた(15)。教育勅語は、井上の意に反して、それに従うべき「天皇の道徳律」の様相をまとって「天皇のお言葉」として公布されたのである。

(2) 教育勅語の内容

「君ト為リ師ト為ル」天皇

勅語の草稿は井上と元田の間で数度のやりとりがあって完成した。この過程についても八木公生の著書に詳しいが、上記の発布形式との関連で八木が重視するのは、井上が教育を「国体」に収斂せしめないよう奮闘した事である。例えば勅語冒頭の「教育ノ淵源亦実ニ此ニ存ス」は、初めは「此レ乃国体ノ粋ニシテ実ニ教育ノ本源ナリ」であったが、芳川顕正文相らによって「此レ我カ国体ノ精華ニシテ教育ノ淵源亦実ニ此ニ存ス」と変えられた。教育は国体に従属するものとされたのである。井上が「教養ノ道亦実ニ此ニ淵源ス」と奇異に感じられる案を出したのは、その印象を薄めるためだったと、八木はいう(16)。

このような井上の抵抗は、天皇親裁運動に繋がる元田永孚の天皇観に対する批判に起因するものであった。元田は一八七九年、伊藤の「教育議」を批判した「教育附議」で、次のように述べた。

今　聖上陛下、君ト為リ師ト為ルノ御天職ニシテ、内閣亦　其人アリ、此時ヲ置テ将ニ何ノ時ヲ待タントス、且国教ナル者、亦新タニ建ルニ非ス、　祖訓ヲ敬承シテ之ヲ闡明スルニ在ルノミ、其人民ノ信従スルト否サルトハ、唯　陛下ノ閣臣ト厚ク信シテ恒久撓マサルニアリ、

「祖訓ヲ敬承シテ之ヲ闡明スル」立場にある天皇が、その「天職」に邁進すれば、必ず臣民の「信従」を期することができる、とある。元田の「君トナリ師ト為ル」天皇像には道徳的指導者が同時に政治指導者となるという儒教の聖人像があるが、それは明らかに「権力と道義を兼ね備えた天皇」に他ならず、「良心の自由に干渉」しない近代「立憲制国家」とは相反する天皇観であった。

勅語の枠組み

教育勅語は「朕惟フニ我カ皇祖皇宗」から始まる冒頭の文章と、終わりの「斯ノ道ハ実ニ」から始まる文章とで、枠がはめられている。日本は天皇とその祖先になぞらえられた神々からの「徳」を実現すべく立てられた国で、教育もこれに基づきこれを目指し、この日本の特殊価値をこれからも大切に、国内外に伸ばすよう努めるべしということである。もっとも「内外ニ施シテ悖ラス」は、字義的に朝廷と民間との間だという説が昨今主張されているが、起草過程でそのように考えられていたとは思えない。むしろ、井上草案には「内外ニ施シ悖ラサルヘシ」とあり、外国人がこれを読んで「こんなのは耶蘇教国には合わない、行われない」と言われないかと心配したとの挿話(17)が、そのことを示唆するであろう。

忠孝一本の教え

勅語の真ん中、徳目が並んでいる部分については、大西祝、家永三郎など、極めて常識的な勧めで特段の問題もないと見るむきも多いが、藤田省三は『天皇制国家の支配原理』において、儒教倫理の「簡素化」が、「「実践倫理」として国家と共同体の連結帯になった」と指摘している。詳しい議論はこの書を参照願う事とし、今回は「我カ臣民克ク忠ニ克ク孝ニ」だけ取り上げて考えておきたい。「克ク忠ニ克ク孝ニ」では、「忠ならんとすれば、孝ならず」との分裂がない。例えば、井上哲次郎の『勅語衍義』では、「爾臣民父母ニ孝ニ」の解説で、「国君ノ臣民ニ於ケル、猶ホ父母ノ子孫ニ於ケルガ如シ、即チ一国ハ一家ヲ拡充セルモノニシテ、一国ノ君主ノ臣民ヲ指揮命令スルハ、一家ノ父母ノ慈心ヲ以テ子孫ニ吩咐スルト、以テ相異ナルコトナシ」としている。

その影響

憲法の準備が進められていた一八八八年、伊藤は「三新法」と呼ばれる地方制度関連法を作り、「隣保団結の旧慣を基礎」に「自然の部落に成立」する自治制を立てようとした。それによって、様々な対立や衝突を緩和する「道徳的元素」を維持し、社会の「政治化」を阻止して社会の安定を確保するためであった(18)。教育勅語で強調された「忠孝一致」を説く天皇中心の道徳は、このような「郷党社会」の温存の上に広められることになる(19)。

教育勅語は皇祖皇宗からの宗教的権威を継承する天皇が、国と天皇への信従を求めるお言葉の発布となった。たしかに、これだけでは必ずしも「天皇教」とは言えないかもしれない。ところが、このような一途な君臣関係が求められるところで、他の神や仏に帰依する信仰を持とうとすると何が起こるか。その恐れが現実になったのが、教育勅語発布直後の「内村事件」であった。天皇の署名捺印がある教育勅語に内村が「最敬礼」をしなかったという騒ぎは、仏教紙、一般紙で全国に報じられ、内村を「不忠」、反「国体」とする批判がわき起こった。つまり、天皇への「信」を相対化、希薄化するキリスト教のような宗教が忌避、排斥されずにはおかないことが、明らかになったのである。

教育勅語発布の翌年六月、「小学校祝日大祭日儀式規定」が制定された。紀元節、天長節、元始祭、神嘗祭、新嘗祭において、ご真影に最敬礼と万歳、教育勅語奉読、校長訓話、相応する歌の合唱が義務づけられた。これには住民の参加もあったとされる。私たちの親たちの世代から聞こえる教育勅語奉読時の様子は、「鼻をすすり上げる音があちこちから聞こえた」、脇の下を（朕思うに我が）「こちょこちょ」とやったとか、たわいもないものもあるが、誤読した校長が辞職に追い込まれるとか、戦時下では、爆弾による火災の中をご真影や勅語を持ち出すために走り込んで焼死したというような話もある。ご真影に頭をたれて校長の大業な朗読を長年にわたって聞き続ければ、勅語が死生の範として体にしみこんだとしても不思議ではない。「君となり、師となる」天皇への服従の姿がそこにはある。こうして天皇への直接的「信従」を求める教育勅語が、学校教育の場で、ご真影を背景に、特別に恭しく読み上げげられることによって、天皇の尊厳と日本の国の「万国無比のすばらしさ」を、幼な心に刷り込むことになった。また、国民の心を特別に神々しい舞台装置の下で、死の世界を媒介にして、天皇に結びつけたのが「神社」であった。次項では天皇の祭儀、「国家神道」について考えることにしよう。

3　神としての天皇――「国家神道」へ

大日本帝国憲法の発布と国会開設という近代国家制度が確立される時になって、次に見るように天皇「教」への期待が再び政治の表面へ頭を出すことになる。さらに、次頁の「(2)靖国神社」に見るように、戦争と兵役を経験することによって、天皇は国民の生死を支配しうるもの、死者の「祭祀」の主としての宗教性をまとうことになった。

(1)　神祇官復興運動

一八八九年二月一一日憲法発布の日、賢所における紀元節の親祭の後、正殿に場所を移して各国公使等も出席する憲法発布式典が行なわれた。ところが、神道祭祀が公的に行なわれない事に不満を持った佐々木高行は、元田永孚、山田顕義、丸山作楽らを巻き込んで「神祇院設置」を建議する(20)。この神祇院とは「国家ノ祭祀礼式及節会」「大小神社」「大嘗祭」「文部官帝国議員の宣誓」を司り、また神社に関する事務を内務省社寺局から、祭祀と雅楽に関する事務を宮内省式部職から移して、「祖宗及天神地祇ヲ祭祀スベキ最高ノ官衙」であった。立憲政治が広く実施される前に、「国家ノ歴史ニ照シ、千古不変ノ国体ニ拠リテ基礎ヲ定メ、国家ノ感情ニ基キ、忠君愛国ノ皇猷ニ随ヒテ民心ノ統一ヲ鞏クスヘキ」と、佐々木たちは考えたのである。彼らは伊藤に次のような書簡を送った。

　神祇官を興すと興さゞると誠敬上より申せば無論興すを至当とし、知見政略上より申しても興せば全国敬神党之人心を帝室に収拾し、興さゞれば此党類之怨懐を帝室に来たし、利害得失誠に見易きものに而(21)

しかし、伊藤は「神祇崇敬」と「神祇官設置」とは別ものとの態度を崩さず、井上も「礼典ハ宜シク王家ニ属スヘクシテ之ヲ国務ニ混スヘカラス」と、天皇の祭祀はあくまで宮中に置き、国政とは区別すべきものと、神祇官設置に賛成しなかった(22)。ただ、伊勢神宮、熱田神宮など重要な神宮については、祭事・神官とも神祇局が管理し、官国幣社は祭事を神祇局、神職という国民と関わる人事は内務省が管理するという二本立ての体制をとった。

国会では、第一議会に大津淳一郎らが衆議院に神祇官設置上奏案を提出した。しかし予算の攻防で大荒れの議会で審議は始まらなかった。その後も毎議会神祇官設置案は提出されたが、遂に可決されなかった。ただし、一八九〇年代の終わりには、文化財保護のための古社寺保護法や、その立地の林野保護のため国有林法の改正が実現した。さらに条約改正の実現を前に、政府はキリスト教に対する合法的姿勢を示そうとして、一八九九年六月宗教法案を提出した。同法案は不成立となったが、「神仏耶」を同一に扱うべきか、特に国家との関係如何との議論がなされ、それを受けて、一般の宗教事務を扱う役所名を寺社局から宗教局へと変更し、別に神社局を設置した(23)。ここから、「神社は宗教に非ず」という文言が作られ、「神道」が「国家神道」に成長する事になる。

(2)　靖国神社

国家神道の国民への広がりを考える上で、もう一つ、忘れてならないのが一八七九年に東京招魂社から改称された靖国神社である。この直後の例祭御文が「天皇乃大命爾坐世（すめらのおおみことにませ）」で始まり終わるのは、「天皇乃大命」が靖国神社祭祀の根源であることを明示するものであると角田三郎は『かみ・ほとけ・ひと』において述べる。すなわち戦死者が祀られるのは、家と身を捨てて戦い、「大皇国を安国」とした高い勲功を称えるためであって、「かなしみ苦しんだ魂への慰霊鎮魂」ではないと(24)。しかもそれを行なうのは天皇であるから、靖国神社への「天皇の思召による合祀」とはそこに人間の生と死の絶対的価値が置かれることを明示したものに他ならない。

こうして創建された靖国神社は日清日露戦争を経て、その存在意義を国民の間に広めて行く。原田敬一『日清・

日露戦争』によってこの過程を概観すると以下のようになる(25)。まず、日清戦争の後、二度に分けて靖国神社への合祀が行なわれた。一回目が、一八九五年一二月の戦死者合祀で、二回目は九八年一一月戦病死者の合祀であった。この一月前には日露戦争に向けての五師団の増設が発令され、翌年にはさらに一師団を増設する。靖国合祀の拡大は、次の戦争で多くの兵士、国民の協力が必要となることを見越しての措置だったとされる。さらに日露戦争では、戦死者が八万四〇〇〇人にも上ったため、戦場に仮埋葬し、後に陸軍埋葬地に改葬された際、戦死者の人数があまりに多いため個人墓標を作らず合葬とし、しかも氏名死亡年月日などは石碑に彫刻せず「合葬の原簿」を作る措置が考案された。この名簿に基づいて靖国神社には、戦死者の「霊」八万八四二九柱が合祀された。

戦死者を埋葬地に葬った後その「神霊」だけを靖国神社へ合祀するという方式の原型は、長州の「招魂社」に求められ、必ずしも政治闘争で敗れたり、郷土を出て帰らぬ死者たちの「怨霊」をなだめるためではないとする津田勉の研究「招魂社の発生」(26)もあり、靖国神社は戦死者の霊を慰める神社の体裁を保っている。日中・太平洋戦争の場合も、死所不明の膨大な数の戦死者の「神霊」を、ともかく靖国神社に祀ったということになろうか。

ともかく、日露戦争直前の陸軍一師団増設で歩兵連隊は四八個、各道府県に一個の歩兵連隊が置かれ、「郷土連隊」と呼ばれる。地域の有力者たちの主導で尚武会や軍人後援会、報公会などが結成され、予備役となった元兵士の在郷軍人会、村長や校長の指導の下での青年団の組織化も進んだ。出征兵士が家族との別れもそこそこに、町内の人々に見送られて勇ましく出ていく姿の始まりはこの頃と思われる。「郷党社会」の維持はここでも役だったことになる。いずれにせよ、日露戦争の頃から兵士の育成が地域を基盤に組織化され、日中戦争が始まると父子二代にわたる出征軍人の記事が「我が郷土の誇り」として紙面を飾る。靖国神社は、春秋の例大祭を陸・海軍の「凱旋観兵式」に変更し、靖国神社の祭祀を天皇が戦勝を祝い、天皇と国のために戦死した人たちに感謝するためと明確化した。

天皇が戦死者の祭祀の主役を務めるということの意義を、「家族国家」の視点から見るとどうなるか。筆者は学生時代に、一族の所有する「庵」で一夏を過ごしたことがあるが、そこには先祖代々の位牌が数段の棚に並べられた一角があった。お盆になると一族が集まって先祖の霊を迎え一同で供養の飲食をなす。もちろんお坊さんの読経もあり、和やかなひと時となる。ところで「家」は長男相続を本とし、次三男の分家を枝とする世代を超えた複数の家族で構成され、その祭祀権は「本家」にのみ属するとされる。したがって、お盆には本家を中心に一族が集まって地上へと戻ってくる先祖の霊を迎え入れる祀りを行なうわけで、この祀りにおいて、世代を超えた「家」が現実のものとして感得されるといえる。このような「家」が地縁で繋がって農業などを共同して行なう共同体がムラである。日本は天皇を家長とする大家族だというフィクションも、このような「家」制度と「ムラ」の経験があればこそ、比較的容易に受け入れられたと考えられるであろう。

以上で述べたとおり、幕藩体制に代わる国家統合のために呼び出された「神聖」なる天皇は、憲法において天皇大権を持つ立憲君主制として樹立された。これを国家道徳の面から支える教育勅語と、天照大神を祀る伊勢神宮を頂点とする神社群に国民の命を預かる靖国神社を傘下に納めて天皇を祀り祀られる神とする国家神道が支えた。道徳と宗教心によって両脇を固められて、「天皇」は立派な「国家の基軸」となった。こうして制度と精神によって縦横に織り重ねられた日本帝国は、一九三一年日中戦争を始め、太平洋戦争まで一五年にわたる戦争を続けた。敵にあう度に「天皇」への絶対的服従、「忠誠」を強め、武器、軍事力、人力を使い尽くして、「国体」という外壁だけを遺して敗戦を迎えることになった。

二　現人神の「神」と、象徴としての「人」

敗戦によって、日本は天皇主権の国から、国民が主権者である国に変わった。この変化によって天皇が「神聖不可侵」という考え方は斥けられるようになった。それはただ、「主権」のありかの変化だけでなく、天皇を宗教性――「神話」と結びつけたり、「神」として崇め礼拝する――から解き放ったのである。天皇のこのような「世俗化」「非宗教化」の過程の持つ意味を、イギリス立憲制の変化と比較して考察し、この変化が「国民」「国家像」にもたらした変化と、課題を考えよう。

1　天皇の人間宣言

日本がポツダム宣言を受け入れて降伏した戦後、日本を占領統治したGHQの民主化政策が展開され、一九四六年一月天皇の「人間宣言」が発せられた。それは、「日本の占領と支配のための連合国最高司令官に対する降伏後初期の基本指令」に基づくもので、GHQ民間情報教育局で検討された「神道指令のスタッフ・スタディ」の上申に沿う形で実行に移されたものであった(27)。彼らは、知日派の人たちと同様、軍国主義の頭としての天皇は軍部が平和な農耕宗教である「神道」を利用したからであって、「神道」を本来の民俗宗教に戻せば天皇制は平和主義的・民主主義的日本の「頭」にふさわしいものに作り換え得ると考えていた。人間宣言は、そのために用意されたのである。果たしてその目的を達したのか。

一九六四年に行なわれた南原繁との対談で、丸山眞男はこの人間宣言が、例えば「雄略天皇が野原に遊んで恋愛ごっこをした歌を読んでいる。だから人間……元々人間だった」というだけなら、人間宣言の意義が捉えられてないと言っている(28)。これは正に、天皇の「神」性が何を意味していたかという本章で解明しようとした課題に関わる問題提起に他ならない。

本章では、天皇の特殊な位置を、一つには元田によって作られた「君」であり「師」である天皇、つまり権力だけでなく道徳において絶対的な力を持つ者として、二つには国家神道に定型化されるに至った祭祀に関わる天皇という二面から明らかにしてきた。このような「現人神」について、人間宣言は何を語ったか。曰く、

朕ト爾等国民トノ間ノ紐帯ハ、終始相互ノ信頼ト敬愛トニ依リテ結バレ、単ナル神話ト伝説トニ依リテ生ゼルモノニ非ズ。

天皇と国民との関係は、国産み神話のような「神話ト伝説」によって生まれたのではないとの文言は、天皇の「祭祀」の世界での神、「国家神道」上の神の側面の否定である。このような結びつきに代えて、「終始相互ノ信頼ト敬愛トニ依リテ結バレ」と宣言する。すなわち「相互ノ信頼ト敬愛」が「天皇と国民」を結ぶとする。もし『勅語衍義』のように歴史から事例を取る解説をこの文言に付すとすれば、明治憲法下にそのような事例が見つけられるのか疑問とせざるを得ない。しかし、この文言に従えば、天皇に「道義的」な「師」の権威はもはや存在してないということになろう。南原繁は戦後改革の最重要事の一つに天皇の人間宣言を挙げ、天皇が自ら「現人神」を否定して人間としての宣言をされ、「国民との関係を同じ立場で人間としての信頼と尊敬におき換えられた」（傍点筆者）と述べ、人間宣言の重大な意義を認めた。先の丸山の「恋愛ごっこ」をしていたのだから天皇はもちろん人間だった、という理解では不十分というコメントは、この南原の発言に留保づけるかのように応じたものである。

では、「人間宣言」で天皇と国民との関係は戦後実際にどう変わったのか。これを日本国憲法第一条に見ると、次のようになる。

天皇は、日本国の象徴であり日本国民統合の象徴であって、この地位は、主権の存する日本国民の総意に基く。

象徴の字義は、「抽象的な思想・観念・事物などを、具体的な事物によって理解しやすい形で表すこと。シンボ

ル」であるから、国旗日の丸ももちろん日本国の象徴である。ただ天皇という「人」が象徴である場合には、紋章や花などとは違い、生きてきた履歴や感情があるので微妙な問題が予想されるが、今回はこれには触れない。むしろ「日本国民統合の象徴」でいう「統合の象徴」について考えたい。一つには、日本国民が、主義主張、利害関係などで分裂する事があっても、それで決定的に分裂してしまうのではなく、国民としてのまとまりをなしている、それを表すのが「統合の象徴」の意味であろう。しかし「統合」の英訳には、unity の他に to unite が当てられることもあり、二つ目に、国民の相異や分裂を「統合する」象徴という意味となる。

積極的に統合するというのであれば、国民の様々な意見や利害関係を統合する機関としての国会があり、政治家たちの仕事ということになるだろう。そういう面ではなく、「天皇」を見ていると国民の中の違いなど問題ではなくなり、何となく日本の一体感が得られるというように「統合」の意味をとることができるだろう。それは、前述の人間宣言における「相互ノ信頼ト敬愛」に関わる一面ではないか。ただ、絶対的な力を持つ主人、権力者の天皇からずっと「相互ノ信頼ト敬愛」で結ばれてきましたねと国民が言われて、はい、「同じ立場で人間として」天皇を「信頼」し「敬愛」しています、と同意するだろうか。天皇の側からの「相互ノ信頼ト敬愛」は、元田が「君と師」としての天皇像において述べた、国民の「信従」への期待に通ずるのではないか。しかも「信従」は「統合」を結果する。

この「信従」をカギに、「現人神」から「象徴」への変化を、王が国民に「従順」を求めうる権利の保持者から、議会の中の王へと変化する「王権神授説」の解体過程と、比較して考えなおしたい。

2　王権神授説

一七世紀のイギリス王制を支えた王権神授説は、神の代理人というローマ教皇制にモデルを取って、王の絶対不可侵の主権性を説く理論である。王はこの世の統治権を神から授与され、それ故に人々は王に従う義務を神に対して負うものとされ、神に異議申し立てをすることがはばかられるように、王に対しても人々は「受動的服従」と「無抵抗」を義務づけられた(29)。また、一六六〇年のチャールズ二世の下での王政復古後には、この王の至高の統治権は世襲的に継承されると考えられた(30)。ところが、親フランスでカトリック許容的なジェームズ二世は教会の説教壇で王の「信仰自由宣言」を読むことを聖職者たちに命じ、それに反対したカンタベリー大主教サンクロフトらを逮捕した。これを機に、一六八八年六月、それまでは王のシンパであったトーリー党の指導者ダンビー公、ロンドン主教コムトンら七人が連署して、イギリスへの招聘状をオランダのウイリアムへ送った。招聘に応じたウィリアムが自由な議会擁護を宣言したことで、トーリーのダンビー、シーモアや、ホイッグのデヴォンシャーらが各地で兵を組織してウィリアム軍に集まり、分裂したジェームズ軍は戦わずして破れ、ジェームズはフランスへ逃亡し、ウィリアムが即位する事になった(31)。

(1)　トーリー苦肉の策、「事実上の王」の合法性理論

「世襲王権」神授説に固執するトーリーは、メアリーを女王、ウィリアムをその配偶者とする可能性も探ったが果たせず、結局一八八九年初頭メアリーとウィリアムが共同統治という形で即位する事になった。両王は、ジェームズ二世の専政を人権と自由に反するものと一三項目に分けて批判し、王は議会の意志を優先するとの「権利の宣言（Declaration of Rights）」を議会に提出した。この宣言を議会が承認しアンとウィリアムは即位した。議会制定法による王の継承順位の変更と議会の承認というこの手続きは、「世襲王権神授説」の放棄をはっきり示す事態であった。にもかかわらず、六か月後議会がウィリアム三世への「忠誠の宣誓」を新たに要求すると、国教会の堅物たちは強硬に反対した。王に対する「忠誠の宣誓」は神に対する宣誓であるから、一旦神に誓った以上、ジェーム

ズへの宣誓を取り消してウィリアムに対する「忠誠の宣誓」をするわけにはいかないというのであった。彼らのイギリス国教・国家体制に対する信仰は不動なもので、簡単にはロックたちの自然権、社会契約論へは行けなかったのである。彼らはウィリアム三世の即位がジェームズ二世に対する「抵抗や反乱」の結果ではないと説明しようとした。そのための苦肉の策が「空位」論であった。ジェームズ二世は逃亡して王位を「捨てた」のであり、その結果王位は「空いた」。ウィリアムはその「空いていた」王位を埋めて、王になった(32)。「事実上」の王の誕生であった。

しかし、ウィリアム三世の名誉革命体制をいつまでも非正統的なものとしておくことはさすがにできなかった。対外的にフランス、スペインというカトリック国との戦闘を続け、国内でもカトリックシンパ（ノンジュアラー）と非国教徒（ディセンター）の両極からの挑戦を受けて、政権を維持していかねばならなかったからである。事実ウィリアムの即位（一六八九）からアン女王の死去（一七一四）の間に、政権はホイッグとトーリーの間を二往復して、揺れ動いた。「王権神授説」の忠誠理論の修正は政権の安定のためにも必要であった。

世俗の歴史の中で即位した「事実上」の王もまた神の意志で立てられたとする説は、早くも一六九〇年にシャーロックによって唱えられた。ヒクデンは「事実上の権力」の合法性条件として、諸身分（貴族）と議会による承認を加えた。国教、国家の一体化体制に議会が食い込みはじめているのが見て取れる。さらにブラックオールは、一七〇九年に王の主権について「問題は唯一つ、為政者は誰に対して責任を負うのか、彼は誰によって罰せられるかであり、実際それは他ならぬ神に対してであり、また神によってである。その理由は神以外に彼の上に立つ者が誰もいないからである」と述べた(33)。つまり、神だけが王を立て罰することができるということである。ホイッグのいうように、人々によって王が選ばれるのではなく、従って人民の抵抗権を認めることなく、王の交代を受け入れ「受動的服従（Passive Obedience）」を続けることができるということである。ようやくトーリーたちは、「至高の主なる神」に反抗することなく、新しい王に従う筋道を確保した。

(2) イギリス宗教改革の伝統、「神の主権」に奉仕する王権

神だけが王の存廃を決定できるという考え方は、国教会が成立したヘンリー八世時代にイギリスのプロテスタントの間で既に共有されていた(34)。例えば、ティンダルは、「国王を裁くものは神を裁くものである……この世では国王は法の埒外にあり……善事も悪事も許されており……神に対してのみ責任を負う」という。ただ、次のようにもいう。

あらゆる人の身体と財産とは、善き国王であれ悪しき国王であれ、とにかく国王の支配下にあるが、神の御言葉の権威は自由なものであり、国王を超越している。したがって王国の中でもっとも悪辣な者でも、もし国王が自分に対して過ちを犯したと考えれば、国王に対してあなたは非道なことをしている、神がお命じになっていないようなことをしていると、告げることができる(35)。

プロテスタントたちは、国王への服従と同時に、「君主が神の御言葉に背くようなことを命令した場合、人々は君主のいうことをきいてはならない」ことも教えた。それは「君主に抵抗することが許されず、君主が課した処罰にも辛抱強く耐え忍ばねばならない」という「受動的服従」を「より正しくは消極的不服従（Passive Disobedience）とも呼ぶべきもの」に転換させもした(36)。

前に（70頁~71頁）述べたトーリーによる「王権神授説」の修正・放棄は、アングリカン、ノンジュアラー、ディセンターたちの教会と王とのせめぎ合いに、議会が割って入る事で、教会と国王と市民の何れが神の聖旨をわが物とするかという争いになった。この歴史のサイクルの中で、個々人がその内面において神の啓示を受けるとするプ

ロテスタントの教えは、急進的な革命権としてではなく、むしろ神の主権を高唱して人の限界を説き、すべての人為的制度を「無規定中立事項（アディアホラ）」とすることによって、血統相続による王権を否定する主張となった。すなわち、「神授説」を「王権」から国家やコンモンウェルス全体へ拡げ、王の絶対性は王自身の絶対性ではなく、この世に対する神の主権的な支配に奉仕する限りにおいて認められる特権とされた(37)。もちろん王が神に代わって絶対性を主張するなどあり得ない。王の神性は王に外から付与されたもので、王自身の特性や本性が神でないことは明々白々であった。王それ自身にまつわる神聖ははぎ取られ、バジョットが「神の恩寵」によってその地位が支えられていると、ヴィクトリア女王の統治を語った(38)のも、このような脈絡においてであった。

3　丸山眞男の違和感

天皇の人間宣言を戦後改革の最重要事とする南原の発言を「解釈敷衍」して、丸山は天皇の人間宣言の意味を「国家の元首としての天皇が、普遍的な規範、真理とか、正義とかいう普遍的な理念によってわれわれと同じく裁かれる存在なのだということ」に求める。戦中、津田左右吉事件を含めて学者に対する思想統制で苦労していた時期から戦後を思い起こして、丸山が宮沢俊義の言葉として「法以て之を束縛せず、刑以て之に加えず（伊藤博文の憲法構想）それ以上でもそれ以下でもない」を紹介された事があった。天皇が、「われわれと同じく裁かれる存在」という丸山の言葉には、天皇は、「不可干犯」、法の外にいる存在ではなくて、本当に日本の法制度の下で平等に生きる人間になったのかという問いがある。南原がこれを「（戦前）天皇も国民も一緒になって崇拝する神があったか」という問いとするが、丸山は「皇祖皇宗という血縁の連続性の信仰ですね」と受け流す。それは目下の問題ではない。天皇は本当に「皇祖皇宗という」皇国神話の世界から切断されたのか、いや、切り離されてなければ、「同じ立場で人間として」とは言えないではないか。

たしかに、天皇と国民との関係は「神話ト伝説トニ依リテ生ゼルモノニ非ズ」と人間宣言でまず明言されてはいるが、これは日本国憲法にきちんと持ち込まれたか。第一条には「この地位は、主権の存する日本国民の総意に基く」とあるが、「この地位」とは「象徴」という地位である。いわゆるマッカーサーノートの“at the head of”でもあろう。もちろんこれは「最上位」「頭位」を意味する(39)と考えるが、もし「元首」であるとしても、イギリスのウィリアムとアンの即位とは、何と異なることであろうか。イギリス議会では、権利の宣言を承認し、即位の順序も交渉の上、二人の王の即位を承認、文字通り「国民の総意に基づく」手続きを経て王は即位した。日本の場合、「国体の護持」が降伏条件であって、「国民の総意」も“at the head of the state”に誘導され、「象徴」天皇へ落ち着いたというところであろうか。そのように理解すれば、なおのこと「皇国神話」という伝承や、天皇との間の「信頼と敬愛」にまつわる「服従」の意味合いが、危うい問題として浮上せざるを得ない。

天皇の不可侵な「神聖」は、皇祖神の神性が「万世一系の天皇」をとおして受け継がれてくる事によるとされてきた。天皇の代替わりに行われる大嘗祭に現れたとおりである。天皇は悠基殿に二枚敷かれた座布団で神と対座し収穫物を共食し、国全体の五穀豊穣を願うとされたが、悠基殿には布団も敷かれている。これは、人が子宮に孕まれてやがて出産するように、天皇霊を親から受け継いで新しい天皇として生まれ出るためという(40)。神道を農耕宗教としてみれば、受粉から実が種になって土に落ち、世代交代が起こる過程の祭儀の一例として理解できる。平成天皇の大嘗祭の時には、後者の天皇霊の再生に関わる儀式への公的な言及はなく、皇祖神からの神性の継承という儀式は斥けられたというべきであろう。日本の天皇もまた、「神性」を持たない者となった。

それにしても、「神性」をはぎ取られた王制は不可思議な代物である。バジョットはヴィクトリア女王時代の立憲君主制を「恩寵によって立てられた王」が「威厳的部分」として、議会制（下院）という機能的部分と相携えてイギリス政治を動かすとする(41)。「恩寵」とは、私たちすべてに与えられる神からの一方的恵みであるから、「王権神授」の場合のように、王が神から特権的な地位を与えられると考える必要はない。先に述べた「神授」の一般化を表現する言葉と考えていいだろう。では王は、いかなる意味で「威厳的部分」としての効用を持つか。バジョットは「神秘的な権利を持つもの、不思議な行動をするもの、華麗に見えるもの、変幻自在なもの、隠れているようで隠れていないもの、表面は美しく興味があり、見たところ触知できそうで実際は触れる事を許さないもの」が、人間の心を打って人々に行動を起こさせるとする(42)。王もその一例というわけである。イギリス王制は、王それ自身がもはや「神」的特性を持たぬことが明らかにされてもなお、歴史的産物としての「威厳」が残されたというわけである。ただ名誉革命後も暫くの間、議会はまだ貴族によって占められていたが、一九世紀後半の選挙権拡大を経て国民議会となる。今や誰も王が統治権を神から与えられ、王に服従しているとは思っていない。それでも、政治的舞台の外、あるいは舞台の周りで、「威厳的部分」の働きを国民は享受しているようである。同様な働きは、日本の天皇制にも残されているのではないか。年頭や誕生日の参賀、春秋の園遊会などはもちろん、おひな様のように国民の前に現れた「即位の礼」での天皇皇后なども記憶に残っているだろう。

南原と丸山との「人間宣言」をめぐる対話は、この後「国家神学からの解放」という問題に入っていく。丸山がヨーロッパでもキリスト教の神学で、「個人の自由や科学が圧迫を加えられ、それに対する闘争が行われた」ことに言及し、日本の場合にはそれよりも困難だという。なぜなら

絶対者が目に見えない本当の超越的存在であるときには、個人の良心というものがそこに訴えて、教会も含めた地上の制度や権力の絶対化と戦うことができるが、絶対者が目に見えるものであり、しかも国家権力と直接結びついているときには、そこから解放されるということは、事実上も、思想上もなかなかむずかしい課題であると言えます(43)。

イギリスの「王権神授」説とは異なり、日本の神は天皇の中に脈々と生きているとする説から、人々は自由になれない。超越神を信じるキリスト教も仏教なども共に「鎮護国家」的になり、そうでなくても、神への服従とは別に、国家と天皇への忠誠の場を「国民道徳」の下に担保したため、天皇への忠誠に対し「神への忠誠」を以て抗する事ができなかった。この事実から目をそらすことなく、私たち一人一人が「超越者」の前に立って歴史を生き抜く道を選んで行かねばならない。その時初めて、国民として自覚的に自主的に自分たちの国家を担い動かして行くことが可能となる。象徴天皇になお、歴史的魔術性が残されており、それが民族的遺産であるとしても、それ故に一層「良心」が眠らされぬよう、特に国政を担う「機能的部分」が、「威厳的部分」を利用して、再び「ウルトラナショナリズム」の時代を来させないよう、私たちは「超越者」なる神の前に「目覚めて」いなければならない。

［注］

(1) 島薗進『国家神道と』岩波新書、二〇一〇年、一〇〇頁。
(2) 木戸孝允「憲法制定の意見書」松本三之介編『明治思想集Ⅰ』筑摩書房、一九七六年、二一頁。
(3) 大久保利通「立憲政体に関する意見書」同書、六頁。
(4) 岩倉具視宛書簡『伊藤博文伝』中、統正社、一九四二～四三年、二九七頁。
(5) 枢密院会議筆記、一八八八、六、八。
(6) 大日本帝国憲法の成立過程関わる議論の典拠は、稲田正次『明治憲法成立史』下、有斐閣、一九六二年。
(7)「うしはく」天皇から区別される。詳しくは八木公生『天皇と日本の近代下――「教育勅語」の思想』講談社新書、二〇〇一年、二一四頁を参照のこと。なお、『天皇と日本の近代上――憲法と現人神』（同上）も必読書である。
(8) 稲田、前掲書、二七一頁。
(9) 稲田正次の解説も参照されたい。同書、五八八頁。
(10) 同書、三三七、三四三～三四四頁。
(11) 坂本一登『伊藤博文と明治国家形成』講談社学術文庫、二〇一二年、三三〇頁。
(12) 井上毅伝記編纂委員会編『井上毅伝　史料篇第二』國學院大學図書館、一九六八年、二三一頁。
(13) 同書。
(14) 八木、前掲書、七九頁。
(15) 同書、八五頁。
(16) 同書、三三～四一頁。
(17) 同書、二五六～二五九頁。
(18) 藤田省三『天皇制国家の支配原理』未来社、一九六六年、一八頁。
(19) 同書一九～二〇頁、他に石田雄『明治政治思想史研究』

未来社、一九五四年も参照されたい。
(20) 神祇官設置運動から神社局、宗教局設置に至るまでの政治過程については山口輝臣『明治国家と宗教』東京大学出版会、一九九九年、第四章「宗教法案の不成立と神社局・宗教局の成立」に詳しい。
(21) 伊藤博文宛元田永孚書簡、一八九〇、一〇、三、伊藤博文関係文書研究会編『伊藤博文関係文書 七』塙書房、一九七九年。
(22) 山口、前掲書、一八九頁。
(23) 山口、前掲書、二六四頁。
(24) 角田三郎『かみ、ほとけ、ひと』オリジン出版センター、一九八三年、三八五頁。
(25) 原田敬一『日清・日露戦争』岩波新書、二〇〇七年、九二〜九三、一四二〜一四四、二二一〜二二四頁。
(26) 津田勉「招魂社の発生」『國學院大學研究開発センター研究紀要』三号、二〇〇九年。
(27) ウィリアム・P・ウッダード『天皇と神道』サイマル出版、一九八八年、六〜一一頁。
(28) 南原繁『南原繁対話民族と教育』東京大学出版会、一九六六年、六頁。以下本章における南原繁と丸山眞男の言説はこの対話による。
(29) L. M. Hawkins, *Allegiance in Church and State*, London, 1928 p.6.
(30) 特に、フィルマー（Filmer）の「パトリアーカ」について、同書二七頁。
(31) 歴史叙述についてはG・M・トレヴェリアン著／大野真弓監訳『イギリス史』2、みすず書房、一九七四年、七、八、九章を参照されたい。
(32) L. M. Hawkins, 前掲書、四三頁。
(33) 高濱俊幸『言語慣習と政治』木鐸社、一九九六年、七八〜八〇頁。
(34) イギリスプロテスタントの王政や無抵抗論について、詳しくはクリストファー・モリス『宗教改革時代のイギリス政治思想史』刀水書房、一九八一年、第二章「宗教改革」に詳しい。
(35) 同書、四二頁。
(36) 同書、四三頁。
(37) 同書、一六六〜一六七頁。
(38) バジョット『イギリス憲政論』中公バックス世界の名著72、一九八〇年、九八頁。
(39)「at the head of」の訳語については、中村正則『象徴天皇制への道』岩波新書、一九八九年、一八三〜一八四頁参照。
(40) 折口信夫「大嘗祭の本義」『折口信夫全集』三、中央公論社、一九九五年、西郷信綱『古事記の世界』岩波書店、一九六七年など参照。
(41) バジョット、前掲書、七二頁。
(42) 同書、七一頁。
(43) 南原繁、前掲書、九頁。

第四章　敗戦直後の教育勅語の廃止をめぐるキリスト者の言説
――田中耕太郎と南原繁を中心に

石井摩耶子

本章では、日本の敗戦直後から約三年間の教育勅語の取扱いについての占領軍の政策と日本政府の対応、その過程に関わったキリスト者の教育勅語観を検討する。それによって、戦後天皇制とキリスト者の関わり方を考えるための視座を作ることができると思われるからである。扱う時期は、敗戦直後から一九四八（昭和二三）年六月の衆参両議院での教育勅語失効決議がなされるまでとする。キリスト者の中から田中耕太郎と南原繁を選んだ。戦後教育改革、特に教育勅語問題に対する言説の中で政策決定に重大な影響力をもったためであるが、戦後初の文部大臣前田多門の見解にも触れたい。

本論に入る前に、教育勅語の性格について、二つのことを確認しておこう。第一に、作成の意図である。一八九〇（明治二三）年二月の地方長官会議から徳育方針を勅諭で示すようにとの建議があった際、首相山県有朋は、軍人勅諭（一八八二年）で軍隊の思想統制がうまくいったことに鑑み、教育にも同様の勅諭が欲しいと考え、中村正直の草案ができたが、法制局長官井上毅はこれに反対し、帝国憲法が公布された現在、「立憲政体の主義」に従えば、君主は臣民の良心の自由に干渉せずとの立場を貫くべきであると進言、自らも試案を作成したが、臣民の良心に干渉しないものにとどめることは不可能であった。文言はその後、枢密顧問官元田永孚や諸大臣の修正が入り微妙に変えられ、教育勅語を入れた箱は「黒塗御紋付箱」とされ「軍人勅諭ヲ入ル函ト同一ノモノ」と指定された。大臣の副署無しの形をとったことは、法的根拠を持たないが故に、法制を超える権威を持たせることを可能にし、山県の思惑は的中したのである。

第二に、帝国憲法の第一条の「大日本帝国ハ万世一系ノ天皇之ヲ統治ス」、第三条の「天皇ハ神聖ニシテ侵スヘカラス」という天皇の超法規的な権威と、教育に関して君主は臣民の良心の自由に干渉すべからずという考え方とは、原理的に矛盾する点である。井上たちが一方で天皇の絶対性の擁護に努め、他方で立憲君主制の原則にこだわり君主権の制約を目指したのは、国体論の要請からと近代化のための必要からだといえるが、現実政治の次元で考えると、副田義也の言うように、召集間近の議会に対する君主権の擁護（実質的には行政府の意向を君主の意向として主張し、議会による束縛を回避すること）と他方、君主権の制約は宮廷と対抗するために行政府が必要とするものであったこと、「君主権の擁護と制約は、いずれも、行政府、宮廷、議会の三者関係のなかで、行政府の優越を保障する制度として一貫していた」(1)ことも留意しておきたい。

一　占領軍の教育勅語問題への対応

1　占領軍の方針と施策――教育勅語への厳しい批判から新勅語渙発へ

連合国の日本占領政策の中で教育勅語に対する施策は極めて曲折したものであった。占領初期の連合国最高司令官総司令部の民間情報教育局（ＣＩＥ）は、教育勅語自体には厳しい批判を持ちつつも、その処理には慎重であった。一九四五年一〇月から一二月にかけて総司令部が日本政府に発した四つの覚書の中には、教育勅語に触れる文言は一切なかった。第三の「神道に関する覚書」（一二月一五日）の最初の草案には「教育勅語禁止」が入っていたが(2)、実際には「国体の本義」「臣民の道」の頒布禁止のみとなった背景には、一二月初めの宗教班の報告書(3)を受けたＣＩＥ局長ダイク准将（Brig. Gen. Kenneth R. Dyke）が、教育勅語を学校から追放すると日本人の反感を買いかねない、むしろ天皇による新しい勅語の渙発が望ましい、と判断したためであった。ダイクらは、翌年にかけて新教育勅語の渙発に力を注いだ。四六年二月の新文相安倍能成との二時間に及ぶ会談の際にもダイクは新教育勅語の相談を持ちかけ、安倍の賛同を得た。しかしダイクはその直後に帰国、二か月間日本を留守にし、その間に憲法改正案の発表や米国教育使節団の来日と報告書発表などがあり、新勅語発布への批判の声も高まっていった。

2　米国教育使節団の来日と教育勅語問題

米国教育使節団は、一九四六年一月に連合軍最高司令官マッカーサー（Douglas A. McArthur）の米国陸軍省への要請で実現したもので、三月五日に来日し三一日には報告書を彼に提出した。その中で、教育勅語については奉読の儀式廃止のみを勧告した。ここでも報告書草案にあった「教育勅語の恒久的な廃止」という厳しい言葉は最終報告では削られた(4)。総司令部として天皇制の維持を選択した段階において、教育勅語自体の廃止を勧告することは、「寝た子を起こす」ことになるとの状況判断による勧告であった。五月末に「日本教育家委員会報告」の新勅語渙発要請（後述）をＣＩＥも知るところとなると課内で新勅語渙発論をめぐる議論が再燃したが、結局、課長補佐トレーナー（J.C.Trainor）の言う「穏やかで巧妙な方法」、すなわち文部省に「勅語」朗読は不要・儀式はなしとするよう指示を出させ、その後に勅語を完全に放棄させる、という二段階論が採用されることになる(5)。

二　日本政府の教育勅語に対する取扱い

1　前田多門文部大臣の教育勅語擁護論と公民教育論

東久邇宮内閣の文相前田多門は一九四五年八月一八日の記者会見で、「教育の大本は勿論教育勅語を始め、戦争終結の際に賜うた詔書を具体化していく以外にあり得ない」と述べた(6)。彼は戦後の教育改革を、戦前の大正デモクラシーの延長線上で進めることができると考えていたのである(7)。前田の天皇制支持・教育勅語擁護論と公民教育論をつなぐものとして、彼の「日本的民主主義論」がある。彼は、朝日新聞の座談会で、「日本の国体の下にあるデモクラシーは、君民一体のもので、教育勅語というものは本当に見直して、謹読して実行に移して行かなければならない……あれはやはり一つのデモクラシーをお示しになっている」(8)と述べ、同月の新教育方針中央講習会でも、教育の新方針として自由に伴う責任を強調し、「正しい民意の暢達も畢竟この責任観念に基因せねばならぬ」「畏くも皇室を上に戴き民衆が政治に関与し、その政府は「権力」と云ふより「奉仕」に重きを置く、これ日本的なる民主主義政治の特徴であります」(9)と語った。

2　田中耕太郎学校教育局長（一九四五・一〇～四六・五）の教育勅語擁護論

一九四五年一〇月、東京帝国大学法学部教授であった田中耕太郎は、前田文相から懇請され、兼務で新設の文部省学校教育局長に就任した。田中の教育勅語擁護論には前田と違う主張が見られた。文部省入り直前の九月一七日の前田との会談のため用意した手書きの「教育改革私見」(10)の中で、「教育思想」の第一項目として「（一）国民教育の倫理化――倫理的形式主義の排斥　教育勅語の自然法的意義の顕揚（政治における五ヶ條の御誓文に同じ）――

従来の国體明徴運動の実効少なかりしこと及びその弊害の反省――その対策として、倫理教育に於て宗教的内面性を強調すること」と書かれている。教育勅語を「国民教育の内面化」のための重要な文書として位置づけ、教育勅語の自然法的な意義を明らかにし、人間の内面に届くものとすることの必要性を説いた。

一九四六年元旦に、詔勅（天皇の人間宣言）が出され、教育勅語はもはや廃止されたとする言論が広まる中で、田中は教育勅語擁護論を公表した。二月二一日の文部省地方教学課長会議の訓示で「終戦後教育の根本たる教育勅語は……我が国の醇風美俗と世界人類の道義的な核心に合致するものでありましていはゞ自然法とも云ふべきであります」「即ち現在に於いて教育勅語は決して無視されてはならないのでありまして考え様によっては従来教育勅語が一般に無視されて居たからこそ今日の無秩序、混乱が生じたのだと考えられるのであります」（傍点は筆者、以下同様）(11)と述べたのである。

各新聞はこの訓示を様々に批判した。「一種の世界観の強制」ではないか、明治以来の教育は教育勅語に誘導されて神国優越の独善好戦国となり軍閥官僚の横暴を招き民主主義は撃退された、勅語の忠孝は一人の君主に献身奉仕する縦の道徳であり民主主義の横の道徳こそが必要だ、などである。田中は三月の教育者向けの講演で、教育勅語は従来の文部省が形式面を強調し過激な国家主義や軍国主義的解釈に走った事実は否めないが、その内容は誤っていないと述べ、教育勅語は「或る種の内容的の権威を持ってをるという風に考へる」とも述べた。それはマスコミの批判を意識して、勅語の内容を絶対視するのではなく、バイブルや仏教の経典と同等のある種の権威をもつものとして相対化しつつ擁護したのである(12)。

3　米国教育使節団に協力するための日本側教育家委員会の新勅語渙発論

文部省は、米国教育使節団に協力するための日本側教育家委員会の委員二九名を一九四六年二月二二日に任命した。委員長に東京帝大総長南原繁が、副委員長に枢密院顧問官河原春作が就任した。この委員会は四つの分科会に分かれて作業を行ない使節団滞在中に「日本教育家委員会報告書」を作成した。

この報告書の重要な点は、新教育勅語渙発を要請したことである。委員の中には反対意見もあった。人民の代表機関として議会が成立している以上議会が道徳憲章・教育憲章の類のものを作るべきではないか、教育現場では暗記させるような形式的な遵法に終わる危険がある、戦後はどんな勅語も根本から批判され、それに堪え得る勅語を作るのは困難だ、などであるが、それらは少数意見であり(13)、圧倒的多数は新勅語奉請論であった。

報告書の新勅語奉請内容は、①平和主義による新日本建設の根幹となる国民教育の新方針及び国民の精神生活の新方向を明示した詔書を賜りたい、②詔書の主調としては、人間性・自主的精神・合理的精神・社会生活・家庭及び隣保生活・国家生活と日本民族共同体・国際精神・平和と文化等の精神を重んじられたい、③詔書は、徳目の列挙や陛下より御命令の如き御言葉を避けていただき、陛下自ら国の将来を憂慮され教育への絶大な御信頼を寄せ賜う御旨が十分滲み出たものをいただきたい。現勅語に欠けている②に列挙した人間の本質を構成する普遍的道徳を示し、個人と人類の価値を認める教育の目的を示していただきたい、などであった(14)。

安倍文相の回顧録によれば、その提案者は南原であったという(15)。南原の持論である「日本民族共同体」なる用語が使用されており、南原提案説は想像に難くない。しかし、南原は使節団来日直前に、東京帝国大学総長として大学内に教育制度研究委員会を作り、教育改革についての検討を行なっており、新勅語公布には反対であったこと(16)や、後に南原が当時を回顧して、この日本側委員会の中にあった新勅語案については使節団側から強く反対され、法律を作るべきだと言われたこと、「使節団の仕事が済んで帰る頃には、みんな法律がいいだろうということになっていました」と述べていること(17)を考え合わせると、四月に入って報告書を文部省に提出する責任上、そう書かざるを得なかったのか、彼自身が新勅語もよいと思っていたのかは、この時点では不明であった。

報告書が新聞にリークされると、新勅語奉請の提言に対してマスコミから批判の声が上がった。例えば、「教育の指導理念を天皇の名によって求めようとするのは民主主義への逆行であり国民の自主性を封圧し一切を垂訓によって規定せんとする反動以外のなにものでもない」(18)という批判である。知識人や教員組合からも批判があり、特に久野収や武谷三男、高野岩三郎、吉野源三郎、羽仁五郎・説子夫妻たちは総司令部民間諜報局（ＣＩＳ）のインタビューに際して、天皇制や教育勅語、文部省への批判だけでなく、日本側教育家委員会の非民主的性格を指摘した。その詳細な報告書はＣＩＳからＣＩＥに送られたため、その後の日本側教育家委員会の存続が危うくなっていった(19)。

4　田中耕太郎文相の国会での勅語擁護発言と教育基本法構想

一九四六年四月一〇日、新選挙法に基づく戦後初の総選挙が行なわれ、五月二二日に吉田茂内閣が成立した。田中耕太郎は吉田新内閣の文部大臣に就任し翌年一月末の内閣改造までの八か月間その任にあった。

六月二七日の衆議院本会議における森戸辰男議員の教育勅語に関する質問に対して、田中文相は以下のように答えた。「結論を申し上げますと、之を廃止する必要を認めないばかりでなく、却て其の精神を理解し昂揚する必要があると存ずるのであります。……其の徳目の内容の一々を偏見なく検討致しますと、……特に軍国主義的又極端な国家主義的要素は見受けられないのであります。……古今東西の宗教や倫理道徳の体系と並び……教訓の一つと致しまして取り扱われるべきものであると存じます」(20)と。

また、森戸議員の教育の根本法を作ってはどうかとの質問に対しては、教育に関する法令を国会の議を経て制定すべきだと政府も認識しており、まず学校教育法を作ることから始めるべく文部省ですでに立案の準備を開始していると答え、議場から拍手を受けた(21)。ただし彼には、教育勅語に代わる教育基本法という発想はなかったように見受けられるが、田中の構想には明らかな変化があった。古野博明が指摘するように、憲法による教育権独立の保障論が消失し、「教育根本法」ないし「教育法」による教育権独立の確立論へと「転回」し、教育根本法構想が教育勅語相対化の方針と表裏の関係で説かれるようになった、といえよう(22)。

三　教育刷新委員会における教育勅語問題

1　教育刷新委員会とCIE・文部省の協調体制の形成

一九四六年八月一〇日の勅令で「教育刷新委員会」が、内閣直属の諮問機関として設置された。解散された日本側教育家委員会の委員二九名中一九名が再選されたが、二つの委員会の相違は、前者が文部省の下に組織され、委員の圧倒的多数が文部省関係者でありその後追放になった者も含まれていたのに対し、刷新委員会は文部省から独立しており、最初の三八名の委員も比較的リベラルな教育関係者だったことである。CIEが最も憂慮していた教育勅語の処理について、文部省の支配から独立したこの委員会設置は好都合であった。CIEと文部省、教育刷新委員会の三組織の間で事前の会議があり、委員会の自主性の保障と三組織の連絡委員会（Steering Committee）の設置が合意された。

九月七日の第一回総会で田中文相もCIE局長ニューゼント（D.E.Nugent）も、選挙によって副委員長に選出された南原繁も、異口同音にこの委員会の独自性を重視し、三組織の協力体制への期待を述べた。このとき南原が、教育の刷新は「世界の普遍的な基盤に立つ」ことを第一に考えると同時に「従来の良き伝統、道徳を通して、それを如何に総合していくかという」最も重大な使命を果たすことにあるとの意を表明したことを特記しておこう(23)。

2　教育勅語をめぐる第一特別委員会での議論と決議

第二回総会（九月一三日）は、教育勅語問題と教育の基本理念を検討する第一特別委員会設置を決議し、第三回総会（九月二〇日）では、委員八名を選出した。天野貞祐、関口鯉吉、務台理作、芦田均、森戸辰男、河井道、羽渓了諦、島田孝一である。

九月二三日には第一特別委員会の第一回会議が開催され、六名が出席、欠席した天野貞祐と河井道も二日後の第二回会議には出席、全員の意見を徴して以下の決議がなされた。「①［文部省よりの］「勅語及詔書等の取扱について」［旨］の文部省通牒案を承認すること　②教育勅語に類する新勅語奉請は之を行はないこと　③新憲法発布の際に賜るべき勅語の中に、今后の教育の基本方針は新憲法の精神に則るべきことを示されたいこと」(24)。

超スピードでなされた議論の中から、特記すべきことを記そう。第一に、教育勅語の「廃止」という用語の使用をめぐる激論があったことである。第二回会議冒頭に羽渓主査が第一回会議の報告を行ない、「教育勅語は明治の欽定憲法と密接な関連性がある為に、そこには多分に封建制の残滓が認められ、且又民主的な新時代の教育に相応しくない点もあるからして、是は廃止したが宜かろう、……今後は之を奉読することを廃止するのが妥当であるということに、殆ど満場一致で決定した」(25)と述べたことに山崎匡輔文部次官が異議を唱え、勅語自体の「廃止」という言葉は使われなかったと述べ、「陛下から賜ったものを之を否定するとか、詰り廃止するとかいうような積極的な立場に立つことは穏当を欠いて居る」、その取扱いについての法令を変えて、「式日にそれを読むというようなことは此の際必要としないという通牒を出して行く」ことを主張した(26)。初会議に欠席した天野・河井の両委員もこの会議で勅語「廃止」には反対を表明したため、山崎の発言が認められた。文部省から独立した委員会だとされてはいたが、実際には山崎次官が田中文相の意を汲み委員会でかなり重要な役割を果たしたのである。

第二に、現勅語の取扱いについて、山崎は第一回会議で、文部省は勅語の取扱いについて目下司令部と交渉中であり、従来の慣例に従った式日の勅語奉読は今後必要がない旨の通達を出そうと考えていると述べ(27)、第二回会議では、司令部が非常に急いでおり、刷新委員会総会の議を経ずに各学校に通知したいとし、通達の内容を読み上げ、了承を求めた。それが「取扱いについて」の文部次官通牒であり、原案は「一、教育勅語を以て我が国教育の唯一の淵源と為す従来の考へ方を去って、之と共に教育の淵源を広く古今東西の倫理、哲学、宗教等にも求むる態度を取るべきこと。一、式日等に於て従来教育勅語を奉読することを慣例としたが、今後は之を要しない。一、勅語及詔書の謄本等は今後も引続き学校に於て保管すべきものであるが、其の保管及奉読に当っては之を神格化するやうな取扱をしないこと」の三点であった。これに対し森戸委員が、二項の「今後は之を要しない」という文言は例えば新憲法が出た場合に弱すぎると反論、議論の末に務台委員が「此の慣例は廃める」としたらどうかと発言し、賛同を得た(28)。しかし一〇月八日付の文部次官通達では、原案の「之を要しない」でもなく、特別委員会案の「慣例を廃める」でもなく、「今後は之を読まないことにする」と修正されていた(29)。読まないと断定したことに、特別委員会の意見が反映されたのである。

第三に、一一月一五日の第一一回総会では、第五回総会で決議された第一特別委員会提出の提案の②新憲法公布時の勅語に今後の教育の根本方針は新憲法の精神に則る旨を明示せよ、は閣議で否決された旨報告された。短い勅語の中に教育問題だけを採上げることは「他の文化面との釣合上妥当ではない」、「教育というものは単に憲法の精神にのみ則るべきものではない」等の理由によるものだった(30)。

こうして、教育勅語が長く日本の教育に果たしてきた役割や根本的な問題性についての議論は殆ど深められることなく、廃止論は棚上げされた形で、式日の儀式から朗読が削除されただけで、いわば自然死を待つことにされた。

3　第一特別委員会委員たちの教育勅語に対する見解

委員たちの中で殆ど発言のなかった島田委員を除く七名の、九・一〇月の総会及び第一・第二回の第一特別委員会での発言から、①教育勅語の性格をどう捉えているか、②新勅語奉請の是非、の二点について意見を整理しておこう(31)。

森戸辰男（衆議院議員）――①新憲法の精神に照らして、教育勅語を残すことは矛盾であり、併存はできない。②それに代わる内容の新勅語をいただくこともふさわしくない。新憲法発布の際にいただく勅語の中に、教育は「新しい憲法の精神に拠らなければならぬということを仰せになれば、間接に従来の教育勅語は将来の教育勅語としては妥当しないということになる」。

羽渓了諦（龍谷大学長）――①教育勅語には「教育の目的も内容も瞭然と示されており」新時代においてもあの教育勅語の「思召を」新教育に十分活かして行くべきだ。②新時代の教育と日本の忠孝などの伝統的道義を如何に調和していくかが重要問題で、親切な教育方針の説明が必要だ。新勅語渙発を希望する。今迄のように神勅扱いせず、式日に読む読まないを校長の自由意思に委せるなら、皇室の御迷惑にもならない。

芦田均（衆議院議員）――①明治の教育勅語は時勢の波には副わないが、国民教育に対する考えも間違ってはいない。むしろその精神を誠実に行なっていたなら、今の惨憺たる運命には陥らなかったであろう。教育勅語が非常に害を為したとは考えない。②国民の象徴たる立場の天皇には依然として精神的指導力があると思う。精神的な一つの中心として勅語を賜わることは憲法の精神に決して反しない。いずれ将来的には教育勅語に代わるものが欲しい。今すぐ奉請するしないを決めずに、もう少し時期を見て研究したらよい。

関口鯉吉（東京天文台長）――①一種の神道的、キリスト教的、儒教的というようなドクトリンのようなものを上から示すことに根本問題があると思う。②新勅語奉請には反対。如何に内容が立派でも勅語という形をとることは、政府がこういう勅語を出したからそれに依って国民は行動せよという意味になるとまずい。

務台理作（東京文理科大学長兼東京高等師範学校長）――①教育勅語自体が間違っていたとは考えられず、その中の徳目も永久に日本国民にとって重要なものであったことは「誰もがわかること」である。②今の時代に合わない点があるから時代に合う詔勅を急いでいただく、ということはこの際避けたい。急激な大転換期を切り抜ける国民精神が必要な時であり、憲法発布時の勅語で教育の根本方針は新憲法の精神によらなければならないことをはっきり述べていただくのはよい。

天野貞祐（第一高等学校長）――①教育勅語は実によく日本人の道徳規範を網羅してあり、現在でも何も不都合はなく、「廃める必要は全然ない」。「唯時代が時代だから、全体の調子と申しましょうか、そういうものが非常に適しない」。②たとえ作れたとしても批判の的となり権威が伴わないおそれがあり、皇室に迷惑を及ぼすので、奉請に反対である。

河井道（恵泉女学園長、恵泉農業専門学校長）――①こんな事態を招いたのは、教育勅語が間違っていたからではなく、白手袋を嵌めなければいけないとか、奉読の際に一字間違っても免職だとか、そんな余りにも形式的な教育をしたからだと思う。②新勅語の奉請は遠慮したい。しかし教育者全国大会などで天皇からの御言葉をいただきたい。時勢が変わったからといって、御皇室は御皇室として国民はそれを「尊ぶという精神を、生徒に教えた方が宜い」。

七名中五名が、教育勅語は間違っておらず、盛られた徳目はどれも重要で大事なものを網羅していると明言している点が注目されよう。その中で、どんなに内容がよくても上から国民に内面的な行動基準を示すこと自体が問題だとする近代国家の政教分離原則を指摘したのは、若くして英国に留学した関口鯉吉委員一人であったことに留意しておきたい。また、森戸委員は勅語の内容には問題があり新憲法の精神とは矛盾しているとしながらも、直ちに「廃止」することには反対で、圧倒的多数の日本人の心性は変化しておらず、相変わらず天皇を崇拝している状況の中で、どうしたらスムーズに新しい考え方に移行させることができるかという観点から、教育勅語の自然死を狙った意見であった(32)。

4 南原繁と教育勅語問題

一九四六年三月に貴族院議員に勅選された南原は、八月の貴族院本会議で今回の憲法改正が日本にとって革命に相当する一大転換だとの認識に立ち、政体は変わっても国体は変わらない等の政府の説明を鋭く批判したが、九月四日の貴族院帝国憲法改正案特別委員会では、当然教育上も重大な変更があるはずだと言い、教育勅語の内容は「今後ノ教育ニ付テ、重大ナ問題ガアリハシナイカ」と問い、一例とし「一旦緩急ト云フ風ナ問題ハ」草案の戦争を完全に放棄する立場から見ると大問題だと指摘した。田中文相の答弁に不服の南原は重ねて、国民の精神という問題に対する教育の原理、方針として教育勅語を根本的に考える必要があると主張、勅語の中に不変の人倫の道が説かれているにしても、不足している面の方が多く、適当な方法により、法律にせよ、勅語にせよ、政令にせよ、「何カ一ツ立派ナ、之ニ代ワルベキモノガ出来ルコトヲ希望シテ置キマス」(33)と述べた。つまり彼は、問題のある現勅語に代わるべき国による立派な教育方針ができれば、それは法律でも勅語でも法令でもよいという考えであった。

実際に教育刷新委員会が始まると、南原は、憲法制定委員会で多忙な安倍能成委員長に代わり総会議長を務める中で、教育理念を検討する第一特別委員会の設置に際して、教育勅語問題の処理と教育基本法案の大綱作りをセットにして委託したことが特記されよう(34)。しかし同時に、新教育勅語公布の可能性も否定しなかった。新憲法案の衆議院通過後の九月二〇日の第三回総会において、新憲法で天皇の国事機能は限定されており国務大臣が副署した教育勅語はもはや出せないことは明瞭ではないか、との質問に対して、彼は、「天皇一個人としてそういう意思表示をなさるという風に解しており」、従来のそれとは性質が違ってくると思うと発言した(35)。

この点では、彼もまた、第一特別委員会委員の多数派の人々と軌を一にしていた。

一一月三日の新憲法発布の日、安田講堂で式典に臨んだ南原総長は、選挙による国民の代表者が国会で討議し採択した上は新憲法に私見を棄て去って「遵奉」しなくてはならないと言い、戦争放棄と平和国家の理想、「日本国民統合の象徴」としての天皇、基本的人権の永久的保障、の大切さを力説し、「新憲法の成敗は一にかかって国民の資質の向上にある」と述べ、教育の重要性を主張した(36)。一一月一五日の教育刷新委員会総会に第一特別委員会から教育基本法の詳細な要綱案が提出された際には、一字一句推敲して書き込んだようなこの案は「失敗である」と言い、どういう精神を吹き込むか、どういう具体的なことを要綱として掲げるかという大綱をカバーすればよいのだと批判し(37)、一週間後の総会で第一特別委員会に差し戻す際には、従来の国民教育が「国家のための」国民の育成に力を入れ、肝心の個々人の人格形成、人間としての個性の完成を目指す教育が疎かにされてきたことを指摘し、「教育の目的」の文案の再考を求めた(38)ことが注目されよう。こうして一一月二九日の総会は、再提出された教育基本法大綱を承認した。前文で、従来の教育の画一的かつ形式に流れたことの欠陥を指摘し、新憲法に伴う民主的文化国家の建設は教育の力に俟つべきものだと述べ、この法律と憲法及び他の教育法令との関係を明示し、新教育の方針を示したのである(39)。

四　教育基本法制定と教育勅語排除・失効決議

1　教育基本法の成立と問題点

教育刷新委員会の「教育の理念及び教育基本法に関する事」の建議は一九四六年一二月に吉田茂首相に提出された。閣議では田中文相が「教育の目的」の項にある「人間性の開発」という文言を認めず、「人格の完成」に変更した(40)。その後文部省は法案作成を急ぎ、翌四七年三月五日に教育基本法案は枢密院に提出され、わずか二〇日間の審議を経て二六日に貴族院本会議で原案通り可決され、三一日に法律第二五号として公布、四月一日施行された。

超スピードでの国会審議であり、教育に関する根本的な諸問題は議論されないままであり、そもそも個人の内面をしばることになる教育の理念や理想を法律で規制することができるのかという問題は十分議論されなかった。

問題の一つは、教育基本法が成立した場合の教育勅語の位置づけである。貴族院「教育基本法案特別委員会」で佐々木惣一議員がこれを質問すると、田中文相に代わった高橋誠一郎文相は、「教育勅語は統治権者の意思を示されたものとして、國民を拘束するべき効力を有するものと考へる」とした上で、「日本國憲法の施行と同時に之と牴觸する部分に付きましては其の効力を失ひ、又教育基本法の施行と同時に之と牴觸する部分に付きましては其の効力を失ひまするが、其の他の部分は兩立するものと考へます」と答弁し、続けて「詰まり政治的な若しくは法律的な効力を教育勅語は失ふのでありまして、孔孟の教へとかモーゼの戒律と……と同様なものとなって存在するものと、斯う解釋すべきではないかと思ひます」と述べた(41)。まさに詭弁としか言いようのない説明であった。

第二に、教育の理念や目的を法律で規制できるか否かの問題については、貴族院本会議で澤田牛麿議員がそれは無理だし、「斯う云ふ説教をしなくても、教育の大事なこと位は日本人は知って居る……其の説法をすると云うことは甚だ國民を侮辱したことである」と述べた(42)。これに対し金森徳次郎国務相は、理論的には立憲主義国家における個人の内心の自由を規制する法律を作ることは問題だとした上で、国家が安定し国民の共同意識が成立している場合にはその通りだが、そうした条件がない現在の過渡期にあっては、教育の基本方針を法律にすることは「已むに已まれぬ必然性がある」(43)と説明した。

こうして、長い間、国民の意識を規制してきた教育勅語は、その役割を終えるにあたって、「教育基本法」という近代立憲主義国家においては異例の法律を導き出すことになったのである。

2　教育勅語等の衆議院での排除決議と参議院での失効決議

その一年余り後の一九四八年六月一九日、衆議院で教育勅語等の排除決議が、参議院で教育勅語等の失効決議がなされた。参議院における文教委員会委員長田中耕太郎の趣旨説明の概要は以下の通りである。昭和二二〔一九四七〕年三月制定の教育基本法は、教育勅語の教育の最高指導原理としての性格を明瞭に否定し、真理と平和を希求する人間の育成という理念を掲げた。法律が哲学的・倫理的・宗教的な理念を掲げることは外国にも類例を見ないものであり法案審議でも問題となったが、「かかる異例」は「教育勅語に代わる新教育理念を示すため止むを得ない措置であった」。同時に発布された「学校教育法」は従来の「皇国の道に則る教育」を廃止した。本決議案はあくまでも「教育勅語等の失効を確認する性質のもの」であり、今初めて廃止、排除するものではない。それ故、教育勅語等は憲法が最高法規であると定めた新憲法第九八条第一項に違反する詔勅として無効なのではない。教育勅語を無効にした教育基本法や学校教育法は、新憲法実施前に、即ち昭和二二年三月三一日から施行され、「勅語と新憲法との間の関係は存していない」。従って決議案の中で言及しなかったのである(44)。

皮肉なことに、田中は当時参議院議員で文教委員会委員長を務めており、職責上参議院本会議にこの決議案を提出する責任者であった。教育勅語等の失効決議を行なうに至った経緯についての田中の怒りと悔しさは尋常なものではなかった。後年『日本経済新聞』連載の「私の履歴書」の中で、こう記している。「……文教、文部委員長として総司令部とはつねに交渉があった。最もしゃくにさわった一事は、政治部から突如教育勅語の無効宣言の決議をするように要求してきたことである。私はその必要なしとしてこれを拒否した。私は司令部のスタッフと激論を繰りかえした。……衆議院は司令部の示唆を受諾し、教育勅語の無効宣言をした。参議院の方も譲歩しないわけには行かなかったが、無効宣言ではなく、すでに失効していることの「確認」という趣旨の決議をして幾らか筋を通した。これに対して司令部はえらく不満であった」(45)。

3　総司令部内の動き

この決議実現に主導権を握ったのは、総司令部の民政局であった。一九四八年五月の段階で民政局次長のケーディス（C.L. Kades）が部下のウイリアムズ（J.Williams）に国会で教育勅語廃止決議を行なう可能性を問い、ウイリアムズは衆参両院の文教委員会委員長に申し入れを行なった。重要なことは、彼らが用意した草案の、教育勅語が「憲法九八条に違反しているため」（such being incompatible with the provisions of Article 98 of the Constitution）の文言が、衆議院決議では「憲法九八条の本旨に従い」（in compliance with the purport of Article 98 of the Japanese Constitution）に変更され、参議院決議では削除されたことである。衆議院の文教委員会側は、教育勅語が既に過去の文書になっており、ストレートに憲法第九八条違反とは言えないと主張したものと思われる。松本淳造委員長が議会で読み上げた決議案は、一四日付の最終案そのままであり、ウイリアムズが事前に承認した内容のものであった(46)。参議院の決議草案としては、ウイリアムズ保存文書の中に田中自身が書いたものと思われる英文での「新教育理念の普及徹底に関する決議案」と題する文書があり、さらに内容は殆どそのままで題名を「教育勅語等の失効確認に関する決議案」に変えた文書が別にある(47)。田中が激論の末筋を通したために、司令部は「えらく不満」だったわけである。

4　両院の教育勅語排除決議と失効決議の意義

総司令部の民政局側が、一九四八年五月から六月にかけて、このように介入した背景に何があったのであろうか。重要なことは、四七年三月に米大統領のトルーマン・ドクトリンが発表され米政府の冷戦政策の公的宣言がなされたこと、及び四八年一月六日のロイヤル米陸軍長官による対日占領政策の転換が示されたことである。ＧＨＱの中で、民政局の関心は日本の戦後改革にあり、そのリーダーが次長のケーディスであったのに対して、情報担当部局は軍事的志向が強く、共産主義との対決を重視してきた。四八年一月の時点で対日占領政策の重点が日本を共産主義への防壁として役立てる方向に傾いたことは、民主化を進めてきたケーディスたちをいらだたせ、日本の教育界の指導者の自主性を配慮したＣＩＥの従来の政策をもはや座視できず、日本政府に教育勅語廃止決議を強要したのであろう。

五　田中耕太郎と南原繁の思想的位置づけ

１　二人の天皇制に関する考え方

田中耕太郎は、一九四六年一月の『朝日新聞』に寄稿した「天皇制の辯明」の中で、「天皇制は秩序の理念から我々にとって特に要望せられる。而して秩序の下に於てのみ民主主義の実現が可能なる限り、天皇制は民主主義と矛盾しないのみでなく、我が政治社会の必須条件である」と述べ、天皇制は国民統合の「不動の中核」として、「法と秩序」維持のために必要であり、この秩序があってこそ、自由と民主主義も存立し得ると主張した(48)。

一方、南原繁は、四六年八月二七日の貴族院本会議において、今回の憲法改正事業は、敗戦後「自ラノ過誤ヲ清算シテ、我ガ国ガ将来完全ナル獨立国トシテ立チ得ルヤ否ヤノ試金石」だとして、憲法草案制定方法の非民主性を問題にした。さらに天皇を国民統合の「象徴」としたことにより、天皇は政治制度としてその意義をもはや喪失したことを意味するのであり、幣原喜重郎前首相が臣節を尽して護持せんとした天皇制の内容は「斯クノ如キモノデアッタカ」と詰問した(49)。南原の見解を、著作集に再録された議会記録の言葉で記そう。「私自身はかねて「民族共同体」または「国民共同体」（national community）の考えをもつ者である。これによって一面、わが国の歴史において、君主主権と民主主権との対立を超えたいわゆる「君民同治」の日本民族共同体の本質を生かす所以であると同時に、他面、民主主義が原理的には個人とその多数に基礎を置けるに対して、さらに国家共同体を構成するところの新たな世界観的基礎を供し得ると考えるのである。……わが国にあって、国民の統合を根源に於いて支え来たったものが皇室であることは、わが新しき民主主義に対して固有の意義を与えるであろうと思う」。さらに「議会・内閣・最高裁判所それぞれ独立の機能をもつことにより、三権分立が徹底されることはいいけれども、その法的政治的統一は或る点において空白に残されている。この形式的統一を充たすのはまさに天皇の位置であるべきである。それは単なる「象徴」ではなく、いわゆる国家の一「機関」、すなわち国家の統一性を保障する機関として――私はこれを日本国家統一意志の表現者とするが妥当と考えるのであるが――構成されることが必要である。その限りにおいて、天皇の行為は、単に儀礼的でなく、まさに政治に関する国務たるの名分と形式を具えなければならぬ。……かかる天皇制と民主主義とは本来いささかも矛盾することなく結びつき、ここに「日本的民主主義」が実現されるであろう」(50)。

南原は、田中文相が教育の基本方針の前提として考える日本国家の政治的基本性格について、田中が一月に発表した「天皇制の辯明」の所信と本草案との違いは心境の変化によるのかと質問した。田中は、天皇制についての考えは今も何ら変わっていないと述べ、天皇の権限の範囲の広狭やその地位の法律上の解釈如何は関係なく、「天皇は、……天皇の地位にあられること自身が、我が国民の為に必要なのであり……詰り天皇は我が国の秩序の象徴と申上げても良いと思ふ」と答弁した(51)。田中は象徴天皇制でよいと考えているのに対して、南原の方は、天皇は単なる「象徴」以上に、君民一体の民族共同体の実質的な統合者としての役割を持つべきであると考えていたことが分かる。

国民の精神の自立を阻んでいた元凶である「教育勅語」に対して、南原はより根源的な批判をしてもよかったのではないかと思われるが、一〇年後の一九五八年一月、日教組大会での講演の中で南原は、明治以来八〇年間の教育の原理は、結局「国体の護持、皇運の扶翼ということであった」と断言し、「教育勅語こそが、敗戦に至るまで、天皇の真影と共に日本の最も神聖なものとして」考えられてきたのであり、「そのために多くの先輩が、また友人がどれだけ多く犠牲となり、さらに非国民として葬り去られたかということは周知の通りです」(52)と語った。しかし、敗戦直後の南原は、教育勅語の中にも、天皇論と同じく日本民族が培ってきた善き伝統の一面を見ていた可能性があるように思われる。

2　二人のキリスト者としての姿勢

田中耕太郎（一八九〇～一九七四）と南原繁（一八八九～一九七四）は、同時代を生き、学歴も一高・東京帝国大学法科大学卒、職歴も内務省を経て東京帝国大学法科大学（一九一九年から法学部）助教授・教授となっており、共通点が多い。一高時代に内村鑑三の聖書研究会に入った点でも同じである。だが、田中はその後内村の下を去りカトリックに転向した。南原は内村門下の七名で白雨会を作り、無教会の信仰を貫いた。カトリックとプロテスタントの信仰の違いが二人の教育観にどのように影響していたかが問題となる。

田中がプロテスタントの無教会主義からカトリックに改宗した第一の理由は、プロテスタント信仰が個人主義的・主観主義的であり、客観性がないこと、第二には「信仰のみ」を強調するあまり、信仰は科学的認識と無関係なものとされ、学問だけでなく文化全体を宗教から解放しその世俗化を正当化する危険を持つところにあった。それは南原が一九四二年に出版した『国家と宗教』に対する批評論文にも表れている(53)。

一方、南原は、田中の批評論文に対する回答の意味も込めた「カトリシズムとプロテスタンティズム」と題する論文の中で、カトリックが異質的なもろもろの文化の巧妙な結合・調節をするスコラ哲学の異教性と妥協性をもち、またカトリック教会が礼典に取り入れた古代的宗教や東方的魔術的要素によって生み出される神秘性を批判し、その全思想の中核にある「教会」が、キリスト教本来の愛の共同体としての「神の国」の理念によるというよりも法王の権威を中心とする政治的要素により成立していることを批判した。一方、プロテスタントの「信仰のみ」の立場は、信仰の喜びと神への愛を隣人の間に拡げる行為を通して豊かな文化的果実をもたらし、それに伴って、「個人的信条の道徳」は、「社会共同体の倫理的規範」に発展する、と主張した(54)。

では、二人のこのような信仰は、国家論にどうつながっていたのであろうか。田中耕太郎の場合、彼自身が記しているように彼の教育勅語擁護論の根拠は自然法思想にあった。彼の自然法論をカトリックの自然法理論の二〇世紀における展開との関わりで位置づけてみたい。それについては、半沢孝麿の田中耕太郎論(55)が示唆に富む。半沢は、二〇世紀のカトリックの自然法思想を大別して個人の道徳的行為の原理としての道徳的自然法と公的権威や国法を基礎づけるものとしての政治的自然法の二つに分け、田中の理論は前者に属している、という。一九二一年にイタリアに留学中の田中がムッソリーニの名前も彼のローマ進軍の事実も知らなかったというエピソードに象徴されるように、彼の若いときの非政治的傾向は、第二次世界大戦中から戦後に独自の形での政治的傾向へと変化していくが、その場合でも、彼の関心は本質的に個人の道徳的領域にあったという。彼は家族や私有財産と同じように国家を「自然法上の存在」と考えたが、彼にとっては、国家は「共通善」という確固たる自然法に従って導かれねばならないという新トマス主義の考えは無縁だったように見える。田中は、「教育と自然法思想」（一九四〇年）の中で、「自然法は一方国家の倫理的使命を強調し、主権者の権威の神的な起源を主張すると共に他方人間一個人の人格の完成及び倫理的使命の遂行の為に必要な自由を承認する。此の思想は東洋、西洋たるを問はず存在する。万世一系の皇室を宗家と仰ぎ奉る我が家族的国家の憲法に於ては此の両方面が極めて自然に調和して存在してゐるのである」(56)と述べた。田中はナチスや社会主義国家に対してはその国家としての正当性を否定しているが、ファシズム化した日本国家については自然法に適ったものと見ていたのである。一九三〇年代後半から四〇年代にかけて、田中の従来の批判精神が後退してゆき、思想的にかなり保守化していくが、その背景には、日伊交換教授としての欧州巡遊、東京帝国大学法学部長としての仕事、南米講演旅行などの経験が公人としての政治的役割の自覚化を促し、田中の自然法論の強調点を自然法の批判的機能から保守的機能へと移行させていったとの半沢の指摘は説得性がある。

一方、南原の場合はどうか。既に見たように、彼は、イエスが説いた「神の国」の理念は、神の前での万人平等の思想を生み出すと同時に、「愛の共同体」としての新たな社会共同体の理念を提示したという。キリスト教の超越性はこの世の諸文化領域に入り込み、新たな内容と生命を供し、国家の政治生活に新しい精神と情熱を喚びさましたという。国家共同体はそれ自身はもはや最高の価値を有するものではなく、最高の規範は政治的国家生活を超えて存在するとし、パウロのロマ書一三章の言葉も直ちに国家権力の宗教的認証を与えたものではないと断言した。しかし同時に、パウロが所与の秩序を尊重せよと説き、ある場合には現実秩序の不法と悪にも忍従すべきことを勧めるのは「純粋に宗教的愛の心情から出る受動的態度であり、いずれの時代にも容認せらるべき信仰の生活態度である」(57)と肯定しているのである。さらに、日本に必要なことは、欧米の「模倣」ではなく、欧米とは異なった出発をすべきだと主張する。「君臣・父子の間の絶対的忠信と信従の関係を実践し来ったわが国」には、封建的道徳以上の、「固有の高い道徳的基礎」があり、そこにキリスト・イエスによって内面的に更生された新たな聖なる結合関係、人格関係が入り込み、「ついには全体のわが国民共同体が真の神的生命によって充たされるまで、神の国の形成は已まないであろう」というのである(58)。三谷太一郎が指摘しているように、南原には少年期に育まれた儒教的な共同体的価値観が生涯を貫いて思考の根底にあり、家族、地域から国家に及ぶのであるが、キリスト者となってからは、キリスト教の「愛の共同体」という神によって根拠づけられた共同体的価値を再認識したのである(59)。

まとめにかえて

敗戦後の約二年半、新憲法の制定と並行して行なわれた教育勅語廃止をめぐる論争を跡づけてきた結果、明らかになった第一のことは、内閣直属の諮問機関として召集された教育刷新委員会の委員たち、即ち当時の日本の知的な指導者と目される人々の多くが、教育勅語の内容には問題がなく、その扱い方に問題があったと考えていたことである。それはキリスト者であろうとなかろうと押しなべてそうであった。その多くの人々が、「日本的デモクラシー」を唱え、教育勅語とデモクラシーが共存し得るものであると信じていた。前田多門も田中耕太郎も南原繁の場合も、大正デモクラシーの民本主義に代表される日本の民主的な伝統を念頭に置いていたものと思われる。

さらに、国家権力が教育勅語によって、上から国民の倫理について指導するということが、近代国家にあるまじき逸脱であるということ、つまり、教育勅語の存在自体が問題であるということを教育刷新委員会の中で指摘したのは、関口鯉吉(一八八六〜一九五一)一人であった。彼は政府が上から倫理を説くこと自体が間違いであると主張し、新しい勅語渙発にも反対した。田中耕太郎を初め天野貞祐などの学者や教育家が確信をもって教育勅語を弁護したのに対して、天文学者の関口がなぜ理論的に反論できたのかが問われるところだが、ここでは立ち入れない。いずれにせよ、教育基本法制定の立役者であった田中と南原が同法の制定を主張したのは、教育勅語に代わって、国家が国民の望ましい精神のあり方にまで立ち入って教育を方向付けることが必要であると考えたためであった。

最後に、田中耕太郎と南原繁の思想と行動を比較するとき、カトリック信者である田中が、カトリックの伝統的な自然法理論を主張し、パウロのロマ書一三章の伝統的な解釈を受け入れたことは理解しやすいが、問題は南原の言動である。記紀の神話性を主張し東洋文化は一つではないと論じた津田左右吉を東大法学部講師に招いたのは南原だった。その津田が右翼学生から集中攻撃を受け、出版法の皇室冒瀆罪で起訴される事件が起きたとき、南原は天皇制ファシズムの脅威と不当性を身近に痛感したはずである。彼は上申書を書き裁判を傍聴し救援に奔走したが、こうした事件の根本原因の追究はせず、津田の受難を「歴史のくぐるべき一つの過程に起きた避けえない波」だったと回顧しており、政治的機能としての天皇制を批判することはなかった(60)。そして敗戦直後の貴族院で天皇制肯定論を語ったのである。彼は一方で裕仁天皇の退位を主張したが、その理由は天皇には政治的責任はないが道徳的責任があるというものだった。国家権力の中枢に位置する天皇の存在を戦後も機能として否定し得なかったのは、彼の民族共同体、国民共同体論に包摂された国家論の故ではないだろうか。

国民が権力者の不正に抗議し正義を主張するとき、その主張を拒絶する権力者（帝国憲法の下では国家統治の主権者である天皇）は排除されるべきだという考え方がヨーロッパ精神史には脈々と継承されてきただけでなく、アジアでも中国の孟子の教えにあり、東西両世界における抵抗権と革命権の基礎となっている。南原は、孔子の「政者正也」をよく口にし、為政者は正義を率先して行なわねばならないという教えを重視したが、もしも為政者がそうしなかった場合、徳を失った為政者に天が見切りをつけたときには民が革命をなしうるという孟子の考え方は、南原には無縁だったようである。同じ無教会派の矢内原忠雄は、一九三七年の盧溝橋事件直後に、「国家をして国家たらしむる本質的原理は正義であり」、正義とは「人々が自己の尊厳を主張しつつ同時に他者の尊厳を擁護すること」であり、「現実に弱者強者の存在する社会では、弱者の権利を強者の侵害圧迫より防御すること」だと主張した(61)。一九四〇年には植民地朝鮮の地でのロマ書講義の中で、「国家権力が神より出でたものであることを知って之を重んずればこそ、それが濫用せられる時預言者は黙さない」(62)と述べ、キリスト者の預言者的役割を強調した。

そうした思想が、南原や田中を含めて、日本の多くのキリスト教指導者の中に深く根づいてこなかったことが問題であろう。ドイツではナチスに「否」を突きつけたドイツ告白教会が生まれ、バルメン宣言が出され、ボンヘッファーの神学と行動が生み出されたことを考えると、日本の精神的土壌に古くから浸透してきた民族共同体ないし国民共同体の問題性の解明こそが、南原に求められていただけでなく、後に続くわれわれにも、厳しく求められているといわねばならない。

[注]

（1）副田義也『教育勅語の社会史』有信堂、一九九七年、五六頁。
（2）占領軍宗教研究班のウッダードの証言、William F. Woodard, *The Allied Occupation of Japan, 1945-1952*, E.J.Brill, Leiden, 1972, 阿部美哉訳『天皇と神道　GHQの宗教政策』サイマル出版、一九八八年、六五〜六頁。
（3）「結論」と「行動勧告」、佐藤秀夫編『続・現代史資料』第一一巻、みすず書房、一九九六年、一四四〜八頁。
（4）土持ゲーリー法一『米国教育使節団の研究』玉川大学出版部、一九九一年、一一八、三七四〜五頁、村井実全訳解説『アメリカ教育使節団報告書』講談社、一九七八年、参照。
（5）鈴木英一『日本占領と教育改革』勁草書房、一九八三年、二〇〇頁。
（6）『朝日新聞』一九四五年八月一九日。
（7）前田多門『公民の書』（財）社会教育協会、一九四六年、「序言」。
（8）『朝日新聞』一九四五年一〇月四日。
（9）佐藤編、前掲書、二四〜五頁。
（10）国立教育政策研究所所蔵『田中耕太郎旧蔵教育文書』CD〇九六二／二。
（11）鈴木英一他編『資料　教育基本法50年史』第一部、勁草書房、一九九八年、一〇五頁。
（12）堀尾輝久編『教育基本法文献選集二』二九〜四三頁。
（13）日本近代教育史研究会編『教育刷新委員会・教育刷新審議会会議録』（以下『刷新会議録』と略す）第六巻、八頁。
（14）『刷新会議録』第一三巻（関係資料）、一四五〜六頁。
（15）安倍能成『戦後の自叙伝』新潮社、一九五九年、七一頁。
（16）海後宗臣編『教育改革』（海後監修『戦後日本の教育改革』第一巻）、東京大学出版会、一九七五年、一一七頁。
（17）丸山真男・福田歓一編『聞き書き南原繁回顧録』東京大学出版会、一九八九年、三八四頁。
（18）『北海道新聞』一九四六年四月六日。
（19）鈴木、前掲書、一三六〜七頁。
（20）「第九〇回帝国議会衆議院議事速記録第七號」『官報号外』昭和二一年六月二八日、一〇五頁。片仮名を平仮名に直して記した。
（21）同速記録。
（22）古野博明「教育基本法成立史再考」『教育学研究』六五（三）

一九九八年、一二頁。
(23)『刷新会議録』第一巻、四～九頁。
(24)「教育勅語の処遇決定に関する史料一、第一特別委員会報告」、一九四六年九月二七日、『刷新会議録』第一三巻、一五六頁、第一特別委員会の二回分の議事速記録は『刷新会議録』第六巻三～三五頁参照（但し上記の部分は欠如）。
(25)『刷新会議録』第六巻、一八頁。
(26)同、二〇頁。
(27)同、六～七頁。
(28)同、三三～四頁。
(29)「教育勅語の処遇決定に関する史料四、勅語及詔書の取扱について」、一九四六年一〇月八日発秘三号、『刷新会議録』第一三巻、一五七頁。
(30)『刷新会議録』第一巻、二四三頁。
(31)以下、第一特別委員会委員七名の総会及び委員会での発言を『刷新会議録』第一巻、二二、四二頁、第六巻、四～六、二〇～二四頁より集めて要約した。
(32)第一特別委員会での発言『刷新会議録』第六巻、五、二四～五頁。
(33)『第九〇回帝国議会貴族院帝国憲法改正案特別委員会議事速記録』第四號、昭和二一年九月四日、二六頁。
(34)第一一回総会での第一特別委員会主査羽渓了諦の発言、『刷新会議録』第一巻、二五三頁。
(35)同会議録、六一頁。
(36)「新憲法発布」『南原繁著作集』（以下『著作集』と略す）岩波書店、一九七三年、第六巻、八五～九四頁。
(37)『刷新会議録』第一巻、二五一頁。
(38)同、二六九頁。
(39)同、二八七～八、二九五頁。
(40)田中の「人格の形成」については、田中『教育基本法の理論』有斐閣、一九六一年、参照。
(41)『第九二回帝国議会貴族院教育基本法案特別委員会議事速記録第二號』、昭和二二年三月二〇日、六頁。
(42)「第九二回帝国議会貴族院議事速記録第一九號」『官報號外』昭和二二年三月二〇日、一六六～七頁。
(43)同速記録、一六七頁。
(44)「第二回国会参議院会議録第五一号」『官報号外』昭和二三年六月二〇日、六〇九～一〇頁。
(45)『私の履歴書　文化人15』日本経済新聞社、三七七～八頁。
(46)佐藤編、前掲書、三四一～四六頁。
(47)同書、三五〇～五三頁。
(48)『朝日新聞』声欄、一九四六年一月二四日。
(49)「第九〇回帝国議会貴族院議事速記録第二四號」『官報號外』昭和二一年八月二八日、二四五、二四七頁。
(50)『著作集』第九巻、二〇～二七頁に再録された文章。
(51)「第九〇回帝国議会貴族院議事速記録第二四號」『官報號外』昭和二一年八月二八日、二五二、二五八頁。
(52)「民族の独立と教育」日教組編『歴史と教育の創造』一橋書房、一九七二年、所収。
(53)『国家学会雑誌』五七巻五号、一九四三年、一〇一～一三頁。
(54)『国家と宗教』補論「カトリシズムとプロテスタンティズム」『著作集』第一巻、二七六～三四〇頁。
(55)半沢孝麿『近代日本のカトリシズム』みすず書房、一九九三年、第二・三章。
(56)田中『教育と権威』岩波書店、一九四六年、所収。
(57)『著作集』第一巻、八五～六頁。
(58)同書、三三三～三四頁。
(59)三谷太一郎「解説」、丸山・福田編、前掲書、四九五～九六頁。
(60)同書、二三六～五八頁。

(61) 矢内原忠雄「国家の理想」『中央公論』一九三七年九月号。
(62) 矢内原『聖書講義Ⅲ』岩波書店、二三四頁。

※なお、二〇一六年二月に、柳父圀近『日本的プロテスタンティズムの政治思想』(新教出版社)及び、加藤節『南原繁の思想世界』(岩波書店)が刊行されたが、本稿執筆の際には利用できなかったことをお断りしておく。

Ⅲ　宗教からみる天皇制の桎梏

第五章　神道指令後における新しい神道の構想
——岸本英夫の神道論をめぐって

星野靖二

一　問題の所在——新しい神道の構想

一九四五（昭和二〇）年一二月一五日にGHQはいわゆる「神道指令」、すなわち「国家神道、神社神道ニ対スル政府ノ保証、支援、保全、監督並ニ弘布ノ廃止ニ関スル件」という覚書を日本政府に対して発し、神社神道は「国家の宗祀」ではなく、他の諸宗教と並ぶ一宗教となった。ここにおいて「神道」は「宗教」としての自己理解をあらためて組み上げなくてはならなかった。つまり、そこにかける意図は様々であるにせよ、新たな「神道」の構想が要請されたのである。

本章では、そうした新たな「神道」の構想の一つとして、岸本英夫（一九〇三〜六四）の神道論を取り上げて検討する。なお、岸本の神道論については既に石井研士と奥山倫明による貴重な先行研究があり、以下の考察もそれらに負うところが多い(1)。岸本は一九四五年当時東京大学の宗教学講座の教員であり、日本を代表する宗教学者の一人として考えられていた。そのため、まず宗教学者が神道という宗教伝統をどのように取り扱ったのかという点が本章の論点の一つとなる。同時に、そのような立場にあったが故に、岸本はＧＨＱが宗教、特に神道の取り扱いを定めていくにあたって日本側の相談役となった。本章はその交渉の過程を直接に検討するものではなく、後段で関連する事項に簡単に触れるに留めるが、しかしこうした歴史的背景があるために、岸本の神道論は戦後の神社界に一定の影響を与えた。岸本の議論の射程とその影響ということも本章の論点となろう。

本論に入る前に先回りして述べておくと、岸本は新たな神社・神道については積極的に論じているが、天皇については語ることを避けているように見える。逆にいえば、その新しい神道の構想は天皇抜きに成立するようなものであったことになるが、それはどのような論理で、またどのような意味を持つことになったのだろうか。

二　岸本英夫とその神道論

1　前史――姉崎正治と加藤玄智

まず戦前の宗教学における神道論、あるいは天皇の位置付けについて簡単に触れておきたい。東京帝国大学の宗教学講座の初代教授、すなわち岸本の前任者で岳父でもある姉崎正治（一八七三～一九四九）は、実父が桂宮淑子内親王に家従として仕えていたという経緯もあって皇室に強い敬愛の念を抱いていた。例えば姉崎は明治天皇の死に際して自薦で葬儀に加わっており、また一九一〇年代には国民統合という観点から国体の重要性について積極的に発言していた(2)。

しかし研究の面から見るならば、姉崎はまとまった神社・神道研究を著したわけではない。また、戦後にＧＨＱは日本宗教についての第一人者として姉崎を招聘して会談しているが、その際の姉崎の意見は「日頃の老博士らしくなく、きわめて常識的な受け答え」で、結果的にＧＨＱの宗教政策にほとんど影響を与えなかったと岸本は記している(3)。

他方、安蘇谷正彦が神道研究史の回顧において「神道の宗教学的研究における先駆的学者としてもっとも著名」(4)な人物として挙げたのが加藤玄智（一八七三〜一九六五）である。加藤は姉崎と同世代であり、一九〇六年に宗教学講座の講師となっていた。本人の回顧によればこの頃から神道研究に取り組むようになり、一九二〇年に東京帝国大学文学部に新たに神道講座が設置された際に兼任の講師となり、翌二一年に同講座の助教授となってから一九三三年に退職するまでその座にあった。なお、加藤は戦後に公職追放の対象となり、神道講座は一九四六年に廃講になっている(5)。

戦前の神道講座には神道の思想的・倫理的側面に焦点を合わせた田中義能（一八七二〜一九四六）や、神社の歴史を取り扱った宮地直一（一八八六〜一九四九）などが関わっていたが、加藤は「宗教学」的に神道を取り上げることになる。加藤の宗教学的な神道論については既に研究があるが(6)、その宗教学的な立場については、早くからC・P・ティーレ（Cornelis Petrus Tiele, 1830-1902）などを参照して、自然的宗教から倫理的宗教へと発展していく宗教進化論的な枠組を前提していたことが指摘されている(7)。

その上で、前川理子は加藤の神道論の特徴として、天皇は天皇であるが故に聖であるとして、その天皇に対する崇敬を即宗教化していること(8)、そしてそこに神道を接続させた――順序が逆ではない――こと(9)を挙げている。加藤はこのように宗教化された天皇崇敬が国民道徳の基盤となりうると考えており、またそうであるが故に神道は倫理的宗教たりえるとしていた。

加藤の議論は、徹底した天皇中心主義において神道を宗教として構想するものであったが、それは神社界の主流となることはなく、また政府当局の公式見解である神社非宗教論とも衝突するものでもあった。しかし、加藤のように天皇を中心とする宗教学的な神道論があったことを確認した上で、次に岸本の神道論を見ていく。そこにはもちろん敗戦とＧＨＱの宗教政策という決定的な要因があることはいうまでもないが、逆に岸本の神道論において天皇論は欠落させられているのである。

2　岸本英夫の略歴

岸本英夫は一九〇三年に岸本能武太の次男として生まれた。父能武太（一八六六〜一九二八）とそのキリスト教との関わりについて補足しておくと、能武太は同志社に学んで新島襄から受洗し、米国ハーバード大学ディヴィニティ・スクールへの留学を経て、帰国後は日本のユニテリアンに関わってその中心的な人物の一人となった。東京専門学校や東京高等師範学校などで教鞭を執り、晩年は英語学者としての業績が目立つようになるが、一八八〇年代後半から一九〇〇年代にかけては、理想宗教の追求ということを念頭に置きながら先駆者として比較宗教に取り組んでいた。一八九六年には姉崎正治らと比較宗教研究会を設立し、また関連する著作として『宗教研究』（警醒社、一八九九年）や『比較宗教一班』（警醒社、一九〇二年）などがある。

(1)　岸本英夫の宗教観

関連して、岸本英夫は自身の宗教観について以下のように回顧している。

私は、実は子供の時には、敬虔なキリスト教の家庭に育った。私自身も子供らしい熱心な信仰をもっていた。しかし、青年時代に、私は奇蹟を行うことのできるような伝統的な人格神信仰は、どうしても信じることができなくなった。その意味で、神を捨てたのである。そして、同時に死後の理想世界としての天国や浄土の存在は、まったく信じないようになった。そして、しだいに私は肉体の死によって、私という意識する個体は、物質的にも、精神的にも、解消するものと考えるようになってきている。そう考えているというよりは、むしろ、私の近代的な知性が、私をして、そう考えさせずにはおかないという方が、より正確であろう(10)。

この文章には父親がユニテリアンであったことは述べられておらず、その影響についても明確ではないが、岸本は一九四八年に今岡信一良らと共に日本ユニテリアン協会と東京帰一教会を創設している。この日本ユニテリアン協会は戦前のユニテリアンの流れを汲むものであったが、より自由主義的な、あるいは脱キリスト教的な方向を取るに至る。同協会は翌年日本自由宗教協会と名前を変え、更に一九五二年に自由宗教連盟と改称して、国際的な宗教協力団体である国際自由宗教連盟に加入しているが、これに関連して今岡が以下のように回顧している。

第二次世界大戦の直後（昭和二十三年）、アメリカからユニテリアン教団所属の牧師Z・N・ブース氏が来日した際、君〔＝岸本英夫〕は同氏から米国のユニテリアン教団はもはやキリスト教の一派ではなく、ユニテリアニズムはキリスト教を乗り越えていることを聞かされ、「それなら僕も安心してユニテリアンであると告白する」と私どもの前で断言し、当時、故赤司繁太郎牧師を中心として進行していた日本自由宗教連盟の設立の運動に積極的に参加したのである。そしてみずから連盟の綱領を起草した(11)。

岸本にとってはユニテリアンがキリスト教を乗り越えているということが重要であり、そのような「自由宗教」に共感していたことは明らかであろう。かつそれは「わが生死観」で岸本自身が述べている「近代的な知性」と切り離せないものであり、それに基づく宗教理解が、神道論にも大きな影響を与えることになる。

略歴に戻ると、岸本は一九二六年に東京帝国大学に入学して姉崎に学び、「祈りの問題」という卒業論文を出して卒業した。一九三〇年に姉崎の長女と結婚し、翌三一年から三三年にかけて父同様ハーバード大学に留学して、ジェイムズ・ウッズ（James Haughton Woods, 1864-1935）よりヨーガスートラと宗教神秘主義を学んで修士号を得た。

帰国後、姉崎の退官（一九三二）を受けて三四年に宗教学講座の講師となり、のち助教授（一九四五）、教授（一九四七）となった。

(2)　GHQとの関わり

一九四五年一〇月、助教授となったばかりであった岸本は文部大臣前田多門より進駐軍司令部民間情報教育局の顧問を打診され、これを受諾して民間情報教育局局長ケン・R・ダイク（Kenneth R. Dyke 1897-1980）と、神道・宗教政策の担当となった宗教課長ウィリアム・K・バンス（William K. Bunce 1907-2008）の相談相手となった。なお、顧問の打診を受諾すべきか他の東大の教員に相談したところ、特に高木八尺と南原繁から強く受諾すべきであると述べられたといい、岸本は南原との会話を次のように回顧している。

〔それまで面識もなかった南原が〕岸本君、それは是非お引き受けなさい。私も実はあなたのそのことについては、陰からその相談には与っています。国家の危機に際してこのような重要な仕事をたのまれたからには、進んで引き受けるべきです。ただ外務省や総司令部の役人には、ならないがよろしいと思います。どこまでも自由な、大学の一助教授としておやりなさるがよろしい(12)。

後に岸本はこの間の事情を回顧した「嵐の中の神社神道」を出しており(13)、またGHQとの交渉とその背景などについては既に研究があるため(14)、以下では要点を幾つか挙げるに留める。

まず岸本は、この間の神社界における神社・神道の位置付けの変遷について触れている。当時神社の監督官庁であった神祇院（一九四〇年設置、四六年廃止）について岸本は、神社はやはり単なる一宗教ではなく「国家の宗祀」あるいは国民道徳の淵源であり、国家との結び付きを何らか維持するという基本方針が一九四五年の一〇月末頃まで保持されていたとしている⒂。

これに対して岸本は、そうした神祇院周辺の見解は、ＧＨＱに受け入れられることはないと見ていた。当時の状況からして、国家が神社に対して支出してその活動を支えるということは、まず国家神道の解体というＧＨＱの意図と齟齬するものであり、更にいえば新しい憲法に明記されることになる政教分離の観点からも認めがたいものであった。

そもそもＧＨＱ側は日本側から国家神道を解体して、政教分離の原則下で神道を再構成していくという方向性が出されるのを期待していた面があったが、一〇月末以降、そのような期待を取り下げてＧＨＱ側の主導で事態が動いていくことになる。

一一月には神祇院からも「かくなっては、従前の国家の宗祀としての制度は廃止し、神社神道としての純乎たる宗教の建前をとって、今後の維持発展を図るべきである」⒃という方針が打ち出され、神社界側も信者組織によって支えられる宗教として自らを再編成していく方向を選ぶことになるが、この段階では既にＧＨＱ側でいわゆる「神道指令」の準備が進められていたのである。

他にも岸本は、ダイク、バンスらが靖国神社の臨時大招魂祭を見学することになった際に、神社・軍人たちと交渉して「極力軍国調のない、おだやかなお祭り」⒄にしたこと、あるいは神道指令の草案の中に公文書で使用を禁じる用語として「大東亜戦争」や「八紘一宇」などと並んで「国体」があることについて、この「国体」という語を除外することを進言し、実際に一二月一五日に出された神道指令からは除外されていたことなどを記している。なお、後者について補足しておくと、「国体」という語の使用禁止は「国体の精華」をうたう教育勅語の即時の廃止を意味するものであった。当時の岸本は教育勅語には問題があると考えており、また文部省の中でも「国民に過度の刺激を与えないで、これを、自然に消滅させる工夫がないか」⒅ということが悩みの種になっていたと記しているが、急な廃止による混乱を避けるという意味で進言したのであった。
このような様々な出来事とは別に、岸本個人の神道観についていえば、「私自身は、一個の宗教学者としての立場から、従来から、神社神道というのは、宗教の一形態だと考えていた。キリスト教や仏教などとは、よほど性格の異なったものではあるけれども、神社神道は文化形態の何に属するかといえば、やはり宗教というほかないと思っていた」(19)とあるように、もともと一つの「宗教」として神社神道を捉えていたという。これは後段で見ていく岸本の神道論の前提として考えることができるだろう。

こうした経緯もあってその後も岸本は神道と関わっていくことになる。例えば私立大学として存続を認められた国学院大学の大学院において講義を担当するようになり、また一九五五年に国学院大学が日本文化研究所を設立するにあたっては、組織構成の立案からロックフェラー財団との橋渡しまで様々な形で関与することになった。なお、「日本の精神文化の研究」を主眼として設立された同研究所は、設立時にその活動方針の中に広い視野にたって諸外国文化との比較研究を行なうという方針を組み込んでいるが、これは特に岸本の主張したところであったという。

しかし同時に、それらの活動は闘病生活の中で行なわれたものであった。一九五四年の滞米中に頭部に悪性腫瘍が発見されて以来、数度の手術を受けながら、東京大学の図書館長を務め、あるいは『宗教学』（一九六一年）の出版など精力的に活動を続けたが、一九六四年に病没した。この間のことを自ら記した『死を見つめる心』（一九六四年）が没後に出されている。

3　岸本の神道論——「近代的宗教」としての「神道」

(1)「近代宗教精神と神社神道」（一九四七）——「神社神道のあみ直し」

一九四七年三月に、岸本は『神社新報』に「近代宗教精神と神社神道」を寄稿して、あらためて「神社神道のあみ直し」について論じている。そこでは以下のように端的に三つの課題が述べられている。

さしあたり解決すべき当面の課題とは、すでにこの一年間繰返し論じられたごとく、終戦後の神社神道のあみ直しの問題である。第一には、信教自由の精神を確立するために、神社神道を国家から切離すこと。第二には、神社神道の中から軍国主義的要素を拭い去ること。第三には、過激なる国家主義的思想をその中から取り除くことである(20)。

依然として占領下の状況にあって、ここで岸本は神社神道から取り除くべきものを三つ挙げている。すなわち「国家」との関係、「軍国主義的要素」、そして「過激なる国家主義的思想」である。更にいえば、前提として「信教自由の精神」の確立の必要が述べられている点も見ておくべきであろう。

なお、ここで岸本が挙げている三点に関連して、「天皇」については直接の言及がないのを見て取ることができるが、これに関連して折口信夫の「民族教より人類教へ」について触れておきたい。岸本の論説から一月遡った二月に、折口信夫は神社本庁の創立一周年を記念して「民族教より人類教へ」という講演を行ない、これが『神社新報』に掲載された。この時期折口は神道の宗教化を強く主張していたが、この講演でもそれは推進されるべきであるとした上で、それを阻害している要因として神社界が神道を宗教として捉えてこなかったこと、そして宮廷と強く結び付いていることを指摘した。折口は一九四六年の年頭に天皇が自らの神性を否定したことを重視し、「神社人の方々は、天皇御自ら神性を御否定になったことは神道と宮廷との特別な関係を去るものであり、それが亦、神道が世界教としての発展の障害を去るものであることを、理会されるであろう」(21)とする。神道と宮廷との歴史的関係があらためて切り離された状況において、神道は特殊的な「民族教」から普遍的な「人類教」へと展開していくべきであるという構想を示したのである。

ここで折口が想定していた宗教としての神道は、以下検討する岸本の神道の構想とはかなり異なるものではあったが、これについては本章では立ち入らない(22)。確認しておきたいのは、第一に神道を宗教として考えていかなければならないという見解が、国学院の神道研究の中心的人物であった折口から出されていたということである。折口個人を離れても、戦後になって神道をより広い学的な視点から研究していこうとする態度が広く見られており(23)、その一つの帰結として同年一一月に国学院に神道宗教学会が創設されている。これらの点において、岸本の議論は神社界の状況から切り離されたものとしてあったわけではなかった。

しかしながら第二に、天皇との関係を切り離して新たな神道を模索していこうとするような折口の見解は、決して神社界から歓迎されたわけではなかった。神社新報社は神社本庁に公式見解を明らかにするように強く要請し、これを受けて神社本庁は「これは一系統の学派理論に過ぎず、神社本庁はこのような一学派系統に偏すべきではない」(24)として、同講演はあくまで折口の個人的な見解を示したものであり、組織としての公式見解ではないと説明している。折口は国学院で研究を続けたが、神社新報は折口と「真正面から対立」(25)し、折口が打ち出したような方向性が神社本庁の中で主流となることはなかった(26)。こうした見解が後から回顧として出されたという点を差し引いても、当時において齟齬があったということを見て取ることができるだろう。

こうした状況において、岸本はどのようなものとして新たな神道を思い描いていたのだろうか。

日本が主権を回復（一九五二年四月）した翌五三年の年頭に、岸本は「年頭・宗教界に望む」を『東京日日新聞』に寄稿しているが、そこで岸本は特に神社神道について、「終戦以来、神社を敬遠したよそよそしい気持は、消えた」(27)とした上で、しかし進むべき方向を決めかねているという批判的な評を下している。

岸本は、引き続き戦後の神社神道はもはや国家の祭祀ではなく、政教分離の原則下にある民間の一宗教として、あらためて自らのあり方を構想していかなければならないと述べているが、「神道家たちはその重大性は認識しながらも、将来の進むべき道についていては、まだはっきりしてはいないようである」(28)とする。岸本の見るところでは、一方では「まじない、うらない、かんがかかりなどの俗信的行事の神社神道への流入には、恐るべきものがある」として俗信的傾向が盛んに見られており、まずこれを批判的に指摘する。他方で、そうした俗信的傾向を批判する神道家たちが、どのようなものとして神道を構想するかというと、「やはり、国家と結び付き、皇室を尊崇することが、その唯一の切り札となり勝ちのようである」とする。つまり岸本によれば、「何とかしてもう一度、神社神道に高い理想内容を与えたい」(29)と考えている神道家たちがいるが、その「理想」が容易に見出せないという状況において、そうした国家主義的な神道理解が出てくるとしている。

こうした観察を受けて岸本は以下のように述べる。

神社神道は、その成立の関係上、日本の歴史と密接な関係をもつことは、もとより当然である。しかし、これを一歩誤れば、再び超国家主義の先駆となり、かつての誤りをくりかえす危険が多分にある点が、忘れられてはならない。このように、一方の俗信的潮流と、他方の国家主義的傾向との間に処して、神社神道は、どこへゆくか。近代的宗教として、立ち直ろうとしている神社神道にとって、新しき方向の発見こそなすべきことであり、今年はその方向決定の重要なる年となるであろう(30)。

ここで明瞭に示されているのは、神社神道が「日本の歴史と密接な関係をもつ」ことに留意した上で、「俗信的潮流」と「国家主義的傾向」の両者が共に退けられていることであり、かつ取られるべき「新しき方向」が、この段階でははっきりとしたものとして示されていたわけではなかったということである。

もちろん、岸本にとって神社神道は「近代的宗教」としてあみ直されるべきものであり、次に見ていくように岸本には岸本なりの理想の神道像があった。しかしまた、当時神社界の向かう方向性がはっきりと定まっていなかった――むしろ岸本にとって望ましくない「俗信的潮流」と「国家主義的傾向」の二つの方向性のみが観察された――ということでもあったのである。

(2)「近代的宗教の特質」(一九五三)――「近代的宗教」としての神社神道

前述の「年頭・宗教界に望む」の書き出しを岸本は以下のようにしていた。

宗教は神のためにのみある、と考えられていた時代も遠い昔にはあった。しかし、時代の進歩とともに人間の問題が重要になってきた。そして次第にその比重は増加した。神をたてながらも、その神を通して人間の問題を掘り下げるところに焦点が移ってきた。

神の思いは、人間の上にある。それゆえ、神に没入することは、とりもなおさず、人間の問題の解決に精進することになるというのが、近代的な宗教の建前になってきた(31)。

岸本はここで「近代的な宗教」という言葉を用いているが、表現こそ変化すれど「近代」に相応しいあり方が望ましい宗教のあり方であるという姿勢は繰り返し述べられており、かつそれは引用に明確に示されているように何よりも「人間の問題」に焦点を合わせるものであるとされていた。この見解が一貫して保持されていることを前提した上で、以下では同じ一九五三年の三月に出されている「近代的宗教の特質」という論説を見ながら岸本における「近代」的な宗教の構想――岸本の宗教学が前提する宗教像――を見ていく。

まず岸本は、宗教には共通して「無限なるものをみつめつつ、より高く、よりよく生きて行こうとする人間の営み」(32)という面があり、これは地域や時代によって変わるものではないとした上で、しかし現実の宗教のあり方については、やはり時代に応じて変わらざるをえないとする。そもそも「人間の営み」としている以上、人間が変われば宗教も変わるというのが岸本の基本的かつ一貫した立場であり、「近代人の心は、近代的な性格を備えた宗教でなければ、満足させることができないのである」(33)とされる。

この、繰り返し用いられる「近代」について、岸本は厳密な定義はしないとした上で「文芸復興以来の批判精神の洗礼を受け、一九世紀以来の科学思想による洗礼を受けた社会と文化とを差す位の意味」(34)とする。ここではこれ以上の説明がなされておらず、例えば近代化と西洋化の関係についても言及がないが、少し時代が下った「宗教と近代化」(一九六〇年)において岸本は、その想定する「近代」についてもう少し踏み込み、はっきりと西洋文化と近代文化を切り分けている。そこで後者の特徴は以下のように述べられている。

近代文化のバックボーンをなすものは、一つには自然現象の法則性を知ってそれを利用するということ、すなわち科学と技術の精神である。第二には人間性の尊重ということである。近代文化は人間中心の文化である。国家の権威も宗教の神聖さも、芸術の尊さもすべて、ぎりぎりまでおしつめれば人間のものでなければならない、人間のためでなければならないということである(35)。

このように、岸本は近代なるものの基盤に科学的態度と人間中心主義を置き、かつそれは西洋文化のようなある特定の文化によって独占されるものではないとしていることになるが、それではそれは近代的な宗教像とどのように関わるのだろうか。

再び「近代的宗教の特質」に戻ると、岸本は近代的宗教の特質として、第一に神中心から人間中心に、第二に死の問題から生の問題に、第三に物質的関心から精神的関心に、という三点を指摘している。これらは岸本が近代の基盤に据えていた科学的態度と人間中心主義を直接受けるもの――近代批判の契機は見られない――であり、(宗教的な対象ではなく）信仰主体としての個人の、（死ではなく）より良い生のために、（物質ではなく）精神を問題とする、というのが岸本の思い描いていた「近代的宗教」であった。

(3)「神道の都市化」（一九六三）――あらまほしき神社像

岸本のいう「近代的宗教」は、単なる宗教現象の観察ではなく、むしろ規範性を持つ理念として置かれたものであり、その観点から神道が検討されることになる。そうした考察は既に「近代的宗教の特質」でも行なわれていたが、以下では最晩年の岸本が思い描いていた理想の神道・神社像について見ておきたい。

一九六三年に岸本は“Urbanization and Jinja Shinto in Japan”という論文を著した。これはもともと米国ヘブライ・ユニオン大学でその年に開催された近代化と宗教をテーマとする研究集会における発表を予定して書かれたものであったが、岸本は病状の悪化により参加することが適わず、当時ハーバード大学に留学していた松本滋が代読している。また岸本が没した翌年の一九六五年に、米国クレアモントで第一一回国際宗教学宗教史学会議が開催されたが、そこで岸本の追悼会が開催されてこの論文が平井直房によって読まれており、同会議の要旨集に英文が収録されている(36)。のちに伊藤幹治による訳が「神道の都市化」という題で『国学院大学日本文化研究所紀要』（一四輯、一九六四年三月）に掲載され、それが『岸本英夫集』五巻（渓声社、一九七六年）に収録されているが、もともとアメリカの聴衆を想定して英語で書かれたということを確認しておく。

同論文で岸本は、戦前の神道について「神社はすべて神職によって奉仕される。神職はふつう世襲される。国家と神道とが分離され、国家神道が消滅する終戦までは、いかに神を奉斎し、祭祀をとり行うかが、神職の唯一の関心となっていた」と述べる。岸本の人間中心主義からすれば、これは神を中心として人間の生活のことを考えていないという点において批判されるべきものであったが、更に「農村では、このような伝統が、たいして変化もせずに現在まで保たれている」(37)として、一九六〇年年代初頭においてもそうした傾向が見られたことについて問題提起している。

岸本の見るところでは、都市化と農村の解体が並行して進み、またそこにあって地縁、血縁によって形成された集団の凝集力あるいは有効性が減じていくのは不可逆な過程であり、またそうであるが故に神道もそれに合わせて展開していかなければならないとする。そしてその変化について例えば以下のように述べる。

相対的に若い世代の神職のうちに、自分たちが直面している問題の本質をよく理解し、身にふりかかった悩みを共にする少数のものがいる。こういう若い神職は、将来、神社神道が現代社会にふさわしい役割を果していく唯一の道が、精神活動の面をよりいっそう強調することだと感づいている。「心縁」(spiritual relation)ということが、「地縁」や「血縁」に代わらなければならないのである。彼らは人々の生活の精神原理を豊かにすることに寄与しようとしている。人々は精神原理を必要としているのである。しかしながら、問題はそれをいかに実行していくかである(38)。

ここに述べられた新しい神職たちは、「地縁」や「血縁」ではなく新たに取り結ばれた精神的な関係であるところの「心縁」に基づく神道のあり方を模索しているという。岸本は人々が「精神原理」(原文 spiritual principle)を必要としているとし、またそれに呼応する形で新たに「精神活動」を重視する神道の動き——それはまた「唯一の道」であるとされている——が出てきているとする。しかし、引用部で最後に述べられているように、そのための方法が問題となることになる。同論文で具体例として出されているのは神職による「精神活動」の一環としての「説教」(原文 preaching)であった。

確かに岸本は、オットー(Rudolf Otto, 1869-1937)の「ヌミノーゼ」に言及しながら神道の信仰の中核には言語化できない「直覚的情操」があるとし、神道が「ことあげせぬ道」であるという自己理解を抱いてきたことに触れるが(39)、同時に『古事記』や『日本書紀』のような参照すべき古典から「まこと」や「つながり」といった教えを引き出すことができることを指摘する。

なおこの「つながり」について補足しておくと、岸本は一般に日本人は合理的思考よりも直観的であること（『集』には「内向性」とあるが原文は intuitiveness）を重んじるといえるとした上で、その延長において神道を神秘的宗教（原文 a mystical kind of religion）、とりわけ「農耕習俗と密接に結びついた宗教行事を伴」って、「強い自然的神秘主義の傾向を提示している」（原文 Shinto shows a strong touch of nature mysticism）としている(40)。

このように、岸本が神道の信仰形態を、自然との融合へと向かうような神秘主義的なものとして最終的に位置付けたことは既に柳川啓一が指摘しているが(41)、同時にそれはあくまで信仰主体としての個人から見たものであるという点において、やはり人間中心主義が貫かれているものでもあった。

このように岸本は、都市化は伝統的な神道のあり方にとって危機であると同時に、それが「近代化した神社神道のひとつの新しいタイプ」の出現――それは岸本自身も認めているように現状では「少数のもの」であった――を促しているとする。そこに岸本の理想が重ねられているのは明らかであるが、その望ましい神社のあり方を岸本は以下のように記述している。

都市の騒々しい街の片隅に、ある神社が鎮座している。境内には巨大な老樹のかずかずが生茂り、いちめん緑に蔽われている。境内の中には小川が流れ、曲りくねった道が続いている。これらのすべてが参詣者に縮図化した大自然を思い起させる。

時と季節に応じて、古式豊かな儀礼が行われる。その所作は参列者にある神聖感を抱かせる。だがこのような所作は、純粋に象徴的なものと受け取られる。それをどう解釈するかは、個人の自由に任されている。

参詣者がむずかしい問題に悩んで、境内に一歩足を踏み入れると、多忙な生活にまぎれて、一日中自己を失って過しているわが身を再発見する。参詣の心は神職の講話や教導によって、みずからを悟り、自然や文化とともに持続し展開する永遠の情感に向って開かれてくる〔原文 The visitor's mind has been opened up by the preaching and instruction of the priest toward the realization of himself, and everlasting feeling of continuity and growth with nature and culture.〕。神社の氏子が、一週に数回、このような僅かな時を持つことは、自分の生活をはかり知れぬほど豊かにする所以である。神社は都市生活のオアシスとなる(42)。

ここで描かれているのは、神社を訪れる個人が、自然（との「つながり」）を思い起こし、また象徴である儀礼を個人的に解釈することによって「ある神聖感」を抱くということ、またこれは英文の方がわかりやすいが、その個人が「神職の講話や教導」を通して自己実現し、また自然・文化との永続的な「つながり」の感覚、そしてそれらと共に不断に生成しつつあるという感覚に開かれていく、ということであった。

繰り返しになるが、これはやはり神社を訪れる個人を出発点として描かれた望ましい神社像であり、懸案となっているのはその個人の「生活をはかり知れぬほど豊かにする」ことであった。神道はそうした個人に「講話や教導」などを通して語りかける宗教として構想されており、その結果として個人は「つながり」の感覚に開かれるとされている。

この神秘主義と結び付いた「つながり」の議論は、岸本が神道の独自性に言及しようとする文脈で出てきたものであったが、しかしそこで「自然」を持ち出して述べる際に、依然として様々な神社の固有性は捨象されており、かつ天皇もそこには不在であることになる。言い換えるならば、それらが不在でも成立するようなものとして岸本は新しい「神道」を構想していたのであった。

4　岸本の議論とその時代

(1)　「現代宗教としての神道の検討」（一九四七）

それでは、そのような岸本の構想は、神社界にどのように受けとめられてきているのだろうか。既に見たように一九四七年には折口信夫の「民族教より人類教へ」や岸本の「近代宗教精神と神社神道」が出されていたが、同じ年の『神社新報』の六月一六日号から七月二八日号にかけて「現代宗教としての神道の検討」という座談記事が連載された(43)。これは神社新報社の主催になるもので、岸本英夫、岩越元一郎、葦津珍彦による鼎談という形になっており、司会を当時の『神社新報』編集主幹大坪重明が務めている。時代的には遡ることになるが、岸本の基本的な姿勢は同じであり、かつ神社界の反応をよく窺うことができるので触れておきたい。

冒頭で大坪は神道についていては誤解もあり、現在の批判・非難についてはあたっているものもあたっていないものもあるとして、「特に一般から神道というものが問題にされる際に中心となるような点」(44)を論点としたと述べている。記事から見出しを抜き出すと「古典に対する誤解、どの辺にあるか――問題はその受取り方」、「外的な大試練にどう対応すべきか――記紀の新約は考えられるか」、「剣を祀る目的は堕落精神との戦い――軍国主義的とみるのは誤解」、「大いに歓迎すべき神社に対する批判――今のところ内容的追求は貧弱」、「神道人の政治運動と神道指令の関係――問題となるのはその理論傾向」、「明るい信仰をもって近代批判に応えよ――神職に必要な世界思潮の把握」となっており、神道を基礎付けるものとしての『古事記』・『日本書紀』の解釈をめぐる問題、神社と軍国主義の関係、政教分離と神道、あるいは神社界における政治運動について、また神道が時代に応じてどのように変わっていくべきかといった事柄が論じられているのを見て取ることができる。また、記事を通して皇室についての言及が皆無であることについては、占領下であり、神道指令が出された後であること、かつ折口の論文が出た直後であったことなどをその文脈として考えることができるだろう。

この鼎談でも岸本は、神道を「近代的宗教」――信仰主体としての個人を出発点とした宗教――として新しく構想していくべきだという主張を繰り返し投げかけている。例えば、岸本は神社神道が自らを民族の伝統の流れの中に位置付けてきたことに理解を示しながら、「それを強調するあまり一面では偏狭なる国家主義といわれる位に民族尊重の面だけが表面に出て来た、その結果個々の人間よりも全体の方が強調される傾き」があったのではないかと問題提起し、その延長において「神道の今までの教えは如何に神に仕えるかという祭祀の仕方は詳細を極めていますけれども、神道の精神によって人間が如何に日常生活を営んでいくべきかということになると殆んど何も云っていない、神道倫理とも言うべきものがないのです」として、信仰者個人の倫理を問題としている(45)。

これに対して葦津は、それは「神道の教義として文字に現わされ、言葉で体系づけられた自覚を促すということが行われなかった」だけであり、共同体の中での「日常生活に対する規律の枠」については依然として存在しており、その意味で「そういう倫理思想というようなものは相当に神道には強いと考える」と答えている(46)。

葦津のいう共同体において保持されてきた「規律の枠」と、岸本の想定している個人の内面における「倫理」とがどこまで重なるかは別の問題とするとしても、前者については共同体が解体した場合にどうなるかという問題が残ることになる。岸本は葦津の返答に対して「それが近代精神に従ってもう一ぺん反省されて来る必要がある」(47)と更に述べているが、この論点は鼎談ではそれ以上展開されることはなかった。しかし岸本は後に前出の「神道の都市化」において、伝統的な共同体の解体を受けた上での新しい「神道」について論じることになる。

視点を変えて、『神社新報』側がこの座談記事をどのように振り返っているのかということを見てみると、まず一九七一年に『神社新報』の二五周年を記念して出された『神道指令と戦後の神道』では、「神道の「体質改革」

と「本質防衛」と」という見出しのもとに、「戦前の神道の封建制をつよく指摘して神道の思い切った体質改革を要求する岸本教授に対して、葦津氏が一々弁証しつつ神道の本質防衛の立場を明らかにしている」(48)というように回顧し、かなりの紙数を割いて記事の抜粋引用を行なっている。また一九九六年に出された『神社新報五十年史』においては「席上、岸本は戦前の国家神道を厳しく批判し続けた。しかし神社新報には、占領中はとにかくまとまって生きのびていかねばならぬとの立場がある。葦津は自分の立場より国家神道擁護論のみをせねばならなくなった」(49)というように振り返っている。

同じ記事に対して、前者では「体質改革」の岸本対「本質防衛」の葦津という形になっているのに対して、後者では国家神道を批判した岸本とそれへの対応として擁護を行なった葦津という形で整理されており、その変遷自体興味深い。しかしここでは、掲載時の本文において、神道を新たにしていかなくてはならないという感覚を濃淡の差はあれども参加者たちが共有していたように見えること――これはどちらの回顧でも言及されていない――を指摘しておきたい。

例えば、神社が封建的かあるいは近代に相応しいものであるかをめぐって、岸本は世界の思想に「大きな時代的な流れ」があり、神道家の中には「それが摑めないために、不必要に過去の伝統のみに拘泥して、崩れゆくものに縋るはかない努力がある様に見受けられます」(50)という他の諸議論と一貫した見解を述べているが、岩越は「流れの中に飛び込んで神職の衣も皆んなすてて、もまれた中から神社を盛り返す勇気を出すときでしょう。朽ちかかったものを神社の本質と称してあくまでもしがみついて居るのはイザナギノミコトの精神ではないと思います」(51)と賛意を示す。葦津はこの岸本の言葉には直接反応していないが、神道が封建的であるかどうかについて「伝統を尊ぶとか或は精神的な権威を尊重するというようなことは長い歴史を持った宗教としては当然尊重されなければならぬこと」でこれは封建的として批判されるいわれはないとしているが、同時に「封建的であるという点で神社の現状にいけない面はたしかにあるのですが、例えば神社行政というようなことは今日非常に封建的です」というようにも述べている(52)。

また「大いに歓迎すべき神社に対する批判――今のところ内容的追及は貧弱」という見出しのところでは以下のように述べられている。

岩越　今の神社は批判の的になっていることはありがたいと思います。文化問題でも近代科学の問題でも大いにネヂ込まれるのは大歓迎でなくてはならないと思います。

葦津　ねじ込まれ方が少いですね。現象的には激しかったけれども内容的に本当に追及する人は少な過ぎると考えるのです。

岸本　神道に対する批判は二通りあると思います。一つは本質的な理解がなくてこわしてしまえという破壊的な批判、もう一つは神社の存在の意味は十分に理解しこれを肯定しながら、それを本当に生かす為にはこの際これを鍛え直さなければいけないと云う考え方からはげしく批判する態度、後者の様な批判がもっと盛んに起って来ることが神社神道としても望ましいのではないでしょうか(53)。

三者三様に違いのある見解であり、特に葦津については一見批判を積極的に受け取っていないように見える。しかし、葦津の記紀解釈や教義の整備についての発言を合わせて考えるならば、少なくとも神社に対する「内容的に本当に追及する」批判であれば受けるべきであるという感覚、あるいは神道を正しくあらためていかなくてはならないという感覚があり、それは一九四七年当時のその場においては共有されていたように思われる。

三　今日における岸本英夫の神道論

岸本没後の一九六五年に『世界の宗教』が出された。これはもともと岸本の『宗教学』（一九六一年）の姉妹編として計画されていたものであったが、岸本の死を受けて七名の執筆助手の原稿によって編まれることになり、神道にあたる「日本の宗教Ⅰ」を担当したのは日本文化研究所などにおいて岸本と縁のあった国学院大学の平井直房であった。

平井は、神道の教えを「最大公約数的に要約」して、「むすび」や「まこと」、あるいは「つながり」といった言葉で説明し(54)、また「宗教の普遍的機能」であるところの「人間問題の究極的解決と、人生の究極的意味の探求」の二つが神道においてどのように現れているのかについて簡潔に述べている(55)。これらは確かに個人における「宗教」の問題について述べたものであり、岸本が繰り返し強調していた「近代的宗教」としての「神道」を展開させたものであるということができるだろう。

しかし、平井の文章の最後の段落は以下のようになっている。

人間問題の究極的解決と、人生の究極的意味の探求という、宗教の二つの機能は、個人の場におけるものである。神道は、そのほかに文化と社会における統合と調和という、社会の場における機能が、歴史的に大きなウェイトを持っている。この点については、稿を改めて検討したい(56)。

岸本は軍国主義や極端な国家主義を取り除くべきであるということは繰り返し述べていたが、ではそれを取り除いた上で神道が国や政治、あるいは天皇とどのような関係を取り結ぶべきかについては論じなかった。それは理念的な面から見れば岸本の「近代的宗教」としての神道がその次元に目を向けないものであったからであり、現実的な面から見れば東大教授としての発言が持ってしまう政治性を岸本が認識していたからでもあろう。

これに対して、平井の見るところでは「上は国民統合の象徴である天皇制から、下は村落や都市社会の氏神にいたるまで、神道の統合的調和的機能は、歴史を貫いて生きつづけて来た」(57)のであり、神道の歴史的固有性に目を向けるならば「社会の場における機能」を等閑視するべきではなかった。平井は引用した段落を最後に追加することで、岸本が構想していたような「個人の場」における神道と、国家や社会との関わりを視野に入れた「社会の場」における神道とを併置しようとしていたのである。

後に平井は神社界において神道の教化に関わるが、例えば「神社神道には歴史を貫いて明白に二つの機能があることが認められる。その第一は様々な人間問題の解決や人生の意味の探求にかかわる個人性であり、第二は共同体の統合や文化的調和にかかわる公共性である」(58)といったように、個人性と公共性という神道の二つの側面を強調することになる。これはある意味で神社界の神道に対する自己理解の表白であり、またこうした見解が教化を通して再生産されていくことになる。

本章で確認した岸本の新しい「神道」の構想を今日的な視点から見るならば、例えば近代主義的にすぎる、あるいは神道の歴史・固有性に対する目配りが弱いといった批判を加えることが可能であり、それは岸本が望ましいものとして前提していた近代的な「宗教」概念から来るものでもあろう。これに対して平井が述べていたような神道の個人性と公共性の二面性という考え方は、それを補完し、乗り越えるものとして出されたとひとまずはいうことができる。それでは、戦後の一時期においては神社界においても積極的な問題提起として受け取られた岸本の議論は、未発の議論として単に忘却されてしまったのだろうか。

ある面において、岸本が論じたような「神道」は今なお生きているように思われる。岸本はあえて信仰主体としての個人を出発点として神道を捉え直そうとし、最晩年には自然との融合というようなことを念頭に置きながら、神社を訪れる人が「つながり」の感覚に開かれていくといった構想を示していた。これは、例えば「パワースポット」や「聖地」といった言葉をも借りて、現代の神社や神道をめぐる語りの中に流れ込んでいるように見える。そこで岸本の議論は形を変えながら反復・消費され続けているということができるだろう。

それではこのような神道の「個人性」についての語りは、神道の「公共性」とどのように関わっているのだろうか。既に見たように岸本自身は後者について語っていなかったが、平井がそうであったように神社界の中には両者を接続させる動きがある。例えば島薗進は戦後も国家神道が完全に解体されたわけではないと論じる文脈で、天皇崇敬を中心に据える神社本庁が「きわめて政治的な宗教性」(59)を持つと指摘しているが、これは一宗教教団としての神社本庁の中に、神道の「個人性」を「個人性」においてのみ捉えるのではなく、その「個人性」を「公共性」と不可分なものとすることによって――かつ天皇を両者の象徴的な結節点とすることによって――前者についての語りを後者についての語りへと回収するような回路が存在しているということを意味している。ここにおいて、岸本のように神道の「個人性」に焦点を合わせる語りは、それが神道の「公共性」について論じていない――端的にはその神道論において天皇は不在であった――が故に、岸本の初発の意図とは切り離されたところでかえって（前者と不可分なものとして提示されている）後者を補強するように機能している面があるのではないだろうか。

平井直房はかつて「個人性」は諸宗教に共通のものであるとする一方で、「公共性」については「わが国では神社神道だけが持ち伝えた機能」であり、「地域社会の住民の連帯感・共属感を育成し、国民の団結を計ろうとする」(60)ものであるとしていた。しかし現代日本社会における宗教の「公共性」は、ある特定の宗教伝統によってのみ担われるものなのだろうか。またそれは「国民の団結」を前提するものなのだろうか。あるいはそこに天皇がどのように関わるのだろうか。おそらくは、宗教の公共性なるものを不在とするのではなく、それをあらためて検討しなくてはならない――政教分離の理念や宗教の「個人性」をないがしろにするのではなく、むしろそれらを組み込んだ上で――ということであるように思われる。

［注］

(1) 石井研士『戦後の社会変動と神社神道』大明堂、一九九八年、奥山倫明「戦後日本における「神道」――実りある文明間の対話のために」『文明間の対話に向けて』世界思想社、二〇〇三年、奥山倫明「岸本英夫の昭和２０年」『東京大学宗教学年報』XXVI、二〇〇九年。
(2) 姉崎正治『教育と宗教』博文館、一九一二年など。
(3) 岸本英夫「嵐の中の神社神道」『岸本英夫集』五巻、渓声社、一九七六年、六三頁（初出、新日本宗教団体連合会『戦後宗教回想録』新日本宗教団体連合会調査室、一九六三年）。
(4) 安蘇谷正彦「「神道研究」の百年」『宗教研究』七八巻四号、二〇〇五年、一五四頁。
(5) 神道講座の変遷については遠藤潤「文学部神道講座の歴史的変遷」『東京大学史紀要』一三号、一九九五年参照。
(6) 例えば島薗進「加藤玄智の宗教学的神道学の形成」『明治聖徳記念学会紀要』復刊一六号、一九九五年、前川理子『近代日本の宗教論と国家』東京大学出版会、二〇一五年など。
(7) 例えば加藤玄智『宗教学』博文館、一九一二年。
(8) 例えば加藤玄智『我建国思想の本義』目黒書店、一九一二年。
(9) 例えば『神道の宗教発達史的研究』中文館書店、一九三五年、加藤玄智『神道精義』大日本図書、一九三八年など。
(10) 岸本英夫「わが生死観」『岸本英夫集』六巻、渓声社、一九七六年、二一三頁（初出、『理想』三六六号、一九六三年一一月）。
(11) 今岡信一良『わが自由宗教の百年』大蔵出版、一九八八年、一五八頁。
(12) 岸本、前掲「嵐の中の神社神道」、五頁。
(13) 注（3）参照。
(14) 例えば奥山、前掲「岸本英夫の昭和２０年」。
(15) 岸本、前掲「嵐の中の神社神道」、五九頁。なお、神祇院側から出された提案などについては神社新報社編『神道指令と戦後の神道』神社新報社、一九七一年、一六～一九頁参照。
(16) 岸本、前掲「嵐の中の神社神道」、六〇頁。
(17) 同論文、二四頁。
(18) 同論文、七六頁。
(19) 同論文、五三頁。
(20) 岸本英夫「近代宗教精神と神社神道」前掲『岸本英夫集』五巻、八九～九〇頁（初出、『神社新報』一九四七年三月三日～一七日）。なお『神社新報』掲載時は歴史的仮名遣いであったが、『岸本英夫集』収録時に現代仮名遣いにあらためられている。本章でも以下『神社新報』からの引用は適宜現代仮名遣いにあらためている。
(21) 折口信夫「民族教より人類教へ」『折口信夫全集』二〇巻、中央公論社、一九六七年、四四〇頁（初出、『神社新報』一九四七年二月一〇日）。
(22) 例えば中村生雄『折口信夫の戦後天皇論』法藏館、一九九五年参照。
(23) 石井、前掲書参照。
(24)『神社新報』一九四七年五月五日。
(25) 神社新報企画・葦津事務所編『神社新報五十年史』神社新報社、一九九六年、二〇八頁。
(26) 神社新報社編、前掲書、八三頁。なお、関連して阪本是丸「近現代神道史の一齣、葦津珍彦と折口信夫」一〜三『神社新報』二〇一四年四月二一日〜五月五日参照。
(27) 岸本英夫「年頭・宗教界に望む」前掲『岸本英夫集』五巻、二〇一頁（初出、『東京日日新聞』一九五三年一月四日〜九日）。
(28) 同論文、二〇一頁。
(29) 岸本英夫「神社神道はどこへ行くか」前掲『岸本英夫集』五巻、一二五頁（初出、『特信文化E』一九五三年一月一〇日）。
(30) 岸本、前掲「年頭・宗教界に望む」、二〇二頁。
(31) 同論文、二〇〇頁。
(32) 岸本英夫「近代的宗教の特質」『岸本英夫集』四巻、渓声社、一九七五年、六五頁（初出、『現代と宗教』一輯、一九五三年三月）。
(33) 同論文、六六頁。
(34) 同論文、六六頁。
(35) 岸本英夫「宗教と近代化」前掲『岸本英夫集』四巻、八八頁（初出、『国際宗教ニューズ』一九六〇（六）、一九六〇年一一月）。
(36) *Proceedings of the XIth International Congress of the International Association for the History of Religions, vol. I, Leiden: E.J. Brill, 1968.*
(37) 岸本英夫著、伊藤幹治訳「神道の都市化」前掲『岸本英夫集』五巻、一七一頁（初出、『国学院大学日本文化研究所紀要』一四輯、一九六四年三月）。
(38) 同論文、一八〇頁。
(39) 同論文、一八一頁。
(40) 同論文、一七一頁。
(41) 柳川啓一「神道の宗教学的研究に向けて」『國學院雜誌』八七巻一一号、一九八六年。なお、岸本の宗教類型論における神道の位置付けについては石井、前掲書参照。
(42) 岸本、前掲「神道の都市化」、一八二〜三頁。原文は前掲 *Proceedings* p.126。
(43)「現代宗教としての神道の検討」『神社新報選集』昭和二六年版、二二五〜二三三頁（初出、『神社新報』一九五一年六月一六日〜七月二八日）。
(44) 同記事、二二五頁。
(45) 同記事、二二八頁。
(46) 同記事、二二八頁。
(47) 同記事、二二八頁。
(48) 神社新報社編、前掲書、二一九頁。
(49) 神社新報企画・葦津事務所編、前掲書、二〇九頁。
(50) 前掲「現代宗教としての神道の検討」、二三三頁。
(51) 同記事、二三三頁。
(52) 同記事、二三二頁。
(53) 同記事、二三〇頁。
(54) 岸本英夫編『世界の宗教』大明堂、一九六五年、二三二〜三頁。
(55) 同書、二三三〜四頁。
(56) 同書、二三四頁。
(57) 同書、二三三頁。
(58) 平井直房『神道と神道教化』神社新報社、一九九四年、二〇五頁。
(59) 島薗進『国家神道と日本人』岩波書店、二〇一〇年、一九九頁。
(60) 平井、前掲書、二五〇頁。

【参考文献】


岸本英夫『岸本英夫集』一～六巻、渓声社、一九七五～七六年。

石井研士『戦後の社会変動と神社神道』大明堂、一九九八年。

奥山倫明「戦後日本における「神道」――実りある文明間の対話のために」『文明間の対話に向けて』世界思想社、二〇〇三年。

奥山倫明「岸本英夫の昭和２０年」『東京大学宗教学年報』XXVI、二〇〇九年。

神社新報企画・葦津事務所編『神社新報五十年史』神社新報社、一九九六年。

神社新報社編『神道指令と戦後の神道』神社新報社、一九七一年。

平井直房『神道と神道教化』神社新報社、一九九四年。

第六章　村岡典嗣の神道史研究とキリスト教

――近代国体論と宗教理解

齋藤公太

一　問題の所在

日本の近代化にともなってキリスト教が解禁されたことは、日本在来の宗教とのあいだに様々な葛藤をもたらした。キリスト教と神道の関係という問題はその一つであるが、その関係は神道と天皇制との、ある意味での密接な関わりのゆえに抜き差しならない緊張をはらむことになった。しばしばキリスト教と神道は対立するものとして語られたが、他方で両者の融合が夢見られることもあった。ここでは両者の関係に対して本質的な答えを出すのではなく、そのような関係をめぐる言説の背景にある歴史的状況について考察をこころみたい。なぜなら、この点にこそ近代日本の歴史的条件においてキリスト教を受け止める際のある典型的な問題が表れているからである。

ここで具体例として取り上げるのは、村岡典嗣《つねつぐ》の神道史研究である。村岡は戦前に東北帝国大学の教授を務めた人物であり、日本思想史学の創設者として知られる。村岡の中心的な研究対象は神道と国学の思想史であったが、青年時代には波多野精一に師事し、神学校でキリスト教神学を学ぶという一面も持ち合わせていた。そのためか、村岡の神道史研究にはキリスト教の影がしばしばかいま見える。そのような村岡のあり方を象徴する成果が、一九二〇（大正九）年に発表した論文、「平田篤胤の神学に於ける耶蘇教の影響」である。そのなかで村岡は、国学者の代表たる平田篤胤がキリスト教の教理から重大な影響を受けていたことを実証的に論じている。

平田国学とキリスト教に関する村岡の学説は、戦後も海老沢有道(1)や石田一良(2)らによって受け継がれ、展開された。村岡の説に対する批判が少なからずある一方で、キリスト教との出会いへと至る日本思想史の「内的発展」が、村岡によって明らかにされたという見方もある(3)。しかし、これらの研究においては村岡自身の神学的背景や村岡の置かれていた歴史的文脈はあまり顧みられていなかったといえる(4)。以下、村岡の精神史を明らかにした上で、村岡の神道史研究との関係を再考していく。

二　村岡典嗣の足跡

1　明治国学との関わり

村岡の神道史研究について考察する前に、まずそこに至るまでの村岡の道のりを確認しておこう(5)。村岡は一八八四（明治一七）年、旧丹波国篠山藩江戸詰藩士であった村岡典安の長男として、東京・浅草に生まれた。歌人・佐々木弘綱は遠縁にあたり、少年期の村岡は佐々木のもとに寄宿し、和歌を学んでいた。弘綱の師は著名な国学者・足代弘訓であり、弘訓は本居宣長の後継者たる本居春庭・大平に学んだ人物である。いわば宣長の学統を汲む国学や和歌の世界を「精神的故郷」(6)として、村岡は育った。

その後一八九五年に村岡は開成尋常中学校に入学し、一九〇二年に早稲田大学文学科に入学する。村岡は早大では哲学を専攻し、生涯の師友となる波多野精一と出会った。波多野は当時気鋭の西洋哲学研究者として知られ、また植村正久によって洗礼を授けられたキリスト者でもあった。大学生時代の村岡は当初ショーペンハウアー（Arthur Schopenhauer）に興味を持っていたが、やがて古代ギリシア哲学とキリスト教の研究を志すようになる。少年時代につちかった教養とは異なる世界へと、なぜ村岡は転身したのだろうか。もちろん波多野が回想しているように、「日本古代精神」とギリシア文化の類似性に感銘を受けたことが一つの理由であっただろうが(7)、それだけでは西洋哲学を選んだことの説明にはならない。

村岡が弘綱の教育を受けたことは先に述べたが、成人した後もその子、佐佐木信綱らと交流を続けていた。また後に国学を「文献学」と見なす発想を芳賀矢一から学んでいる(8)。これ以外にも、村岡が明治国学の潮流に属していたことを示す例は多い。

そもそも明治期の国学・神道史を振り返ってみると、重要な転機となったのは一八七九年から神道事務局神殿の祭神をめぐって勃発した「祭神論争」であったとされる。論争は一八八一年、勅裁によって決着されるが、それは一八八二年における神官教導職の分離、東京大学文学部附属古典講習科や皇典講究所の設立、多数の「教派神道」の一派特立といった「祭教学分離」をもたらした。藤田大誠はこのような状況で形成された明治期の国学を「近代国学」と呼び、考証派を中心とするその学術が「非宗教的」な性格であったことを明らかにしている(9)。またそれと並行して、神社における神の祭祀を祖先に対する「道徳的崇敬」と見なす解釈も政府と神社界の双方で定着していったのである(10)。

2　「煩悶青年」としての葛藤

一方、学生時代の村岡は、次のような言葉を口にする青年でもあった。

畑道を並んで歩いて行くと、友は……人間は内部生活を豊富にしなければならないといふ事や、自分はこれから自己の研究――レフレクションをやらうと思つてるとふ《ママ》事や、人生に対する煩悶はエンドレスなものかもしれぬが、自分は何処迄も徹底的に考へたいといふ事などを話した(11)。

これは、村岡の親友であったドイツ文学者・吹田順助が書いた私小説のなかで、村岡をモデルとする「山岡」が語るセリフである。また吹田は当時の村岡について、「藤村操の煩悶自殺などの影響からであらう、浪漫的ではあつたが、懐疑、煩悶がその頃の一部の青年をとらへてゐた。村岡もだいぶさういふ傾向になり、世界の実在性なんて分らないものだなどと言つてゐた」と回想している(12)。つまり村岡は明治後期に出現した「煩悶青年」、すなわち「立身出世」を追求するのではなく、自らの自我や実存に思い悩む知識人青年の一人であった。このような文化状況に対応して、一九〇〇年代には宗教概念の「実存論的転回」が起こり、宗教者の側からも実存の問題に焦点を合わせた宗教理解が提示されていた(13)。当時の村岡からすれば従来の国学や神道はもはや実存的要求に応えるものではなく、それゆえに西洋哲学やキリスト教の探究へと向かったと推測される。

3　独逸新教神学校への入学

一九〇六（明治三九）年四月に早大を卒業した村岡は、同年九月、独逸新教神学校に傍聴生として入学し、翌年七月まで在籍した。独逸新教神学校は普及福音新教伝道会が運営していた学校である。同伝道会は一八八四年、ヴァイマールでヴィルフリート・シュピンナー（Wilfried Spinner）らによって設立されたもので、明治一〇年代後半から二〇年代にかけて日本に到来し、自由主義神学をもたらしたいわゆる「自由キリスト教」の一つとされる。同伝道会も一八八五年には最初の宣教師としてシュピンナーを日本に派遣している。同年には同伝道会の教会である「普及福音教会」が設立され、また神学教育が開始されたが、正式に新教神学校の校舎が設立されたのは一八九一年のことだった(14)。

ドイツ学の振興を背景としてドイツ語圏から訪れた普及福音新教伝道会は、当時最先端のキリスト教理解を紹介し、日本の知識人の注目を集めていた(15)。村岡が新教神学校へ入学したのも、そのような風潮の一例と見ることができよう。さらにいえば、後述のように普及福音新教伝道会は宗教史学派の影響下にあったため、「十九世紀のhistorische Theologie に親し」んでいたという村岡にとって(16)、同伝道会の神学的傾向はなじみやすいものであったと思われる。

なお、これまで新教神学校は一九〇〇年に閉鎖されたといわれてきたが、当時の報道によれば一九〇六年時点においても同校は存続しており、実際の廃校は一九〇九年であったことがわかる。教勢の不振に陥っていた普及福音新教伝道会は一九〇七年に組合教会との提携を模索し、新教神学校も組合教会の援助によって刷新された。以後、ケーベル（Raphael von Koeber）、小崎弘道、海老名弾正らとならび、波多野精一も講義を行なっていたという(17)。つまり波多野は同校と関わりを持っていたのであり、村岡が同校に入学した背景にも、波多野の介在があったのだろう。

神学校に入学したとはいえ、村岡は生涯にわたってキリスト教に入信することはなかった。波多野が村岡について、「西洋文化の精髄を把握するには、更にキリスト教をも等閑視するを得ないことを悟つて、ドイツ宣教師につきその経営している神学校に通学するやうになりました」と回想しているように(18)、その大きな理由は、村岡があくまで知的関心からキリスト教に接近したことに求められるだろう。

もっとも、村岡は一九〇一年から翌年にかけてキリシタンを題材にした三作の小説を書いている(19)。また、東北帝大に着任した後もキリシタンの研究を続けるなど(20)、単なる知的関心以上のものをキリスト教に対して抱いていたようにも見える。

しかし、国学的伝統のなかで育った村岡にとってキリスト教は全面的に受け入れられるものではなかっただろう。一八七三年にキリスト教が「黙認」されたあとも、近世以来のキリスト教に対する否定的な見方は根強く持続していた。たとえば平田派の国学者・権田直助は、一八八七年の文章のなかでキリスト教を神道と対比し、「君臣の道を乱し父子の道を害げ人民に禍するもの是より甚だしきはあらずなむ」と述べている(21)。

その後、一八八九年に成立した大日本帝国憲法により信教の自由は認められたものの、それは「安寧秩序ヲ妨ケス及臣民タルノ義務ニ背カサル限ニ於テ」という条件付きのものであった。翌年の教育勅語の発布を経て、一八九一年には内村鑑三不敬事件が起こり、また九二年からはそれを受けて「教育と宗教の衝突」論争が勃発する。以後、「忠孝」の道徳よりも唯一の神への信仰を優先するキリスト教は「国体」に反するものなのではないかとの疑念を、日本社会の多くの人々が改めて抱くようになっていた(22)。

後年の村岡は、「基督教の日本化は、その教への性質上、決して早急なる妥協を容すべきでない」と述べている(23)。また戦国時代におけるカトリックと神道の関係に触れて、「一は偶像的迷信として他を見、一は国家教的立場から到底相容るべからざる外教として之を見るといふが如く、相互に全然範疇を別にする別種のもの」であったと記している(24)。これらの言葉からわかる通り、「天皇や皇室に対する敬愛の情はきわめて厚かった」という村岡は(25)、キリスト教と「国体」の衝突という問題を重く受け止めていたのだろう。しかし、その上で村岡は、キリスト教の日本化は「何等かの意味で、今後考慮せられ、また何等かの形態で実現せられねばならないところであらう」(26)とし、キリスト教と日本的なるものとの調停を模索したのである。

一九〇七年に新教神学校を卒業した村岡は、日独郵報社で働きながら研究を進め、一九一一年に『本居宣長』を上梓する。つとに一九〇六年頃から村岡は、ギリシア哲学とキリスト教の研究を志す一方で日本の古典や古典学者の著作に触れており、本居宣長の文学論や「学問的精神」、「「神の恵み」の敬虔な宗教的情操には、少なからず、心をひかれてゐた」という。そのような折に『本居宣長全集』が刊行され、「未だ之を全部読んで研究する人はいない」と聞いた村岡は、宣長研究を思い立ったのだった(27)。

とはいえ、当時はまだ「日本の研究は晩年の片手間の仕事などと、気を負うてゐた」(28)と村岡は回想している。この言葉からは、日本思想に対する村岡のアンビヴァレントな思いがうかがえよう。しかし、波多野から「西洋哲学ではとうてい自分を凌駕することはできまいから、新しい領域を開拓するように」(29)という勧告を受け、村岡は日本思想史を専門とする研究者としての道を歩んでいく。そしてこの「精神的故郷」に再び向き合うなかで、村岡の前に神道の存在が新たな姿を見せはじめるのである。

三　村岡の神道史像

1　神道史の概要

日本思想史研究へと転向した村岡は、神道に関する論文を精力的に発表していった。以下、それらの論文や著作に基づいて、村岡の構想していた神道史を再構成してみたい(30)。

村岡によれば神道とは、古代以来存在する「我国固有の宗教」であった。素朴な自然信仰として存在していた古神道は、やがて古代のある段階で「国家教」として統一される。その根本観念は「皇室中心主義即国家主義」であった。その「国家的祖神教」としての中核を保持しつつ、神道は古代から中世にかけて仏教・儒教を受容しながら発展していった。

村岡が神道の宗教的発展における一大転機と見なしていたのは近世である。まず儒教が普及した近世社会では、神道の儒教化が著しく進んだ。村岡がその頂点として位置付けるのは、山崎闇斎の唱えた垂加神道である。垂加神道の教説は牽強付会によるものであったにもかかわらず、近世前期において広く普及した。村岡はその理由を、垂加神道の「根本義」である「宗教的情操」に求める。そしてその「宗教的情操」を継承したのは本居宣長のような「古学神道」（国学の神道論）であったとする。

古学神道の起源は「世俗化」によって元禄時代に生じた「自由討究」の精神にある。それは一面で近代文献学に通じる実証的方法を生み出したが、宣長においては古代の文献に書かれていることを「そのま、に信仰する」態度に結実する。かかる信仰は宣長自身の「宗教的情操」から生み出されたものであった。それはたとえば、人は「生まれ出づるより死ぬるまで、神の恵の中に居」る(31)といった言葉に見出せる。そのような絶対的信頼は古代の神道そのものから導き出せるものではなく、「一層発達せる段階の宗教意識の産物」である。村岡は、宣長の「宗教的情操」は家の宗旨たる浄土宗によって養われ、さらに垂加神道によって触発されたものと考える。

しかし、このような信仰は宣長という特殊な個人でなければ維持しがたいものであった。それゆえ、以後の古学神道は「外教」を取り入れて「神学的」「宗教的」に神道を発展させていった。その代表者が平田篤胤である。その思想の特徴は、天御中主神が世界や人間を創造したとする「主宰神」の観念や、人の善悪は死後の世界において審判を受けるとする「来世思想」に見られる。これらは古神道にも宣長にも存在しなかった点であり、村岡はそこに天主教の影響を見出す。実際、篤胤が一八〇六（文化三）年に著した『本教外篇』は、「来世応報」を説いた利瑪竇（マテオ・リッチ）の『畸人十編』や『天主実義』(32)など、カトリックの宣教師が中国で著した教学書を書き換え、抄録したものに他ならない。篤胤はそこから主宰神の観念と来世思想を摂取したのだ、と村岡は推測する。

しかし篤胤は単にキリスト教を模倣したのではない。その背景には古学神道の思想的発展があり、また妻子を相次いで喪うことを通じて篤胤が直面した「神義論」の問題があったのである。他方で篤胤は「国家的祖神教」を攻撃的に主張し、「基督教の普遍教的博愛の教」を受け入れることができなかった。しかし篤胤の門流はさらにキリスト教を摂取し、神学を深化させていった。その究極段階として村岡が最重視するのが南里有隣《ありちか》である。有隣は宣長・篤胤の学問を継承しながらも、天御中主神を「無限完全な絶対者」と見なした。有隣は人間の不完全性を反省し、人間は神の守護によってのみ救われるとし、それは「信仰」によって得られると考えた。つまり有隣は神を「恵みの神」としてとらえ、神道を「愛の宗教」に発展させたのである。すなわち有隣の思想は、宣長の「恵みの神」への信仰を篤胤の思想に統合したものだった。ここにおいて古学神道は「神学として同時に宗教として……完成を見た」のであった。

有隣は鍋島藩士であり、当時ひそかに到来したプロテスタントの教義に接していた。そのことが有隣の「宗教的情操」が深まった要因であった。有隣の著書『神理十要』が、プロテスタントの教理書『天道溯源』の抄録を編集したものであることはこれを裏付ける。

その後の明治維新は、村岡によれば「古道の理想の実行」であり、その原動力の一つは「平田派の尊王愛国主義」であった。しかし明治初年以降の神道国教化政策は結局挫折し、古学神道は解体する。その主な原因は平田神道が「未完成の新宗教」だったことにあり、急激な近代化によってその思想的発展の「さゝやかな流れ」は途絶してしまったのだった。

2　村岡の神道史像の特徴

以上のような村岡の神道史研究は、神道を「祖先教」とする当時の体制的な解釈をふまえつつ、それまでキリスト教と相対立すると見なされてきた神道の歴史のなかに、むしろキリスト教と通底する宗教性を見出したという点で画期的なものであった。村岡の手により、宣長や篤胤といった国学者は、既存の国学・神道観とは異質な他者としての側面をあらわにしたのである。そこからは近代日本の知の枠組みに対する村岡の批判的な態度がうかがえる。

このような村岡の神道史像にはいくつかの特徴を指摘できる。まずは、やはり第一に、神道の源流と古代国家の形成を結びつけ、神道の本質を「皇室中心主義」に置いているということである。当時すでに『神代史の新しい研究』（一九一三年）などで津田左右吉は、記紀神話が朝廷の権力の正当化という政治的目的のために形成されたことを論じていた。村岡はその視点をふまえながら、近代的な「国民」像を古代に投影し、古神道と皇室中心主義がそのなかで自然発生したと見なす(33)。

しかし村岡の神道史像の第二の特徴は、「宗教的情操」への着目である。この視点から、平田国学におけるキリスト教の影響という議論が生まれたのである。だが、実際の平田国学においてキリスト教がどの程度影響を与えていたかについては長く議論が続いている(34)。たとえば佐々木聖使は、篤胤の描く天地創造が、実際には天御中主神という「主宰神」だけではなく序列化された複数の神々によって行なわれていることや、篤胤の「信仰」の中心がある時期から天御中主神から天照大神に移行していることを指摘し、篤胤において「唯一絶対神や創造神をもとにした世界観や人生観の変容はなかった」と結論づけている(35)。

村岡が最重視した南里有隣に関しても、その解釈の正否については慎重になるべきであろう。前田勉によれば、有隣は『天道溯源』からキリストの十字架による贖罪と信仰義認論という教理を受容することができず、「自力救済主義」「賞罰応報主義の倫理」に留まっていたという(36)。

以上のように、村岡の描く神道史像にはいささか強引な解釈が含まれているといえる。このことを逆の面からいえば、村岡は、キリスト教に類似した宗教性へと向かう「宗教的情操」の発展という図式を、神道史から強く読み取ろうとしていたということである。このような図式を通じて、村岡は実存的要求に基づく近代西洋的教養と自分の「精神的故郷」との、そしてキリスト教と日本的なるものとの調停をはかろうとしたのである。

前述のように「祭神論争」を転機として神道は「非宗教的」なものとされていった。だが明治末期から昭和前期にかけて、近代国学を基盤としつつ、哲学系の研究者や宗教学者により神道に再び「宗教性」を付与するこころみが行なわれ、いわゆる近代神道学が形成されていく(37)。神道史に「宗教的情操」の発展を見出そうとする村岡の研究は、このような潮流と並行しているともいえよう。

四　村岡の神道史像の由来

1　宗教進化論と普及福音新教伝道会

村岡の神道史像の図式が何に由来するのか、その神学的背景とからめてさらに詳しく考えてみたい。「宗教的情操の発展」という図式のうち、まずはその発展史観の部分を取り上げてみよう。宗教進化論（宗教発展史観）は近代の宗教学的言説にしばしば見られるものであるが、「愛の宗教」に向かっての発展という村岡の図式は、特に波多野精一の最初の著作、『基督教の起源』（一九〇八年）に類似している(38)。波多野は一九〇四（明治三七）年から〇六年にかけてのドイツ留学中、エルンスト・トレルチ（Ernst Troeltsch）やヨハネス・ヴァイス（Johannes Weiß）らの講義を受け、宗教史学派の神学から多大な影響を受けていた。『基督教の起源』はそのような影響のもとで著わされた書物だったのである(39)。宗教を歴史的にとらえる視点を、村岡は宗教史学派の影響を受けた波多野から学んだとまずはいえよう。

一方で波多野は、「宗教史学派の……比較宗教史的な宗教学研究法に対してはむしろ反感を抱き、軽侮の色をさへ示した」という(40)。だとすれば、村岡の神道史研究に見られる比較宗教史的視点は波多野から摂取したものではあるまい。その点に関係しているのは、むしろ普及福音新教伝道会の影響であろう。

そもそも同伝道会は、「キリスト教とその文化を非キリスト教的民族の中に、これらの民族にすでに存在している真理の要素と関連づけて広めること」を目的としていた(41)。その神学思想の特徴は、「真理の相対主義」であり、同時に「道徳を基準とした宗教の進化的な見方」を有していた。また同伝道会は「神秘主義と敬虔主義の性格」を備えていた。そして比較宗教学の方法を日本に紹介し、それを通じてキリスト教と日本の伝統との調和をはかっていたとされる(42)。同伝道会は波多野と同様に宗教史学派から多大な影響を受け、トレルチも関与していたという(43)。しかし比較宗教学的方法を重視する点で波多野とは異なり、むしろ村岡の方法論に近いのである。

もっとも鵜沼裕子が述べているように、村岡の文献学的方法や宗教的敬虔性は独逸新教神学校で直接学んだものではなかろう(44)。ただ、比較宗教史的な視点から宗教性の進化を見出すという村岡の枠組みは、普及福音新教伝道会の神学思想と類似しており、村岡がそれを新教神学校に在籍していたときに学んだという推測は成り立つ。村岡はかかる枠組みを神道史に当てはめたと考えられる。

2　自由キリスト教と神道

普及福音新教伝道会はユニテリアンやユニバーサリストとともに、しばしば「自由キリスト教」や「新神学」に分類される。だが鵜沼が指摘しているように、同伝道会は聖書の歴史的批評とともに三位一体論や敬虔主義を合わせ持っており、他の二者とは単純に同一視しえない性格を持っていた。しかし、その点は同時代の日本人から理解されなかった(45)。

他方、広い意味での「自由キリスト教」という枠組みでとらえてみるならば、それは普遍的理性により把握可能なものとして宗教的真理を提示したがゆえに、キリスト教理解と西洋との結びつきを切り離し、日本の社会・文化的状況に即したキリスト教の解釈を可能にするという意味を有していた(46)。興味深いのは、村岡と類似する神道とキリスト教の結合という発想が、自由キリスト教において他にも出現していたということである。

たとえば組合教会に属しつつユニテリアンの思想から影響を受けた海老名弾正は、キリスト教への神道の結合を唱えたことで知られる(47)。海老名は一八九六（明治三〇）年から翌年にかけて、「日本宗教の趨勢」や「神道の宗教的精神」といった論考を発表し、そのなかで、原始的な祖先崇拝から多神教へと発展してきた神道は、次に一神教へと「進化」しキリスト教と融合しなければならないと主張している。闇斎、宣長、篤胤、藤田東湖といった人々はその進化を導くべく「正気」が生み出した人物であり、篤胤が天御中主神とキリスト教の「ゴッド」を同一視したことはその証拠であるとされる。

海老名が神道の一神教への進化を説くのは、それが国家を強化するという政治的理由からであり、実存的な宗教概念に立脚する村岡とは対照的である。だが神道史のなかに一神教への発達過程を読み取り、篤胤におけるキリスト教の影響をその証拠とする点は共通しているといえよう。実際、海老名の弟子であり、「日本的基督教」の主唱者の一人であった渡瀬常吉は、キリスト教と神道を同一の宗教と主張するにあたって村岡の学説を根拠の一つとしていた(48)。

自由キリスト教の到来がもたらした神道とキリスト教の融合の模索。その潮流に村岡の神道史研究を位置付けることもできよう。このような流れと、前述のような神道に「宗教性」を付与しようとする動向との交錯点に、村岡は位置しているのである。

3　「宗教的情操」という概念

前述のように、村岡の神道史の図式において重要な意味を持っていたのは「宗教的情操（宗教的感情）」という概念であった。これはたとえば当時の代表的な宗教学者、姉崎正治の『比較宗教学』（一八九八年）においても中心的概念として使われており(49)、村岡は同時代の宗教学言説からこの概念を得たのであろう。さらに遡れば、絶対者への依存感情を宗教の本質としたシュライエルマッハー（F. E. D. Schleiermacher）の宗教概念に一つの源流があるといえる(50)。

ただし、波多野は自らの著作のなかで「宗教的情操」という概念を用いていない。この点は波多野と村岡の差異を、そして村岡の宗教理解の特質を知る上で重要である。これについてはシュライエルマッハーに対する波多野の両義的な立場に注意しなければならない。

波多野は一面で、宗教を「高次の実在主義」とするシュライエルマッハーの定義を継承している(51)。他方、シュライエルマッハーにとっては、「宗教的体験において本源的第一義的意義を有するは自己であって他者ではな」く、「宗教は自己意識である」とされることを波多野は厳しく批判する(52)。「他者において、他者よりして、他者の力によって生きる――これが宗教であり、これがまた生の真の相である」(53)と述べているように、波多野は宗教の本質を実在する他者との、そして究極的な実在である「絶対的他者」（神）との「生の共同」に置いていた。そのような波多野にとって、宗教を個人の意識に還元するシュライエルマッハーの説は乗り越えられるべきものだった。

宗教の本質を「宗教的情操」という個人意識に還元する村岡と、「絶対的他者」という実在との関係に見る波多野。両者の差異は、宗教をあくまで知的に理解する村岡と、信仰を立脚地とした上で理性的思索を展開した波多野との違いに対応する。しかし、かかる村岡の宗教理解は、やがて国体論に踏み込んでいったときに別の重要な意味を持つこととなる。

五　「国体」とキリスト教

1　政治宗教としての国体論

一九三一（昭和六）年に勃発した満州事変や、三五年の天皇機関説事件を経て、昭和前期の日本では急速にナショナリズムが興隆していった。このような時局のなかで日本思想史の政治的意義が浮上し、村岡もまた一九三〇年代以降は「国体」や「日本精神」について盛んに語るようになっていき、神道をも「国体」との関連でとらえ直していった。

村岡の国体論の特徴は、日本学者チェンバーレン（B. H. Chmberlain）の「新宗教の発明（The Invention of a New Religion）」という論説に対する批判からうかがえる。これはチェンバーレンが一九一一年に発表したもので、「現時日本の国民精神の焦点をなす忠君愛国教は、明治の官僚政治家によつて、新たに発明された宗教である」と主張する内容であった(54)。これに対して村岡は「全然真理を含まないとは為し得ない」としつつも、所詮チェンバーレンは外国人であるがゆえに古代から続く日本人の「国民的情操」を理解しえなかった、と批判する(55)。

このような村岡の「国体」に対する信念は明白な論理的根拠を持つものではなく、ほとんど信仰とさえいえるものである。しばしばいわれるように、冷静な知性を重んじる村岡は、昭和前期に流行した国体論や日本精神論に対してはむしろ批判的な態度をとっていた。他方で村岡にとっても「国体」の正統性は文献学的な論証以前の自明の前提となっていたのである(56)。このような国体論は、エリック・フェーゲリンがいうところの、民族や国家を「究極的実在」として神格化する「世界内的宗教性」に基づく「政治宗教」であるといえる(57)。

2　村岡の国体論と神道史

村岡の国体論は一九三二（昭和七）年に刊行された『国民精神の淵源』のなかでより詳細に説明されている(58)。村岡は「皇室といふものが一切の淵源であり、統一の中心であつて、これに依つて一切の文化内容を統一して、その下に国家が一般的に臨んで居る」ことを「国体観念」として規定した上で(59)、次のように述べる。

その国体観念の中に一切の文化内容が取入れられて発達してゐるのである。その国体観念は純形式性のものであつて、外国の道徳思想、宗教思想、その他凡ゆる文化内容を取入れるといふ包容性をもつてゐるから、日本が今日のやうな発展を遂げたのである。それは平田篤胤の「無」の観念であって……いろいろなものが入つて来るといふことは、その形式が純形式であり、無内容であるからであつて、この形式を離れて日本の国はない(60)。

日本が「国体観念」を形式として、内容的には様々な外来文化を摂取してきたこと。それが村岡の考える日本の文化史の特質であった。また、村岡は神道の特質も、古代の「原型」に様々な外来の「思想的要素」を取り込んで発展していった包容的性格に見出している。「かくの如きはまた神道的なるものの一般的特質であるとともに、さらにまた、所謂日本的なるもののそれである」とも述べているように(61)、村岡は「国体観念」と重なり合うものとして神道を再解釈していくのである。

ところで、右の引用文において「平田篤胤の「無」の観念」とされたものは、「篤胤が……キリスト教の書物を読み、これを自分の神道に取入れて、自分の神道説を立てようとした」書物、『本教外篇』の末尾の「張紙」に由来する(62)。すなわち、「人、我に於いて取ることなく、我、人に於いて取ることあり。我、人に於いて益することなく、人、我に於いて益することあり。ここに於いてか知る、我が道の最大なることを」というものであり、神道が外来の教えを取り込み、拡大していくことを暗示している(63)。

また別の箇所で村岡は、国学の三大人が明治に生まれたならば「ハライソ、インヘルノなどいふも、高天原、黄泉の別号などこと明らかにして、世界万国の古伝の、わが神伝の一書々々と見なすべく……」という国学者・福羽美静の言葉を評価している(64)。このように村岡は、キリスト教のような異質な存在すら摂取できるものとして国体や神道をとらえ、その包容性を称揚する。それは基本的にかつての神道史像の構図を引き継いだものといえるかもしれない。しかし当初の村岡の研究は、宣長や篤胤にキリスト教と通底する宗教性を見出すこと、すなわち彼らの思想に既存の国学・神道観とは異なる他者としての側面を見出すことに力点があった。しかし一九三〇年代以降の社会状況のなかで、村岡の研究は、国体と神道のうちにキリスト教を取り込む言説として作用するようになったのである。

村岡の意図は日本文化の包容性を強調することで、当時の排他的な国体論や日本精神論を牽制することにあったのだろう。だがここでは「政治宗教」とキリスト教との相克という面は顧慮されていない。個人の「宗教的情操」として宗教を理解していた村岡においては、国体と神道がキリスト教の他者性を飲み込んでいくときに、歯止めをかけるものはなかったのである。それは、「宗教的情操の発展」という図式に基づく村岡の神道史研究の一つの帰結であった。

六　村岡典嗣と戦後日本

これまでの考察から明らかになったように、明治国学に淵源する村岡典嗣の神道史研究は、宗教史学派の神学から遠い影響を受けつつ、初期の波多野精一や普及福音新教伝道会の思想、あるいは同時代の宗教学言説によってつちかわれた宗教理解を通じて、神道史のなかに失われた宗教性の流れを見出そうとする試みであった。それは一面で時代状況のなかで批判的意味を持つものであったが、個人の「宗教的情操」に宗教を還元するがゆえに、国体と神道にキリスト教を包含する言説としても機能しえたのである。

かかる村岡にとって、一九四五（昭和二〇）年の敗戦がもたらした状況はどのように映っていたのだろうか。

一九四六年三月に発表した論説のなかで、村岡はGHQの「神道指令」による政教分離を評価している。村岡によれば、それはかつて大日本帝国憲法第二八条が実現したものと同一であるという。「安寧秩序ヲ妨ケス及臣民タルノ義務ニ背カサル限ニ於テ」という前文の意味を「誤解」せず、「信教ノ自由ヲ有ス」という文言に、「何等特定の宗教の信仰を課せられることもない」という意味を含めて考えるならば、第二八条はキリスト教を含むすべての宗教の信仰の自由を認めたものであり、「神道の政治的混同を否定したもの」だからである。

にもかかわらず、近代日本では神社神道の「国家的宗教としての地位」が清算されなかったために、「神国的帝国主義」が生み出され、政教分離が踏みにじられる結果となった、と村岡はいう(65)。

而して翻つて考へれば、この事〔神道指令による政教分離〕は、神社神道の為に、賀すべきである。彼等は之によつて、始めて、在来亨有した世俗的特権から離れ、純粋に宗教の一派として他の諸派と伍して、精進の途にのぼるべきだからである。而してそれによつて、或は本居的純粋性において、古神道の精神を新たに発揮することも出来うべく、或ひは平田及びその徒に示された、教派神道発展のさまざまの、注意すべき試みを一層成就せしめることも出来うべきである。……而してその機運がおこり来つたならば、吾人が年来この方面において些か試みた――しかも彼等からは、殆んど顧られもしなかった多少の研究のたぐひも、幾分その存在の理由を、示し得ることもあらうと、心私かによろこぶものである(66)。

村岡は神道指令以後の政教分離により、明治期に断絶した「宗教的情操」の「さゝやかな流れ」が復活すると考えた。むしろ村岡にとって日本の戦後とは、自らの思い描いた歴史の流れが現実のなかで証明される機会だったのである。いわば、村岡の言説は戦後の状況に適合したものであった。しかしこのことはまた、戦後においても村岡の研究に内包された問題が持ち越されることを、すなわち、たとえ神道と政治の関係が否定されたとしても、「宗教的情操」のみを通して見る限り、「政治宗教」たる天皇制とキリスト教との相克が見過ごされてしまうことを暗示しているのではないだろうか。いずれにせよ村岡は戦後の行く末を見届けることなく、論説を発表した直後の四月一三日に死去することとなる。

現代の視点から村岡の歴史的制約を指摘することは、むしろたやすいだろう。しかし、村岡は触れていないが、たとえば平田派の国学者であった松山高吉は、明治維新後にキリスト教へ改宗し、聖書の翻訳や讃美歌の編纂を通して近代日本キリスト教史に重要な足跡を残していた(67)。松山自身のキリスト教や神道の理解という問題はさておき、このような例は村岡のいう「さゝやかな流れ」の存在を示しているのだろうか。「宗教的情操」の進化や、あるいは「宗教的情操」における神道とキリスト教の結合といった枠組みではなしに、この「流れ」をとらえることはできるのか。村岡の神道史研究は、「日本」なるものの歴史性においていかにキリスト教を受け止めるか、という今も続く問いを投げかけているのである。

【注】

(1) 海老沢有道「国学における天主教学摂取」『増補版　南蛮学統の研究――近代日本文化の系譜』創文社、一九七八年。

(2) 石田一良『カミと日本文化』ぺりかん社、一九八三年。

(3) 新保祐司『日本思想史骨』構想社、一九九四年。

(4) 村岡と後述する普及福音新教伝道会との関係を取り上げた先行研究としては、安酸敏眞「村岡典嗣と波多野精一――響応する二つの「学問的精神」」(『北海学園大学人文論集』第三九号、二〇〇八年三月)や、鵜沼裕子「普及福音新教伝道会と日本のキリスト教」(日本におけるドイツ宣教史研究会編『日本におけるドイツ――ドイツ宣教史百二十五年』新教出版社、二〇一〇年)などがある。本稿ではこれらの成果をもとにして、村岡の神学的背景とその神道史研究との関連をより具体的に考察する。なお、鵜沼は同論文と「日本キリスト教史研究のひとこま――村岡典嗣と大内三郎氏」(『キリスト教と諸学　論集』第一二号、一九九七年一〇月)のなかで、村岡が大内三郎のキリスト教史研究に与えた影響について論じている。

(5) 村岡の伝記的事実については、池上隆史「村岡典嗣年譜(一)～(四)」(『日本思想史研究』第三四・三五・三七・三八号、二〇〇二・二〇〇三・二〇〇五・二〇〇六年)、同「村岡典嗣年譜——東北帝国大学文化史学第一講座着任から日本思想史学会成立まで（上・下）」（『年報日本思想史』第二・三号、二〇〇三年三月・二〇〇四年四月）を参照。

(6) 波多野精一「一九四六年五月二日付田中美知太郎宛書簡」『波多野精一全集』第六巻、岩波書店、一九六九年、三八九頁。

(7) 同書、三八九頁。

(8) 村岡典嗣『増補　本居宣長』第二巻、一七頁

(9) 藤田大誠『近代国学の研究』弘文堂、二〇〇七年、二〇一～二三頁。藤田によれば芳賀矢一もまた「近代国学」に属するとされる（四七〇～三頁）。

(10) 佐々木聖使「国家神道における「神」観念の成立」『明治聖徳記念学会紀要』復刊第三五号、二〇〇二年六月。

(11) 村岡典嗣「岸の家」『帝国文学』第一七巻第四号、一九一一年四月、五六頁。

(12) 吹田順助「村岡典嗣君を憶ふ」『学芸手帳』第二一巻第五号、一九五七年、二七頁。

(13) 星野靖二「明治国家とキリスト教」島薗進・高埜利彦・林淳・若尾政希編『将軍と天皇』春秋社、二〇一四年、二五九頁。

(14) 堀光男「ドイツの日本伝道と日本のプロテスタンティズム」日本におけるドイツ宣教史研究会編『日本におけるドイツ——ドイツ宣教史百二十五年』新教出版社、二〇一〇年、一五三～六九頁。

(15) 鵜沼、前掲「普及福音新教伝道会と日本のキリスト教」、二一七～二三頁。

(16) 波多野、前掲「一九四六年五月二日付田中美知太郎宛書簡」、三八九頁。

(17) 池上、前掲「村岡典嗣年譜（四）」、九五～六頁。また、以下を参照。『福音新報』第五五九号（一九〇六年三月一五日付）、一三頁、同第六三〇号（一九〇八年七月二五日付）、一三頁、同第六三九号（一九〇七年九月二六日付）、一二～三頁、同第六七四号（一九〇八年五月二八日付）、一四頁、同第七〇三号（一九〇九年一二月一七日付）、一四頁、『基督教世界』第一二五七号（一九〇七年一〇月三日付）、七頁、同第一三一一号（一九〇八年一〇月一五日付）、一〇頁。

(18) 波多野、「一九四六年四月二五日付香川鐵藏宛書簡」『波多野精一全集』第六巻、岩波書店、一九六九年、三七〇頁。

(19) 池上「村岡家史料にみる青年時代の村岡典嗣」『季刊日本思想史』第七四号、二〇〇九年六月、五八～六〇頁。

(20) 本村昌文・中嶋英介「資料紹介　村岡典嗣「仙台の吉利支丹について」」『東北大学史料館紀要』第五号、二〇一〇年三月。

(21) 権田直助「破邪鉄槌序」神崎一作編『破邪叢書』第二集、哲学書院、一八九三年、一一二頁。

(22) 星野、前掲論文、二四八～五四頁。

(23) 村岡典嗣「日本神道の特質」『日本思想史研究　続』岩波書店、一九三九年、四六五頁。

(24) 村岡典嗣著作集刊行会編『日本思想史研究Ⅰ　神道史』創文社、一九五六年、六五～六頁。

(25) 村岡哲『史想・随想・回想』太陽出版、一九八八年、二四二頁。

(26) 村岡典嗣、前掲「日本神道の特質」、四六五頁。

(27) 村岡典嗣「「本居宣長」のおもひ出その他」『本居宣長全集』月報第一号、岩波書店、一九四二年、一頁。

(28) 同論文、三頁。

(29) 村岡哲、前掲書、二三四頁。

(30) ここでは一九二五（大正一四）年の東北大学での講義のノート、および一九三五年以前の講義ノートをもとに村岡の死後編集された前掲『日本思想史研究Ⅰ　神道史』を中心に、『増補　本居宣長』全二巻（東洋文庫、二〇〇六年、初出

一九一一年)、および『増訂　日本思想史研究』(岩波書店、一九四〇年)所収の「復古神道に於ける幽冥観の変遷」(一九一五年)、「平田篤胤の神学に於ける耶蘇教の影響」(一九二〇年)、「南里有隣の神道思想」(一九二四年)、「垂加神道の根本義の本居への関係」(一九二五年)などを参照した。

(31) 本居宣長『玉勝間』十四の巻、大野晋編『本居宣長全集』第一巻、筑摩書房、一九六八年、四四七頁。

(32) 現在では『天主実義』ではなく、『三山論学記』であったことが明らかにされている(伊東多三郎『近世史の研究』第一冊、吉川弘文館、一九八一年、二三八～四〇頁)。

(33) 昆野伸幸「村岡典嗣の国体思想史研究」『日本文化論年報』第一七号、二〇一四年三月、三八～四三頁。

(34) 三ツ松誠「南里有隣研究の回顧と展望」『佐賀大学地域学歴史文化研究センター研究紀要』第九号、二〇一五年三月、四七頁。

(35) 佐々木聖使「キリスト教の受容と国学——平田篤胤の思想を通して」日本大学精神文化研究所編刊『日本文化論への接近』、一九九四年。

(36) 前田勉「南里有隣『神理十要』におけるキリスト教の影響」『江戸後期の思想空間』ぺりかん社、二〇〇九年。

(37) 藤田、前掲書、三九九、四八四頁。

(38) 田尻祐一郎「村岡典嗣と平泉澄——垂加神道の理解をめぐって」『東海大学紀要　文学部』第七四号、二〇〇〇年、九八～九頁。

(39) 石原謙「波多野精一先生」『石原謙著作集』第一一巻、岩波書店、一九七八年、三七五～九頁。

(40) 同論文、三八一頁。

(41) 岩波哲男・岡本不二夫訳「普及福音新教伝道会会則」『明治キリスト教の一断面』教文館、一九九八年、三五六頁。

(42) 鈴木範久『明治宗教思潮の研究——宗教学事始』東京大学出版会、一九七九年、二九～四〇頁。

(43) 堀光男「トレルチと日本伝道——『普及福音新教伝道会』の神学的背景」『聖書雑誌』第二四号、一九六八年三月。

(44) 鵜沼、前掲「普及福音新教伝道会と日本のキリスト教」、六二頁。

(45) 同論文、三三～九、五一～九頁。

(46) 星野靖二『近代日本の宗教概念——宗教者の言葉と近代』有志舎、二〇一二年、一三九～四〇頁。

(47) 吉馴明子『海老名弾正の政治思想』東京大学出版会、一九八二年、三八～四七頁。

(48) 渡瀬常良『日本神学の提唱』ほさな社、一九三四年、一一三頁。池上、前掲「村岡典嗣年譜(四)」、八八頁。

(49) 前川理子『近代日本の宗教論と国家』東京大学出版会、二〇一五年、一〇七頁。

(50) 前田勉「解説——日本思想史学の生誕」『新編　日本思想史研究——村岡典嗣論文選』東洋文庫、二〇〇四年、四二三頁。

(51) 波多野『宗教哲学』、『波多野精一全集』第四巻、岩波書店、一九六九年、七頁。

(52) 波多野『宗教哲学序論』、『波多野精一全集』第三巻、岩波書店、一九六八年、三七一頁。

(53) 波多野、前掲『宗教哲学』、二一六頁。

(54) 村岡典嗣「日本学者としての故チャンブレン教授」『日本思想史研究　続』岩波書店、一九三九年、三七二頁。

(55) 同論文、三七五頁。

(56) 畑中健二「村岡典嗣の国体論」『季刊日本思想史』第六三号、二〇〇三年五月。

(57) Eric Voegelin, *Die politischen Religionen*. Wien: Bermann-Fischer Verlag, 1938. また柳父圀近『政治と宗教——ウェーバー研究者の視座から』(創文社、二〇一〇年)、同『日本的プロテスタンティズムの政治思想——無教会における国家と

宗教』（新教出版社、二〇一六年）を参照。
(58) 昆野、前掲論文、三二～八頁。
(59) 村岡典嗣著、思想問題研究会編『国民精神の淵源』青年教育普及会、一九三三年、七頁。
(60) 同書、五五～六頁。
(61) 村岡典嗣、前掲「日本神道の特質」、四六六頁。
(62) 村岡典嗣、前掲『国民精神の淵源』、五四頁。
(63) 平田篤胤全集刊行会編『新修平田篤胤全集』第七巻、名著出版、一九七七年、八三頁、原漢文。
(64) 村岡典嗣「日本精神論」『日本思想史研究　第四』岩波書店、一九四九年、二五八頁。
(65) 村岡典嗣「神道に於ける政教分離とその歴史的意義」『朝日評論』第一号、一九四六年三月、二八～三〇頁。
(66) 同論文、三五頁。
(67) 溝口靖夫『松山高吉』大空社、一九六六年。洪伊杓「松山高吉と海老名弾正の神道理解に関する比較分析」『基督教学研究』三四号、二〇一四年一二月。

［参考文献］

村岡典嗣『新編　日本思想史研究――村岡典嗣論文選』東洋文庫、二〇〇四年。

鵜沼裕子「普及福音新教伝道会と日本のキリスト教」日本におけるドイツ宣教史研究会編『日本におけるドイツ――ドイツ宣教史百二十五年』新教出版社、二〇一〇年。

昆野伸幸「村岡典嗣の国体思想史研究」『日本文化論年報』一七号、二〇一四年。

第七章　「大東亜戦争」下の日本基督教団と天皇制
——教団機関紙に見る「日本基督教樹立」の問題

豊川　慎

一　はじめに

「日本基督教団」は一九四一（昭和一六）年にプロテスタント三〇余派が合同して成立した合同教会である。一九四一年六月二四日、二五日に創立総会を開催し、およそ五か月後の一一月二四日に文部省の設立認可を受けた。それは日米開戦二週間ほど前のことであった。土肥昭夫はかつて『日本プロテスタント教会の成立と展開』（一九七五年）において日本基督教団成立について次のように論じた。「天皇制国家権力が戦時目的を実現するために、あらゆる組織、機能、思想の統制、統合政策を推進し、世論が一億一心、皇道実践をとなえた状況において、教会は、ときには強いられたにせよ、みずからすすんで国家の政策に同調し、諸教派統合のみちをえらんだ。これが日本基督教団になったのである。その歴史は、教会が自己の存在基盤を喪失した意味において、敗北の歴史である」(1)。戦時下の日本基督教団の「敗北の歴史」に関しては多くの先行研究があるが(2)、本章では土肥の一連のキリスト教と天皇制に関する研究および土肥が編纂を担った『日本基督教団史資料集』に依りながら、天皇制国家において

「戦時報国」に尽くした日本基督教団について、考察の対象と時期を一九四一年から四五年までの『教団時報』や『日本基督教新報』等の教団機関紙に限定して論じるものである。以下において、日本基督教団の成立と戦時下の教団の歩みを論じ、教団がその樹立を目指した「日本基督教」について考察し、最後に象徴天皇制下における戦後のキリスト教について述べることにしたい。

二　日本基督教団の成立

『日本基督教団史資料集　第1巻』（一九九七年）所収の土肥昭夫による「第一篇　概観」に、一次資料に基づく日本基督教団の成立過程が論じられている。以下、主に土肥の見解に依りながら教団の成立過程を概観したい。一九三九年三月二三日、衆議院において「宗教団体法」が可決成立した。四月六日に日本宗教連盟による宗教団体法成立感謝晩餐会が開かれ、阿部義宗、千葉勇五郎、富田満、小崎道雄、海老沢亮などの教会指導者たちが出席した。これまでキリスト教は敵性宗教と見なされてきたため、宗教団体法によってキリスト教が公認されるものと期待してこれを歓迎する向きがあった。

一九四〇年四月一日に宗教団体法が施行され、そのおよそ二か月後の六月一二日、文部省はキリスト教各派の代表者たちに対して宗教団体法において認められる教団設立の認可基準として教会数五〇以上、信徒数五〇〇〇以上という数字を内示した。日本基督教会、日本組合教会、日本バプテスト教会、日本福音ルーテル教会など認可基準を満たす教会は自派の認可を得るため、それぞれ教団規則を作成し、文部省と折衝し始めた。また文部省内示による認可基準を満たせない小教派は基準を満たすために他の大教派との合同や小教派同士の合同へと向かうことになった。ただし、この時点ではプロテスタント各派は自派の認可を目指していただけであった。戒能信生によれば、各教派の代表者たちが全教派合同に向かうことになった理由の一つに、宣教師がスパイと見なされ、海外のミッションと関係を持つキリスト教界に対する新聞報道による激しいバッシングが挙げられる(3)。特に、七月三一日にロンドンに本営を持つ日本救世軍の幹部が海外とのミッション関係ゆえに東京憲兵隊にスパイ容疑で拘引され取り調べを受けると、プロテスタント各教派は、ミッションとの関係を断って、教派合同に向かった。この時期、国民組織を再編し国民を統合しようとする「新体制運動」が近衛文麿によって提唱されており、各教派の教会指導者たちはこの新体制運動に教派合同という形で応じたのであった(4)。

このような教派合同の流れの中、一〇月一七日に「皇紀二千六百年奉祝全国基督教信徒大會」が青山学院において開催された。全国より二万人の信徒が参加し、一同起立しての国歌斉唱、宮城遥拝後、富田満による開会挨拶と続く阿部義宗大会委員長の説教において教派合同の決意が述べられた。午後の部は大会副委員長の小崎道雄の司会のもと、次のような「宣言文」が朗読された。

> 神武天皇国を肇め給ひしより茲に二千六百年　皇統連綿として彌々光輝を宇内に放つ此栄ある歴史を懐うて吾等転た感激に堪へざるものあり　本日全国にある基督信徒相会し虔《つつし》んで天皇陛下の万歳を寿ぎ奉る　惟ふに現下の世界情勢は極めて波瀾多く一刻の偸安《とうあん》を許さざるものあり
> 西に欧洲に戦禍あり東に支那事変ありて未た其終結を見ず此禍中にありて我国は能く其針路を謬《あやま》ることなく国運国力の進展を見つつあり　是れ寔《まこと》に天佑の然らしむる処にして一君万民尊厳無比なる我国体に基くものと信じて疑はず
> 今や此世界の変局に処し国家は体制を新にし大東亜新秩序の建設に邁進しつつあり　吾等基督信徒も又之に即応し教会教派の別を棄て合同一致以て国民精神指導の大業に参加し進んで大政を奉賛し奉り尽忠報国の誠を致さんとす

依て茲に吾等は此記念すべき日に方《あた》り左の宣言を為す

一、吾等は基督の福音を伝へ救霊の使命を完ふせんことを期す

一、吾等は全基督教会合同の完成を期す

一、吾等は精神の作興道義の向上生活の刷新を期す

右宣言す

昭和十五年十月十七日

皇紀二千六百年奉祝全国基督教信徒大会

この宣言に、国家による大東亜新秩序の建設邁進に即応して「合同一致」し、「大政奉賛」「尽忠報国の誠」を致す教会という教会合同の本質が表れている。

この教派合同宣言に基づき、翌一八日に第一回合同準備委員会が開催された。以降、合同準備委員会は、合同教会の信条、機構、財政、教職などについて話し合いを続けた。一九四一年三月二五日、二六日に開催された第八回合同準備委員会において「教団規則要綱草案」が可決され、「部制」による教会合同と、「日本基督教団」と命名される合同教会の「教義の大要」および「信徒の生活綱領」が承認された。

一九四一年六月二四日、二五日、富士見町教会において日本基督教団創立総会が開催された。それぞれの教派的伝統を持つプロテスタント諸派が信条において一致することは容易ではなく、三〇余派を一一の部に統合した部制をもって日本基督教団は発足した。土肥の言う「一種の教派連合組織」としての発足であった(5)。

日本基督教団の成立に伴い、月刊機関紙『教団時報』が発行された。八月一五日付第一号において、教団統理者富田満は「教団の使命」と題して「福音に生きる事が最も君に忠、国に忠なる道なることを信じて、この時局に於

て吾等日本基督教団の信徒は捨身になつて奉公して行くのである」と論じ、また総務局長鈴木浩二は「新教団の発足」と題して「基督者国民として吾等はこの際国家の要請に応へ、臣道を実践し、大政に翼賛し、以て最良国民たるの自覚に恥じざるやうせねばならぬ。新教団の設立は実に世界動乱の只中に成つたのである。そこに重大なる意義があり、また国家に奉ずる使命もあるわけである」と記した(6)。富田と鈴木は、国家の要請に応じ、「臣道の実践」、「大政翼賛」は「国家に奉ずる使命」であると教団信徒に訴えたのである。

一九四一年八月二二日、教団は「日本基督教報国団」を組織した(7)。『教団時報』第二号では「報国団について」と題して、キリスト者には「基督者の対時局義務」があり、「基督者らしく」「国民としての分を国家に尽くすこと」が強調されている(8)。『教団時報』第三号には「興亜宗教工作に就いて」と題して、「興亜宗教工作の問題」は「東亜共栄圏の確立を目指すものに取つての大問題」であり、「興亜宗教工作は我国基督者が最も真剣に考えねばならぬ諸問題であると言ひ得る」と記している。また同号で「報国の誠」と題し、教団発足からまだ日が浅いものの教団内において「報国の熱意は実に各方面に表れて見るべきものがある」として、その具体例として、「基督教報国団」が結成され、「非常時局下に教団の全教会が一つ統制の下に、国家奉仕に当たる可き臨戦態勢が整えられた」こと、「基督教時局奉仕會」を通じて陸海軍に「国防献金」を献納しようとしていることなどが挙げられ、「是等は我々の信仰より出づる報国の誠であつて、その一つ一つの遂行に教団の全信徒は神の栄光を表はさん事を期するのである」と結んでいる(9)。

一九四一年一一月二四日、日本基督教団は文部省の設立認可を受けた。「日本基督教団の認可」と題して『福音新報』が報じるところによれば、「教会数一千五百三十四箇　結社数三百八十八箇　教師数二千六百九十七名　会員数二十五万九千余名」から成る教団組織であった(10)。文部省の認可を受けた「日本基督教団規則」には「教義ノ大要」（第五条）に続いて「生活綱領」（第七条）が記されているが、その第七条「本教団ノ生活綱領左ノ如シ」とあるうちの一項には「皇国ノ道ニ従ヒテ信仰ニ徹シ各其ノ分ヲ尽シテ皇運ヲ扶翼シ奉ルベシ」と記されている。また第一八条には「本教団ハ四大節其ノ他国家ノ祝祭日ニ礼拝式ヲ執行スルモノトス皇室国家ノ慶弔アリタルトキ亦同ジ」とある(11)。このように「生活綱領」において、「皇国の道に従」うこと、そして「皇運を扶翼」することが明記された。土肥によれば、この「生活綱領」は文部省との折衝過程で加えることが求められたものであり、教団は「教義の大要とこの生活綱領を便宜的に切り離して使い分けたり、巧みに結び合わせたりして天皇制に関する自己の立場を弁明した」のであった(12)。

三　「大東亜戦争」の勃発と日本基督教団

一九四一年一二月八日、日本軍はハワイ真珠湾を攻撃し、「大東亜戦争」に関する宣戦の大詔を受けて、「國體ノ本義ニ徹シテ率先垂範教徒及檀信徒ヲ教導シ相率ヰテ聖旨ニ應ヘ奉ランコトヲ期スベシ」との「文部省訓令」が発令された。この文部省訓令を受けて翌九日、「重大時局に際し各教会に告ぐ」という教団本部通牒が富田満教団統理者名で出された。一部引用すると次のような内容であった。「我等日本国民たる基督者は今次宣戦の意義を了解し、国家に赤誠を捧げ国土防衛に挺身戮力するは勿論、進んで銃後奉公実践に万全を期し遺漏なからんことを期せねばならぬ。殊に我等基督者は、この非常時局に際し、祖国精神界に対する重大なる任務を思ひ、能くその重責に覚醒奮起し、金剛不壊の信念を国民に與へ、堅忍不抜毅然不動の精神を養ひ以て祖国に負ふ我等の使命を完ふせねばならぬ」(13)。教団は各教会にこのような通牒を出し、「日本国民たる基督者は今次宣戦の意義を了解し、国家に赤誠を捧げ」るべきことを上意下達したのであった。

一九四二年（昭和一七）一月一一日、富田満と総務局長鈴木浩二は伊勢神宮への参拝を行なった。一月一五日付

『教団時報』は「富田統理の伊勢参宮」と題して次のように伝えている。「教団認可ありて後、一度伊勢参宮をせねばならぬとの話があつたのであるが、歳末年始にその時を見出し得ないで、心中頗《すこぶ》る平らかでなかつたのであるが、愈々一月十日之を断行することとなつた。富田統理は十日夜行にて出発し、鈴木総務局長を帯同して十一日朝、伊勢大廟に参拝せられた。而して我が国に於ける新教団の発足を報告し、その今後に於ける発展を希願せられた」⑭。富田と鈴木は皇室の氏神である天照大御神を祀る伊勢神宮に参拝し、日本基督教団の発足を報告し、教団の発展を「希願」したのであった。

二月七日、富士見町教会において富田満の教団統理者就任式が行なわれた。『教団新報』第七号が伝えるところによれば、就任式に先がけて「国民儀礼」が行なわれ、富田の就任の辞に続いて、阿原謙蔵文部省宗教局長、神道教派連合会代表、大日本仏教会代表、日本天主公教団代表が祝辞を述べた。富田は就任挨拶において、部制の解消と伝道事業の強化を訴え、非常時局において国家に奉仕すべき日本基督教団の「態度」として「祖国の為に己を献げ国家の為に血を流して死する事が福音の証しを立つる所以である」と述べた⑮。

一九四二年四月二日、興亜宗教同盟が結成された。『教団時報』第九号は「興亜宗教同盟結成式」において「神仏基回各宗教団体が同盟して各自の立場から我国の肇国の大義を宣明し、大東亜の建設に協力せんとする興亜宗教同盟は、四月二日午前十時より丸ノ内大東亜会館に於て興亜宗教同盟結成式を挙行した」と記し、「今や皇国は、皇道世界開顕の神意に基き大東亜共栄圏を確立し進んで万邦の協和と世界人類の康寧を図らんとす」と「宣言」し、その「綱領」には「反皇道思想を掃滅して皇道宗教文化を創建し、以て聖紀の創造を期す」と掲げられた⑯。「神意」に基づく「大東亜共栄圏」の確立のため、神道、仏教、キリスト教、そしてイスラム教の四つの宗教が協同して「大東亜の建設」に協力することが表明されたのであった。

四　教師錬成会と文部省の介入

一九四二年六月一日から六日にかけて、芝公園の日本女子会館において日本基督教団主催の「第一回教師錬成会」が行なわれ、全国から選ばれた中堅若手の教団教師四七名が参加した。「第一回教師錬成会」と題する記事によれば、錬成会の目的は「本教団が一致結束して大東亜新秩序建設の国策遂行に邁進し、併せて教団布教方針の徹底を図る為、行的思想的錬成を主眼として中堅教師の合宿団体訓練を行ひ、以て現下宗教教師として必要なる識見及び実践力の涵養に資せんとす」ということであった。同号の『教団時報』における「我等の布教」と題する記事には、教団の布教の「根本目的」として次のような大綱が記されている。「基督によりて啓示せられたる永遠の真理に基づき、真の日本人たる基督者を養成し、我国の万邦無比なる国体の精華を発揮せんことを期する事」、「神の国の精神を以て大東亜共栄圏の建設に貢献すると共に、進んでは八紘為宇の精神を以て世界新秩序の建設に邁進せん事を期すること」、「伝道により各人の霊魂を救ふと共に、教会を建てて信徒の錬成に努め、以て皇国民たるの資格を育成し、社会の各方面に於る健全なる分子として進出せしめん事を期すること」(17)。このような「皇国民の自覚に立つての布教」の徹底を図るために教師錬成会が開かれたのであった。

開会式は鈴木浩二総務局長司会のもと、「宮城遥拝」、「君が代斉唱」に始まり、「米国及英国に対する宣戦の詔勅」が教団統理者富田満によって読まれ、「戦没将士の慰霊並びに出征軍人に対する感謝の黙禱」と続いた。開会式後、文部省宗教局長阿原謙蔵による「時局と宗教」と題する講演が行なわれた。この講演は六月一五日付『教団時報』の二面にわたって掲載された。ここには文部省側が日本基督教団に求めている事柄が明確に言い表されているので詳しく見てみたい。

阿原によれば、「今や我がキリスト教界は、大東亜共栄圏の建設に伴ひて我国の立場に於いて世界各国殊に東亜諸国の基督教を観察し、之を指導しなければならぬ地位を與へられるに至」り、「今日基督教の使命は愈々重、且大となった」。それゆえ、その使命に「堪へ得るだけの組織と実行力を持たねばなら」ず、「名実伴なった日本基督教を確立しなければならない」。では「日本基督教の確立」とは何であろうか。阿原は言う。「日本基督教の確立とは、国体の本義に基いたものでなければならぬことは申す迄もないのでありまして唯基督教を日本的に解釈したり言葉の上に於いて国体の本義と基督教の信仰とを結び付けるだけでは意味を為さないのであって、日本人が日本人としての自覚のもとに国体の本義に基いて、基督教の信仰を把握して国運の進展に寄与しなければなりません」。阿原は日本基督教団が「米英依存」「外国依存」を脱し、国体の本義に基づく「日本基督教」を樹立することを求め、「日本的性格を把握した基督教が日本宗教として持つ使命を十分に生かして参らねばならぬ」と言い、「宗教的信念を深めることに依り日本人としての自覚を高めて大政を翼賛し、愈々国運の隆昌に寄與せねばならぬ……宗教報国に邁進せられんことを望む」と説いた。最後は「この練成会にて更に磨きをかけられ講習の成果を教団の隅々迄透徹せしめられるよう切に望んで已まぬ次第であります」と結んだ(18)。「国体の本義」に基づく日本基督教の樹立が日本基督教団に求められていたのであった。

錬成会に出席した教団教師たちは連日、早朝から夜まで、文部省、軍部、そして学者による講演を聞き、錬成会五日目には二班に分かれて全員で靖国神社参拝を行なったことも報じられている(19)。

教師錬成会はその後、各地で行なわれるようになり、九月一七日から二一日にかけて、仙台において第二回教師錬成会が開かれ、二二日から二五日には教団幹部錬成会が芝公園内女子会館で開催された。一〇月一五日付『教団時報』は阿原宗教局長による「日本基督教団の使命」と題する講演を掲載している。阿原は日本基督教団が「大東亜戦争」勃発直前に認可されたことに関して、「教団として大東亜戦争完遂の為又大東亜共栄圏建設の為に宗教報国の悃を十二分に致さんとする用意の下に結成されたと申しても過言でな」いと述べ、「日本基督教団の使命」は「大東亜戦争を完遂し共栄圏の建設」のため、国内にあっては「国民の心構え、考え方、遂行力を十分に培養すること」、そして「共栄圏内」にあっては「諸民族の指導」であり、「南方諸民族の心の糧たるべき宗教に依つて力強く親善提携の実を挙げて行くこと」が説かれた(20)。文部省によって認可された日本基督教団は、教会としての使命それ自体についても文部省の指示を受け、錬成会などを通じて国策に即応したのであった。そのことは、一〇月に九州地方で開催された教師錬成会に富田満が送った式辞の中にもよく表れている。「九州地方の中堅教師を集め、錬成会を開催するのでありますが教団が今日敢て之を為す所以のものは、まったく銃後に於ける宗教家として先ず自ら我が国体の本義を明瞭に把握し、以て今日の時代に於ける己が任務を遂行し併せて、教師間に総力戦参加の意義を徹底せしめたいが為に外ならぬのであります。（略）我等の基督教は飽迄も日本人としての意識、自覚の上に立った基督教でなければなりません。日本人とか日本国民とか云う立場を離れて基督教を信ずるが如きことは諸外国にあり得ても我国に於ては在り得べからざることなのであります。我等は今日、国民たる以外に人たるを得ずと教へられています。然らば今日、皇国民の自覚を離れてクリスチアンたり得ないことも又瞭かであります」(21)。「皇国民の自覚を離れてクリスチアンたり得ない」との強弁が教団統理者からこのように語られ、錬成を受けた教団教師は「総力」を挙げて、国策に沿って「戦争完遂」に協力することを求められたのであった。

五　ホーリネス系牧師の検挙と弾圧——日本基督教団の対応

一九四二年六月二六日早朝、教団所属の第六部「日本聖教会」と第九部「きよめ教会」、および教団には加入していない「東洋宣教会きよめ教会」のホーリネス系牧師九六名が特高警察により全国一斉に検挙された。一九二五年に公布された治安維持法は一九四一年に全面改正されていたが、その「改正」治安維持法の七条には「国体ヲ否定シ又ハ神宮若ハ皇室ノ尊厳ヲ冒瀆スベキ事項ヲ流布スルコトヲ目的トシテ結社ヲ組織シタル者又ハ結社ノ役員其ノ他指導者タル任務ニ従事シタル者ハ無期又ハ四年以上ノ懲役ニ処シ情ヲ知リテ結社ニ加入シタル者又ハ結社ノ目的遂行ノ為ニスル行為ヲ為シタル者ハ一年以上ノ有期懲役ニ処ス」と定められていた。ホーリネス系牧師たちが検挙されたのは、ホーリネスの再臨思想、千年王国論などのキリスト教理解が当時の天皇制国体を否定するものとして治安維持法に抵触すると見なされたためであった。むろん、日本基督教団は対応に迫られたが、六月二九日付で鈴木総務局長名でこの件に関する「教団の方針」として「暫く成行を静観すること」、「教師はこの際一層時局認識を深め、皇国民たるの自覚に立ち、臣道の実践を志し、周囲に誤解せられざるよう努むること」などを各教区、各支教区長に伝達した(22)。七月一日に教団事務所において開かれた教務会の協議事項が七月一五日付『教団時報』に掲載されているが、ホーリネス系牧師の一斉検挙の件は何も報じられていない。一斉検挙に際して「教団の方針」として各教区長、支教区長に送った伝達には「問合せある向に対し本方針に基き賢明に且つ極秘裏に御指導あらん事を切望仕り候」と記されているように、教団としては一斉検挙の件を表沙汰にすることを避け、出来る限り「極秘裏」に扱おうとしたようである。

土肥はこのホーリネス系牧師の一斉検挙について次のように論じている。「特高はキリスト教を締め上げ、天皇制国体に忠誠を誓わせ、戦意高揚に努めさせるために、独自の伝統に生きるホーリネスをスケープ・ゴートにデッチ上げた。司法当局は彼らが唱える再臨の福音が治安維持法第七条でいう国体を否定し、皇室の尊厳を冒瀆すると見なしたのであった。教団当局は事態を「当分静観」することとし、各教区長、各支局長に「皇国民たるの自覚に立ち、臣道の実践を志し、周囲に誤解せられざるよう努むること」との通達（四二・六・二九）を出した。そして部制をとっていると、ホーリネスのように内務省の特高の介入を招くかもしれないので、教団を単一化して文字通り文部省の管轄する宗教法人にする必要があると判断し、部制廃止をすすめたのである」(23)。事実、七月一五日付『教団時報』は「直面する教団の諸問題」と題して「部制の問題」を取り上げ、「一日も早くこれ〔部制〕を廃止解消して一日も早く全く一団となつて進むことの必要を痛感せしめられる」と記している。

その後、一九四三年四月七日、検挙されたホーリネス系牧師たちが所属する第六部「日本聖教会」と第九部「きよめ教会」が宗教団体法、とりわけ第一六条に照らして内務大臣から解散を命じられた。第一六条は「宗教団体又ハ教師ノ行フ宗教ノ教義ノ宣布若ハ儀式ノ執行又ハ宗教上ノ行事ガ安寧秩序ヲ妨ゲ又ハ臣民タルノ義務ニ背クトキハ主務大臣ハ之ヲ制限シ若ハ禁止シ、教師ノ業務ヲ停止シ又ハ宗教団体ノ設立ノ認可ヲ取消スコトヲ得」と定めていた。解散命令により、第六部と第九部の教会は閉鎖され、教職も解かれた。文部省は教団統理者に対して、解散を命じられたホーリネス系牧師たちのうち、起訴された教師には自発的辞任、教職剥奪、謹慎などを命じるよう指示し、また起訴されなかった教師には「錬成」を行なうことによって教師に復帰させることを指示した。土肥は教団当局のホーリネス系牧師への対応について次のように論じている。「天皇制国家はホーリネスを独善的に断罪したが、それとともに彼らを自らの体制の中に吸収し、動員する道を備えたのである。教団当局はこれらの文部省の指示、行政指導を忠実に履行し、彼らの「歴史的特質」などは意図的に抹殺した。そこでは教団は天皇制国家の下請機関として機能したのである」(24)。教団は自己保身に躍起となり、教団の認可が取り消されることを避けるべく、同じ教団に属するホーリネス系牧師たちを取り込んだのであった。

六　「戦時布教指針」から「決戦体制宣言」まで

一九四二年一〇月一〇日、教団は「戦時布教指針」に関する統理者令達を出した。その「綱領」には「国体ノ本義ニ徹シ大東亜戦争ノ目的完遂ニ邁進スベシ」、「本教団ノ総力ヲ結集シ率先垂範宗教報国ノ悃ヲ效スベシ」、「日本基督教ノ確立ヲ図リ本教団ノ使命達成ニ努ムベシ」と記されている。また一二項ある「実践要目」には、例えば、「忠君愛国ノ精神ノ涵養ニ努メ信徒ヲシテ滅私奉公ノ実践者タラシムル事」、「宣戦ノ大詔ヲ奉戴シ、進ンデ国策ノ遂行ニ協力スルト共ニ思想国防ノ完璧ヲ期スルコト」、「日本教学ノ研鑽ニ努メ日本基督教ノ樹立ニ邁進スルコト」などが掲げられている。このように教団が「大東亜戦争の目的完遂」、「宗教報国」、「日本基督教の樹立」を明記したのは、土肥によれば、「キリスト教に対する官憲や国民の疑惑・不信に対する弁明を意図」したものであった(25)。

日本基督教団が認可されてから一年後の一九四二年一一月二四日、二五日に第一回教団総会が富士見町教会において開催された。文部省からかねてから求められていたように、一九四三年三月末に部制を廃止することをこの教団総会において決議した。また総会において、「我らは愈々必勝の信念を昂揚し、堅忍持久、総力を挙げて皇国に奉仕、聖戦目的の完遂と共に専心一意御聖旨に副い奉らんことを期す」と記された「皇軍将兵及陸海軍に対する感謝決議」が満場一致で可決された(26)。

第一回教団総会の翌一一月二六日、富田満は教団統理として他の宗教各派の代表とともに宮中を訪れ、天皇に「拝謁」した。一二月一七日付『基督教新報』には次の「令達第三号」が掲載されている。

令達第三号

畏クモ

聖上陛下ニハ特別ノ思召ヲ以テ去ル十一月廿六日各宗教団体代表者ニ拝謁ヲ賜ハリ、本職モ亦教団統理者ノ資格ニ於テ其ノ栄光ニ浴シタルハ本教団教師及信徒一同ノ光栄ニシテ洵ニ恐懼感激ニ堪ヘザル所ナリ

此際、本教団所属全教師ハ戦時下宗教ノ上ニ垂レサセ給フ大御所ヲ拝察シ奉リ、愈々宗教報国ノ決意ヲ新ニシ

テ宏大無辺ナル聖恩ニ応ヘ奉ランコトヲ誓ヒ、且ツ益々一致協力皇国ノ為大東亜共栄圏建設ヲ目指シテ匪躬ノ節ヲ尽サレンコトヲ望ム

昭和十七年十二月八日

日本基督教団

教団統理者　富田満

教団は天皇「拝謁」を機に「国民儀礼」の徹底を図り、一九四二年一二月一〇日、礼拝前の国民儀礼の実施を各教会に次のように通達した。「国民儀礼実施の件近来教会に於て礼拝前に国民儀礼を実行しつつある処次第に増加しつつあるは洵に喜ばしき事に有之候。就ては今回所属全教会に於て之を実行し、以て行う処行わざる処あるの不統一を避け度く存じ候。申すまでもなく皇国民として大御稜の下に生きることは我等の感謝にて有之、我等の教団統理者が拝謁の栄光に浴したる此の機会に一同感激の誠意を披瀝し之が全国的実施を決意致し度く茲に御通知申上候」(27)。つまり、教団所属のすべての教会が「国民儀礼」を行なうよう求めたのである。

天皇「拝謁」を機に、教団は「聖旨奉戴基督教大会」を開催した。教団主催の「聖旨奉戴基督教大会」が四月一五日の東京大会を皮切りに七月一六日にかけて、全国一六か所で実施されることになったが、その趣旨は次のようなものであった。「畏クモ　天皇陛下ニ於カセラレテハ去ル十一月二十六日特別ノ思召ヲ以テ各宗派管長並ニ教団統理者ニ拝謁ヲ仰付ケラレ我教団統理者モ亦賜謁ノ光栄ニ浴シタルハ至上ノ名誉ナリ今ヤ我等ハ蹶然起ツテ御聖旨ニ応ヘ奉リ宗教報国ノ悃ヲ致サザルベカラズ茲ニ聖旨奉戴基督大会ヲ開催シ以テ所属教師及信徒ノ総意ヲ結集シテ大東亜戦時下ニ負荷ノ大任ヲ果サントス」。大会実施要項によれば、大会会場には「国旗ヲ奉掲スベシ」とあり、「大会次第」(案)は宮城遥拝、国歌斉唱、祈念、讃美歌「祖国」(青年讃美歌一二五)という順で進められることが記さ

れている(28)。

一九四三年一一月二四日、第二回教団総会が開催された。総会では「皇軍将兵に対する感謝決議」や平松実馬の提案による「愛国機献納献金」が可決され、教団挙げて「愛国機献納運動」に邁進することになった。『日本基督教新報』は平松の次のような言葉を掲載している。「今や我国全教会はこの緊迫せる事態に応え、信仰より湧出づる愛国の至誠を軍用機献金という事実を通して表明し、君国の大事に報ずべき秋が到来しました」(29)。

『日本基督教新報』の主筆である亀徳正臣は愛国機献納運動について次のように論じた。「献納機には日本基督教団のマークが入る筈である。全日本のキリスト者の熱禱の結晶である。我等は教団献納機により、敵英米の空母、戦艦撃沈される日を思う。愛国的熱禱のこもつた戦闘機は無敵である。我等は神に護らるる軍用機を一機でも多く前線に送り、大戦果をあげてもらはねばならぬ」(30)。「神」が我等の軍用機を守られると言っている亀徳はこのような戦意高揚の文章を次々と掲載し、四月一一日には「靖国の英霊」と題する次のような論説が載った。戦いが激化する中、「国民の生活は捧げられた血によって護られて」おり、「この血の尊さは英霊を神と祀る日本の伝統のみがよく知る所である。（略）この尊い血を靖国の英霊として祀る心が起こるのは当然である。（略）キリスト教は血の意義を最も深く自覚した宗教である。（略）キリストの血に潔められた日本基督者が、護国の英霊の血に深く心打たれるのは血の精神的意義に共通のものがあるからである。（略）其故、今、靖国の大祭を迎へ、我等日本基督者の血は、厳粛な感激と殉国の良心にたぎり立つのを禁じ得ない。（略）靖国の英霊を安じる道は敵撃滅の一途あるのみである。一毫のすきなき誠忠の思ひもて、與へられた立場から御奉公してゆかねばならない。我々のたぎり立つ血のはけ道は、英霊の血と深く相通じている」(31)。教団機関紙の一面に掲載されたこの論説では、十字架による贖いが靖国の英霊思想と何の留保もなく結びつけられているのである。

一九四四（昭和一九）年四月九日復活節、教団は統理者富田満の名において「日本基督教団より大東亜共栄圏に在る基督教徒に送る書翰」を発表した。これは教団が五月一七日付で懸賞募集を行ない、寄せられた応募原稿を基とするものである。前年五月二七日付の『日本基督教新報』に掲載されたこの懸賞募集の趣旨は、大東亜共栄圏の「現地の人々に我日本の立場を理解せしむる」ため、「我々日本基督教徒は、今度共栄圏内の基督教徒に向かって懇篤なる書翰を寄せたい。乃ち先づ我日本の国体の尊厳無比なる所以を説き、日本の大東亜共栄に関する理想抱負を明かにし、次いで日本基督教の確立、日本基督教団の成立を報ずると共に、信望愛を同じうする基督教徒として、共栄圏内の基督教徒に対して慰安、奨励提携の哀情を吐露する書翰を送らねばならぬ。茲に大方の募集を求むる次第である」(32)。以降も懸賞募集の案内が掲載されたが、亀徳は「現代の使徒書翰」と題する論説において「国体に生れた日本基督教独自の深さと高さと広さを東亜のキリスト教に伝える」としてその意義をパウロ書簡になぞらえて説き、「日本基督者の哀情の披瀝出来る絶好の機会」として応募を促している(33)。応募総数七五本のうち、入選論文は全部で一〇本であり、土肥は「審査委員が複数の入選論文を集めて一つの書簡を作り上げたのではないか」と推論している(34)。その「書翰」の内容は以下のようなものであった。第一章において「米英のキリスト教は、自己を絶対者の如く偶像化し」と批判し、「彼らの不正と不義から東亜諸民族が解放されることは神の聖なる意思である」として「日本の聖戦の意義」が説かれる。第二章では日本の国体について、教育勅語や家族国家観に即して、次のように記されている。「抑々我が日本帝国は、万世一系の天皇これを統治し給ひ、国民は皇室を宗家と仰ぎ、天皇は国民を顧み給ふこと親の子におけるが如き慈愛を以てし給ひ国民は忠孝一本の高遠なる道徳に生き、その国柄を遠き祖先より末々の子孫に伝へつつある一大家族国家である。我ら国民は、畏くも民を思ひ民安かれと祈り給う天皇の御徳に応へ奉り、この大君のために己自身は申すまでもなく親も子も、夫も妻も、家も郷も悉く捧げて忠誠の限りを致さんと日夜念願してゐるのである」。第三章では「日本基督教確立の歴史的沿革と独自固有の性格」が述べられ、日本基督教団成立後、「教団統理者は、畏くも宮中に参内、賜謁の恩典に浴するという破格の光栄に与り、教団一同は大御心の有難さに感泣し、一意宗教報国の熱意に燃え、大御心の万分の一にも応へ奉らうと深く決意した」とある。第四章では大東亜共栄圏にあるキリスト者に希望と一致を語り、「不義を挫き、正義と愛の共栄圏を樹立するためにこの戦争を最後まで戦ひぬかなければならぬ」と説いている(35)。

敗色濃厚の中、一九四四年八月一四日に、あくまでも「決戦」を唱える政府に迎合する形で教団が発表したのが「決戦態勢宣言」であった。「大東亜戦争勃発以来茲ニ四年、戦局ハ今ヤ決戦段階ニ入ル。〔略〕皇国ニ使命ヲ有スル本教団ハ皇国必勝ノ為ニ蹶起《けっき》シ、断乎驕敵ヲ撃摧《げきさい》シ、以テ宸襟《しんきん》ヲ安ンジ奉ラザルベカラズ」と宣言した。ここで宣言されている「教団の使命」とはもはや教団の全総力を挙げて「皇国必勝」のために「戦争完遂」に最後まで邁進すること以外の何ものでもない。以降、敗戦まで教団は全国一斉の必勝祈願の祈禱会を開催するなど「戦時報国」に尽くしたのであった。

七　「日本基督教の樹立」という問題

既述のように、「戦時布教指針」の「綱領」には「日本基督教ノ確立ヲ図リ本教団ノ使命達成ニ努ムベシ」と記され、その「実践要目」の一つに「日本教学ノ研鑽ニ努メ日本基督教ノ樹立ニ邁進スルコト」が掲げられた。この「日本基督教の樹立」をめぐって、さまざまな見解が教団機関紙『日本基督教新報』に掲載された。以下、その一端を概観したい。

一九四二(昭和一七)年一一月二一日付『日本基督教新報』に富田満による「日本基督教の樹立と教団の戦時体制」と題する論説が掲載されている。富田によれば、日本基督教団は三〇余派を一一の部に統合し、「部制」をもって創立したが、それは英米ミッションの延長であり、「部制」が完全に解消されるまでは「日本基督教」が樹立したことにはならない。富田は言う。「基督教会が合同して一つになるということは、基督教の本質に根差したことであって、基督教本来のその源に返へることにおいて必然的に一つとなり、一つになったことによって日本基督教が樹立されるのである。これは決して基督の福音の修正ではなく、むしろ純粋になることである。日本基督教は日本精神によって修正されたものではなく、本来のものに返ることなのである。それで信条の問題であるが〔略〕所謂「日本信条」とでも云ふべきものが出来なければならないと思つている。世界に対して誇るに足る日本基督教の、日本信条が必ず出来ると私は信じている」(36)。富田が言うところの「日本信条」の内実に関してここで具体的に述べられてはいないが、英米ミッションの影響を排した信条でなければならないと考えていることは明らかである。

『日本基督教新報』の主筆である亀徳正臣は「日本基督教の宗教改革的意義」と題する論説において次のように論じている。「日本に於ては国体は永久普遍の真理である。国民がこれに奉仕する心情は絶対である。それ故、日本基督教はこの国体に於て成立するものであつて、何等の矛盾は存在しないのである。我が教団が日本が大使命に目醒めて立つたその時、成立した事も国体と一体たる教団を現はしている。この事実は、一面から見れば個人主義的信仰の克服であり、他面から見れば、国家と教会の一元と云う独特な教会の建設であつて、世界の基督教界に與へる宗教改革的意義は、誠に重大である」(37)。亀徳は「日本基督教は国体に於いて成立するもの」と論じ、国体と教団の一体化に日本基督教の意義を見出している。そもそも、教団が「戦時布教指針」の綱領に「国体ノ本義ニ徹シ大東亜戦争ノ目的完遂ニ邁進スベシ」と掲げたように、「日本基督教」の確立は国体の本義とそれに徹する大東亜戦争目的完遂と不可分のものであった。この点に関して亀徳は別の論説で次のように論じている。「心すべきことは日本に新しい基督教の生み出されることと、大東亜戦争を戦ひぬく国民の心とは決して矛盾するものでなく根元は同一の心である。〔略〕日本基督教は基督教史の正しい発展であり、聖書を根元とするものであると共に、従来の欧米的基督教への厳しい批判であり新形態である自覚に立たねばならないのである。〔略〕欧米的影響をあらゆる方面に於て根本から排除し、日本基督教は日本基督教団として獨歩し出したのである」(38)。

同志社大学の神学者魚木忠一の論説もまた『日本基督教新報』に掲載された。論説「日本基督教の樹立」と題する三週にわたる連載において魚木は「日本精神を地盤として展開した基督教が日本精神の自覚的発展と共に自ら意識を鮮明にした。それが日本基督教である」と論じ、「信仰者に於ては日本精神と基督教とは二つのものでなく、渾然として一となり、分かつべからざるものとなつている。それが日本基督教という意識なのである」と言う。魚木によれば「日本基督教」は「国民教化」のみならず、「他民族の教化に進出するまでに確立されたものといふべき」であり、「大東亜建設に重大なる奉仕をなし得る筈である」(39)。

『日本基督教新報』に二週にわたって掲載された藤原藤夫による「日本基督教攘夷論」という論説はその題からして目を引くものがある。藤原はその論説を「大東亜戦争は大東亜に皇国を中心としての新しい秩序を打ち建てるべく、米英に対して戦はるる戦争である」と書き始め、「皇国を中心」とすることが重大であることを強調する。藤原によれば、「攘夷は皇国日本の国是」であり、「日本は徹底的な攘夷を以て開国に入ったが、日本基督教も其が本当に世界の光となる為には、一度徹底的に攘夷を通して」「愈々尊皇攘夷を以て、日本のものとなってゆかねばなら」ない(40)。翌週の論説も同じ論調で例えば次のように論じられる。「日本の国是は八紘一宇である。だがそれは攘夷に於ける八紘一宇である。攘夷とは天皇にまつろはぬものを排し除き、八紘を皇室にまつろはしめる事であった。日本の基督教もそれが本当に日本のものとなる為には、鋭く攘夷に生きねばならぬ。勿論、日本基督教は、それが聖書の宗教である以上、主にある八紘一宇に向かつて進む。攘夷は決して鎖国ではないからだ。だがこの主にある八紘一宇の日本基督教はそれが本当に日本基督教である為には、桜を知らぬ、日本国体を知らぬ皇室を知らぬカラ心、アメリカ心を烈しく払いのけねばならぬ。〔略〕日本基督教はそれが日本基督教なるが故に、それは東亜に対し日本天皇の御稜威をもち運ばねばならぬ」〔傍点ママ〕(41)。

以上、教団機関紙における「日本基督教」をめぐる若干の言説を概観した。これらは日本基督教団としての総意ではなく、個々人の見解であるとはいえ、教団機関紙に掲載されて広く読まれたことにより、日本基督教の樹立という考えの形成に少なからぬ影響を与えたに違いない。藤原の「日本基督教攘夷論」は別にしても、魚木は先述の教師錬成会の講師に名を連ねており、一九四二年一一月の第一回教団総会において設置された信条委員会の委員をも務めていた。その信条委員会が作成した全一一項目、四三の問答から成る「日本基督教団信仰問答稿」草案は次のようなものであった。

問二、日本基督教団の本領は何処にあるか。

答、我が教団の本領は皇国の道に則りて、基督教立教の本義に基き国民を教化し以て皇運を扶翼し奉るにある。

問三、皇国の道に則るとは如何なる意味であるか。

答、皇国臣民の自覚に立つて万古不易なる国体を奉戴し、忠孝一本の大義に循つて臣節を全うし、光輝ある肇国の理想を世界に宣揚することである。

問四、基督教立教の本義とは如何なる意味であるか。

答、イエス・キリストによつて啓示せられ、聖書の中に証示せられ、教会に於て告白せられたる神を信じ、其の独子イエス・キリストを救主と仰ぎ、聖霊の指導に従ひ、心を尽して神と人とに仕へ、以て臣道を実践し、皇国に報ずることである。

問四〇、国民としての信徒の務は何であるか。

答、皇国臣民の自覚に徹し、忠節を尽し、義勇奉公の誠を致し、以て皇運を扶翼し奉ることである。また各自の職務に於て私なき奉仕と勤労とに励み、肇国の精神に従つてその理想を世界に宣揚するは我等が信仰における臣道実践である。

この「日本基督教団信仰問答稿」草案は公表前に敗戦に至ったので、実際に公にされなかったものではあるが、教団がその樹立を目指した「日本基督教」がここに明確に示されていると言えよう。

八　おわりに

ポツダム宣言受諾後の八月一五日、天皇による「終戦」詔勅が放送され、二八日に敗戦後最初の教団戦時報国会常務理事会が開かれた。そして、統理者富田満の名によって教区、支教区を通じて各教会に次の「令達第十四号」が出された。

聖断一度下リ畏クモ詔書ノ渙発トナル而シテ我ガ国民ノ進ムベキ道茲ニ定マレリ。本教団ノ教師及ビ信徒ハ此ノ際聖旨ヲ奉戴シ国体護持ノ一念ニ徹シ、愈々信仰ニ励ミ、総力ヲ将来ノ国力再興ニ傾ケ、以テ聖慮ニ応ヘ奉ラザルベカラズ。

我等ハ先ズ事茲ニ到リタルハ畢竟我等ノ匪躬ノ誠足ラズ報国ノ力乏シキニ因リシコトヲ深刻ニ反省懺悔シ、今後辿ルベキ荊棘ノ道ヲ忍苦精進以テ新日本ノ精神的基礎建設ニ貢献センコトヲ厳カニ誓フベシ。

特ニ宗教報国ヲ任トスル我等ハ左記ニ留意シ、信徒ノ教導並ニ一般国民ノ教化ニ万全ヲ期スベシ。

一、承詔必謹　コノ際一切ノ私念ヲ棄テテ大詔ヲ奉戴シ、飽クマデモ冷静沈着、秩序ノ維持ニ務メ、以テ皇国再建ノ活路ヲ拓クベシ(42)

この「令達第十四号」に示されているように、敗戦となっても教団はあくまでも「聖旨を奉戴し国体護持」に徹しようとし、「我等の匪躬の誠足らず報国の力乏しき」ことを天皇に対して「反省懺悔」したのであった。唯一の主なる神に対する反省と悔い改めの言葉はここにはない。そしてその後の教団は国体護持のための東久邇宮内閣の一億総懺悔運動に呼応していった。

これまで見てきたように、戦時下の日本基督教団の歩みは天皇制国家の下、「大東亜戦争」を「聖戦」として「聖戦目的完遂」を掲げ、戦争協力に邁進する歩みであった。国家の翼賛機関として国策に協力し、皇国臣民の自覚から戦争遂行の一翼を担った歴史であった。国家による宗教統制法である宗教団体法は一六条に「安寧秩序ヲ妨ゲ又ハ臣民タルノ義務ニ背クトキ」には宗教団体の解散が命じられることを定めていた。本章で論じたように、実際に教団の第六部と第九部に属したホーリネス系教会が解散を命じられ、文部省当局の度重なる指導もあり、教団は天皇制国体と決して矛盾することのない「日本基督教」の樹立をあくまでも目指した。教団統理者富田満の言説に表れているように、キリストの民である以前に皇国臣民であることが強調された。その中で、天皇制がいわば血肉化し、「神社非宗教」論に立って、伊勢神宮や靖国神社等への神社参拝を拒まず、「宮城遥拝」、「君が代斉唱」、「英霊」に対する感謝と黙禱などを礼拝に先立って「国民儀礼」として率先して行なった。戒能の指摘によれば、戦後もしばらくの間、多くの日本の教会においては宮城遥拝をしてから礼拝を行なうことが習慣化して続けられていたのに対して、台湾や韓国のキリスト者たちは敗戦後最初の八月一九日の礼拝をこれまで強制されてきた「国民儀礼」のない礼拝として喜びをもって守ったという(43)。この点に関して挙げられるべきは、朱基徹《チュキチョル》牧師の殉教事件である。一九三八年六月、当時、日本基督教会大会議長であった富田満は総督府の依頼を受けて平壌を訪問し、「神社非宗教論」を主張して、朝鮮のキリスト者たちに神社参拝を求めた。その後、十戒の第一戒に反するとして神社参拝の拒否を貫いた朱基徹牧師を含む五〇数名のキリスト者たちが日本の官憲の拷問を受け殉教の死を遂げた。神社参拝を拒否したこれらキリスト者たちに対して、「国体の本義」に基づき、そして「皇国の道」に従うことを掲げることによってのみ認可されたあるいはその存在を許された日本基督教団はその成立時からまさに第一戒を犯し続けたと言わざるを得ない。確かに、一九二五年の時点で『神社に対する疑義』を著した札幌北一条教会牧師小野村林蔵のように神社非宗教論を明確に批判し、神社参拝の強要に抵抗を示した事例はあるが、その小野村にしても、一九四四年四月に神宮不敬などにより検挙された際には、「日本の全キリスト教会に及ぶべき迷惑」を考慮し、妥協の道を探ったことは、金田隆一の言葉を用いれば「挫折」であった(44)。土肥が指摘した天皇制国家における日本基督教団の「敗北の歴史」とは以上のようなものであった。

日本基督教団を含む戦後のキリスト教界は伊勢神宮国営化、紀元節復活、靖国神社国家護持法案、そして大嘗祭に対する反対運動などを経て、象徴天皇制の問題に対する意識を深めてきたと言えよう。戦後世代の責任として、土肥が言うところの戦時下の「敗北の歴史」に絶えず学び、そしてまた戦後のキリスト教界の戦争責任に関する取り組み、特に一九六七年の「第二次大戦下における日本基督教団の責任についての告白」そして九〇年の「大嘗祭抗議宣言」などに学びつつ、天皇制と戦争罪責に関する神学的検討を継続していくことが平和と和解のために今なお求められていよう。現今の象徴天皇制下にあって、そして天皇制が続く限り、大嘗祭に特に顕著化する天皇神格化の問題は神権天皇制時代の過去の問題ではなくキリスト教会にとって信仰の問題として継続的な課題であり続けるからに他ならない。

[注]

(1) 土肥昭夫『日本プロテスタント教会の成立と展開』日本基督教団出版局、一九七五年、二六五頁。

(2) 例えば、以下のものを参照。安藤肇『深き淵より――キリスト教の戦争経験』（一九五九年）、森岡巌・笠原芳光『キリスト教の戦争責任――日本の戦前・戦中・戦後』（教文館、一九七四年）、雨宮栄一・森岡巌『罪責を担う教会の使命』（新教出版社、一九八七年）、塚田理『象徴天皇制とキリスト教』（新教出版社、一九九〇年）、富坂キリスト教センター編『天皇制の神学的批判』（新教出版社、一九九〇年）、雨宮栄一・森岡巌編『日本基督教団50年史の諸問題』（新教出版社、一九九二年）、金田隆一『昭和日本基督教会史――天皇制と一五年戦争のもとで』（新教出版社、一九九六年）、宮田光雄『権威と服従――近代日本におけるローマ書十三章』（新教出版社、二〇〇三年）、原誠『国家を超えられなかった教会――15年戦争下の日本プロテスタント教会』（日本キリスト教団出版局、二〇〇五年）、富坂キリスト教センター編『十五年戦争期の天皇制とキリスト教』（新教出版社、二〇〇七年）など。

(3) 戒能信生「日本基督教団」キリスト教史学会編『戦時下のキリスト教――宗教団体法をめぐって』教文館、二〇一五年、三一～三五頁。

(4) 日本基督教団宣教研究所教団史料編纂室編『日本基督教団史資料集 第1巻』日本キリスト教団出版局、一九九七年、七頁。

(5) 土肥昭夫『天皇とキリスト――近現代天皇制とキリスト教の教会史的考察』新教出版社、二〇一二年、四七一頁。

(6)『教団時報』昭和一六年八月一五日。

(7)『福音新報』昭和十六年八月二十八日。

(8)『教団時報』昭和一六年九月一五日。

(9)『教団時報』昭和一六年一〇月一五日。

(10)『福音新報』昭和十六年十一月二十七日。

(11)『日本基督教団史資料集 第2巻』一九九八年、二二頁。

(12) 土肥、前掲『天皇とキリスト』四七〇頁。

(13)『教団時報』昭和一六年一二月一五日、『福音新報』十二月十八日。

(14)『教団時報』昭和一七年一月一五日。

(15)『教団新報』昭和一七年二月一五日。

(16)『教団時報』昭和一七年四月一五日。

(17)『教団時報』昭和一七年五月一五日。

(18) 阿原謙蔵「時局と宗教」『教団時報』昭和一七年六月一五日。

(19)『教団時報』昭和一七年六月一五日。

(20) 阿原謙蔵「日本基督教団の使命」『教団時報』昭和一七年一〇月一五日。

(21) 富田満「錬成会開催に際して」『教団時報』昭和一七年一〇月一五日。

(22) 前掲『日本基督教団史資料集 第2巻』一二五～一二六頁。

(23) 土肥、前掲『天皇とキリスト』四七二頁。

(24) 同書。

(25) 土肥、前掲『天皇とキリスト』一〇〇頁。

(26)『日本基督教新報』昭和一七年一一月二六日。

(27)『日本基督教新報』昭和一七年一二月一七日。

(28)『日本基督教新報』昭和一八年三月一八日。

(29) 平松実馬「軍用機献納」『日本基督教新報』昭和一九年一月二十日。

(30) 亀徳正臣「一機でも多く前線へ」『日本基督教新報』昭和一九年一月二七日。

(31) 亀徳正臣「靖国の英霊」『日本基督教新報』昭和一九年四月一一日。

(32)『日本基督教新報』昭和一八年五月二七日。

(33) 亀徳正臣「現代の使徒書翰」『日本基督教新報』昭和一八年六月三日。

(34) 前掲『日本基督教団史資料集 第2巻』三一四頁。

(35) 同書、三一六～三二六頁。

(36) 富田満「日本基督教の樹立と教団の戦時体制」『日本基督教新報』昭和一七年一一月二二日。

(37) 亀徳正臣「日本基督教の宗教改革的意義」『日本基督教新報』昭和一八年一月一日。

(38) 亀徳正臣「日本基督教の信仰的次元」『日本基督教新報』昭和一八年二月一八日。

(39) 魚木忠一「日本基督教の樹立（一）（二）（三）」『日本基督

教新報』昭和一八年三月四日、三月一一日、三月一八日。
(40)藤原藤夫「日本基督教攘夷論（一）」『日本基督教新報』昭和一八年四月一日。
(41)藤原藤夫「日本基督教攘夷論（二）」『日本基督教新報』昭和一八年四月八日。
(42)『日本基督教団史資料集 第3巻』一九九八年、三六～三七頁。
(43)戒能、前掲論文、五〇～五一頁。
(44)金田隆一『戦時下キリスト教の抵抗と挫折』新教出版社、一九八五年、二八～六七。

第八章　賀川豊彦における戦前と戦後のはざま

遠藤興一

これまでの膨大な研究実績を前にしてなお、賀川豊彦にはいまだ定まった評価がない。一方では絶賛というか、時として神格化ととらえかねない絶対的な評価がある反面、厳しい批判、なかには全面否定と受け取られかねない評価もある。それが何に由来するものなのか、今日のキリスト教界を眺めていると、改めて問う必要がありそうな気配である。本章では、賀川と天皇制の関わりを中心に、戦中から戦後にかけた激動期に時期をしぼり、この点について賀川の思想と行動を検討することを目途としたい。

この時期のキリスト教について、土肥昭夫は次のように言う。

システムとしての天皇制が確立……それを考えるイデオロギーが民衆に浸透していく状況のなかで、キリスト者は、日本国民としてはそれを大事と考えた。しかし、個人としては自分の信仰を大切にしました。すなわち、公的には天皇教、私的にはキリスト教といういき方です(1)。

宗教的に見て公私分離が日本人のあいだでは原則化していたのである。それが敗戦を境に象徴天皇制が成立すると、この原則は大きく変化する。その境い目における賀川の姿、とりわけ天皇（制）に対する思いや姿勢が、その後の日本のキリスト者のなかで広く、根強く支持されているのは、「戦後の日本のキリスト教会が、天皇制と民主主義とは本来相容れない矛盾概念であることを、歴史的理性をもって認識することに怠慢であったこと」と関わっているからに相違ない、佐治孝典はそう考える(2)。

一面において、戦前から戦後にかけての激動期を、賀川は大方のキリスト教徒が歩んだと同じ途を歩んだのであるが、それは教界の大半の指導者がたどった途でもあったことを踏まえるならば、他面において、彼の場合は単なる同調、追随ではなく、指導、奨励、時としては先導的役割を果したことも事実である。それは、大衆のなかに入っていく姿勢に現われ、時には世間的通俗倫理と妥協しながら、時局の流れに自らを適応させることを怠らなかった。その結果、彼の歩みは一つの特徴を示すことになった。すなわち、厳しさを増す戦時下にあって、時局に対する「抵抗」という姿勢が見られず、ましてや殉教というイメージからはほど遠かったということである。どちらかといえば、戦前も、戦後も等しく「生への執着が顕著に読み取れ、生きて主張するという、現実的視野に立った功罪の検証」(3)対象とされる人物、それが賀川ということであろう。

一　賀川は転向したのか

一九四〇（昭和一五）年八月二五日、賀川は松沢教会で説教を終えた直後、渋谷憲兵隊によって拘引、反戦運動の嫌疑で取り調べを受けた。この後、少数の支持者は別にして、一般市民が彼のもとを訪れることはなくなった。しかし、取り調べ状況をみると、賀川が当局に対して拒否的、あるいは非協力的な態度をとることはほとんどなかったといってよい。それも時局下において国際連盟至上主義をとる限り「当局が私を取調べるのは当然」であり、特に事変発生以後になると、たとえ「一人になっても国を守らねばならぬ」(4)と主張するようになっていったからである。つまり批判や抵抗といった態度、ないし契機をここに見出すことはできない。逮捕、取り調べは何度も経験したが、結局全て無罪放免になっている。従って、思想犯によく見られる「転向」声明や悔悟、反省といった対応を見せることもなかった。

その結果といってよいだろうが、反戦、平和主義者にはふさわしくない言動が戦時下の賀川には多く見られるようになる。一例をあげてみよう。一九四三年五月に刊行した詩集『天空と黒土を縫い合わせて』を開いて見ると、全編これ全て戦意昂揚、聖戦の思いを詩に託したもので、「真珠湾の勇士等の血潮に、ソロモン列島の盡忠烈士の熱血に、義憤の血潮は、天に向ってたぎり立つ」、「ただ皇国のみに仕へんとするその赤心に、暁の明星も、黎明の近きを悟り得た」、「大和民族の血潮は竜巻となって、天に冲する」といった具合に、征戦思想がはっきりとにじみ出てくる。彼は以前から、確かに平和主義者であったし、この後もそうである。にもかかわらず彼はそれに劣らず戦争賛美者であり、かつ熱烈な皇国主義者であったという矛盾した事実が我われの目の前に置かれている。さらに日米開戦の後、賀川が発表した文書や言動から見えてくるものは何か。一九四三年四月、復活節にあたり、海外向けのラジオ放送で、「東洋は長い間、いわゆるキリスト教国が、世俗的な野望を満たそうとしたために抑圧されておりました。私にはキリストを知っていると語るこれらのクリスチャンがなぜ、いろいろな国の人びとや、後進国である東洋の人々を奴隷扱いする必要があるのか、理解できません」と欧米諸国を批判し、彼等こそ「悔い改め、復活の力に依って進むべき」(5)時代に生きていると考えた。ひるがえって、わが国のキリスト教徒に向けては「キリストの弟子は十字架を負いて皇国に殉ぜよ」と説く。さらに、帝国日本はアジアを解放する使命を担っているのだから、我等もそのための気慨を持つべきである。

私は砲煙弾雨を恐れない。一千噸の弾丸が一度に落ちて来やうと、一万噸の焼夷弾が空から降って来やうと、私にとっては何の恐怖の種にもならない。肉を殺して霊を殺し得ざる何ものも恐れる必要はない。悪鬼の如きルーズベルトが、天を蔑し、自ら天に向って唾をはくその刑罰は必ずや、自国を亡ぼすであらう(6)。

このような記事を賀川は機関誌『火の柱』、『雲の柱』で書き、それがため戦後の賀川評価において問題となった。そうしたなかの記事の一つが一九四四年一〇月、海外向け放送で語った「米国滅亡の予言」と、その要旨を文章に書いたものである。それは戦地で日本軍兵士の頭蓋骨を細工して弄ぶ、アメリカ軍兵士の「蛮行」を糾弾した際に口にした文言に見られ、かつて述べた「戦争は重大なる罪悪である」という反戦的主張と、ちょうど対蹠的な位置に立っている。ここに賀川における「転向」問題が浮上する。

むろん人は誰でもその言動について、生きている以上揺れ動くものであり、自ら持つ価値基準にもとづいて自己省察、批判を加えながら、そうしたなかを時代とともに存在している。その時問題となるのは、「状況の変化に対する対応の仕方ですね。これに系統性があるかどうか」(7)と問われる時、大抵の人は転向問題にぶつかる。そして、賀川も、そうした状況にぶつかった一人であった。雨宮栄一によると、賀川の場合には二種類あった転向のうちの一つに相当するという。「つまり「自発的な転向」と「強いられた転向」とである。……自発的な転向とはいささか奇妙な定義となるが……権力の強制……を契機にして、本心から確信的に思想を変えることである」(8)。明確な強制には拠らない「転向」が、賀川の場合には適合するとして、雨宮はこれを「偽装転向」と呼んだ。つまり、戦時下における賀川の極端な戦争賛美は、偽装転向の現われだというのである。そして、「日本における権力の賀川への圧力がそうさせたと私は判断する。圧力に屈服したことは批判されるべきかもしれないが、そのことを賀川の個人的性格の負の部分に帰することは、如何なものか」と弁護する。確かに賀川は転向した。だからあれほど、以前とは異なる、対蹠的な態度を残すことになった。しかし、その転向の実態は偽装したものである。だから彼は内心まで心変わりをしたわけではない、と雨宮は言いたいのであろう。こうした見解は米沢和一郎にもある。彼は賀川に関する海外文献を丹念に調べたうえで、賀川が国際戦争反対者同盟（ＷＲＩ）から脱会する際、その通知をランズベリー宛に出したことに注目する。この時、ランズベリーは既に死亡した後で、賀川はその事実を知っていた。だからたとえ脱退届を送ったとしても、彼のもとに届くわけがないし、この文書が公表されるわけもない。従ってこれは偽装行為だというわけである(9)。

次に、こうした変化の事実を認めたうえで、それとは解釈に違いを見せた人びとがいる。そもそも転向自体がなかったと考える論者である。その一人、横山春一の解釈によれば、戦争賛歌というべき例の一つ「無言賦」について、これは偶たま手もとにあったペンで、塵紙に書き記した私的メモにすぎず、それがふとした偶然から公表されるようになった。また当時の賀川は多くの同労者や社会事業の利用者を抱え、彼らを常に指導、監督するばかりでなく、その生活基盤を守らなければならない責任者でもあった。だから、軽々に時局と対峙できるわけがない、信念の人賀川が当局の圧力に屈したとは考えられないと見る(10)。さらに別の視点もある。例えば、倉橋克人によれば、賀川の態度には次の様な疑問が生じるという。「そもそも賀川には、「転向」と呼べるような思想的な葛藤や苦悶が、果たして、どれほどあったであろうか。もしそうだとするならば、どうして彼が残した文章には、多くの「転向者」に見られるような、深刻な心理的な挫折や喪失感が、それほど強く感得することができないのであろうか」(11)。倉橋は根拠となる文献として「武蔵野の森より」（一九四〇年一〇月）をあげる。そこには転向へと追い詰められていく姿などは微塵も見られず、むしろ新たな活路を見出して意気軒昂とした姿がはっきりと認められる。だから転向は有り得ない。河島幸夫の見解もほぼこれに近いが、ただ「ナショナリズムへの転換」(12)はあっただろうと予想する。それは太平洋戦争の帰趨につれて、平和主義から戦争支持へとなしくずし的に変化したもので、それをあえて言うなら「転向」ではなく、「方向転換」だと考える。以上で明らかなように、賀川の「平和主義」から「戦争賛美」へ転じる一八〇度の変化は、外見的には「転向」であるが、思想的営為に即して考えるなら、「転換」と呼ぶべきであるとみた。

二　国民総懺悔のほうへ

戦時下におけるキリスト教界が、国家に対してどのような対応を示したかということについては、これまでも様ざまな研究が発表されており、賀川との関連でこの問題に触れた文献も少なくない。まずは賀川の周辺における動きを確認しておきたい。基本的にこの時期のキリスト教は国家から敵性宗教と見られており、しばしば弾圧の対象とされた。そこで自身の存在証明を行なうため、「皇国民錬成や、臣道実践に結びつける」べく様ざまな対応を図り、加えて戦争も正義の戦いであることを、宗教的見地から説明する必要に迫られた。このような動きの指導的地位にあった代表的人物は富田満であるが、その近くで、様ざまな画策に関与した指導者の一人として賀川がいたことは、まず最初に覚えておきたい。戦後のことになるが、一九四五年一二月に最初の教団常議員会が開催された時、統理の富田満は「余は特に戦争責任者なりとは思はず」と発言し、周囲もとりたててそのことに異議をはさまなかった。戦時下の国策協力についても、「戦争であるからには、その必勝を希観《マヽ》し、意図することは、国民の義務である」からして、何も問題はないし、反省する必要もないという。こうした「戦争中の指導部は、戦後も要職を担い続け、そして、その人たちを憚ってはっきりした声は上がらなかった」(13)。このような状況が長期間続いたことに、反省と批判の声があがるのは、ようやく一九七〇年代になってからであった。では、賀川自身はどうであったか。これも戦後大分経ってからのことであるが、敗戦直後の自らの行動について、次の様な回想を残している。

東久邇宮から総ざんげでやりますから応援して下さいと言われた時、私は涙壺を神におそなえする気で出て行った。……私は連合軍と戦争することがまちがいであると思ったが、東洋を占領する諸外国にも罪があると思った。私は涙壺を用意して日本の罪、列国の罪、そして人類への反逆の罪をざんげせねばならぬと思っていた(14)。

東久邇首相はその直前に記者会見を行なって、いわゆる「一億総懺悔」発言をし、「全国民総懺悔することが、わが国再建の第一歩であり、わが国内団結の第一歩である」(15)旨述べ、懺悔する必要があると広く国民に訴えた。賀川は依頼されるやすぐさま、日本基督教団の幹部に伝えてこれを協議、富田も「令達」第一四号を発して、全国の各個教会はこれを実施するよう指示した。八月三一日開催の戦後対策委員会において、「この際進んで総懺悔更生運動を起こし、以って現下我国の危急に応じ之を救拯せんことを決意」(16)したと、その理由に触れている。教団主事木俣敏を通じて運動の概略構想を錬ったが、その内容とは一、首相宮令旨奉戴。適当な時機において特別常議員、教区長及び教団幹部を一同に招集して令旨を仰ぐこと。二、総懺悔更生運動の期間は九月一日から六か月間とし、運動を開始するにあたり、賀川をその中央委員に任命することなどを決めた。九月二〇日東久邇より「令旨」が下付され、これに対する富田の「奉答」には、「信仰報国ニ関スル有リ難キ御趣旨ヲ賜ハリ、感激ニ堪ヘズ」(17)という所感がはさまっている。ここで確認すべきは、懺悔とは聖書に記された、信徒として、信じる神に向かった直接的な懺悔ではなく、あくまでも天皇に対する詫びの気持を「懺悔」のなかに読み込んでいる点にあり、そこに神へのとりなしを求めて祈るという内容が含まれたことである。総懺悔更生運動趣意書（一九四五年九月二〇日）は、以下の如くである。

東亜特異の国家に生を享けたる摂理に照し、畏くも福音に由って夙に召命を被れる恩寵に鑑み、今更に天父に対する畏懼恭順浅浮にして、陛下に対する至忠尚ほ欠くる処あり……今日の悲運を国家に招ける責任を自覚し、慙愧痛恨措く能はず慎んで天父と人との前に懺悔せざるを得ず(18)。

上述の経緯を改めて整理すると、首相が国民に道義回復の必要性を感じ、それを賀川に伝えたところ、国民総懺悔運動の構想が生まれ、賀川はこの運動を積極的に推進しようとした。具体的には運動方針を定め、実施母体として中央委員会を設けた。この後の活動を見ると、九月二五日弓町本郷教会を会場として行なわれた「更生運動大祈禱会」があり、奨励者は賀川であった。一〇月二一日の松沢教会を会場として行なわれた総懺悔祈禱修養会の奨励者も賀川である。教団新報によっても「総懺悔運動、主要都市」の講師名はほとんど賀川になっている。つまり、この運動は賀川を中心として展開し、そこに教団は協力姿勢を示した。ちょうど二〇数年前に行なわれた百万人救霊、神の国運動とほぼ同じパターンがここでも踏襲されていることに気づかされる。政府が望んだ国民総懺悔運動は、当初予定の六か月間継続を行なうことができず、東久邇内閣の退陣までで、極めて早い時期に雲散霧消した。一方教団は「懺悔」の趣旨を除去し、「更生」と呼び変えて新たな伝道活動へと方針転換を図った。しかも九月二〇日開催の教団常議員会以後は、徐々に「更生運動」という名称も使わなくなる。従って、当初懺悔が意味していた、天皇に対する詫びは消え、それと同時に戦争責任の問題も消えてしまった。例えば、一九四六年六月開催の第三回教団臨時総会における「大会宣言」のなかに出てくる「懺悔」は、単純に宗教的な悔い改めのことであり、天皇制にまつわる政治的な意味は全て取り除かれている。やがて名称も「新日本建設基督運動」と変え、戦争責任については、「われわれはこれで解放されて、これから大いに伝道する」のだという意気込みが綴られるだけになった。

ところがね、わたし〔森岡巌〕はその大会の会場だった青山学院にいた……あのとき宣言を発した人、それからそれを聞いた人の中に、ほんとうに灰をかぶり、神と人の前にひざまづいて悔い改めをする姿勢があったのかというと、それは全然なかった。そんな戦争責任のことなど、だれも気づいていなかったのではないか(19)。

そこではもっぱら、「福音ニヨル日本教化」、「餓死ニ瀕シツツアル八千万同胞ノ救援」、「純潔ヲ保全シ道義ヲ高揚」することが論議の中心となり、以後も戦争責任を問う声は聞かれなかった。この点、教団史資料集の解説でも「教団の記録のなかに、このような戦争責任を論議した形跡はみられない」(20)と記されている。加えて、新日本建設基督運動に限っていえば、賀川が中心になって展開されたものであること、またその方針転換は「賀川その人に発していると見做すことができる」と戒能信生は指摘している(21)。翌四七年六月二〇日、片山哲内閣は新日本建設運動を提唱して関係機関に参加を呼びかけ、教団はここに協賛し、議長小崎道雄の名で意見を上申している。こうした経過を見渡すなら、当時の教団には「戦争責任の重い問題が生まれる筈などなかった」ことが分かる。従って、この新たな運動も「繰り返し展開される教団の数多くの伝道計画の中に埋もれ、忘れられていった」(22)。

以上述べたとおり、「国民総懺悔」運動に始まった賀川の「新日本基督運動」の中心テーマは、贖罪愛の実践ということであった。社会正義や国家悪を問うことよりも、個人の内面深くに関わる罪からの解放、そのための「神の赦し」を説き、それを形にしてイエスの贖罪愛を強調、そのために教会の大同団結を訴えた。一九四六年一月GHQの機関紙『星条旗』（*Stars and Stripes*）が掲載した記事をきっかけに、戦時中の賀川の軍国主義的姿勢に批判の目が集まることがあったが、この時、教団東京教区が取った対応は全面的な賀川擁護であった。すなわち、「我らは同氏が終始一貫、戦時中も一身の危険をも意とせず、国際道義の普遍的昂揚と、絶対平和の為努力奮闘して来ったことを其の信仰、思想、言動の上より確認」するとした。このことは同時に、教団自身も戦時下の行動について、罪に問われるようなことはないということを意味しており、以後教団は内部でこの問題を語る方途を封じた。その結果、どういうことが起こったか。一言にしていえば、「賀川氏以上に強く抵抗した人たちへの正しい評価もできなくなったのである。教会は戦後における再出発のチャンスを失ってしまった」(23)と結論づけることができる。

三　戦争責任の受け止めかた

アジアの諸国に戦闘地域を広げた加害国民としての戦争責任論議は、三〇〇万人余に及ぶ多くの戦死者を出し、その家族と空襲被災者たちが心身に大きな痛手を被ったため、国民の心には届かなかった。そのような状況のなかで「懺悔」が語られたことに注意を払わねばならない。賀川にとっての「一億総懺悔」とは一体何であったのだろう。当初賀川は、過去を顧みて全国民が一丸となって行なう総懺悔の意義について、「若しも、大東亜戦争によって日本民族が国家的に懺悔生活に入るとするならば、これ程有難い勝利はない」(24)という理解を示した。国民的規模での総懺悔をアウグスティヌスやトルストイにおけるたとえから歓迎する、つまり「キリスト教の「原罪」の意識を含む」(25)ことになるが、それは個人の罪や責任問題を越え、やがて政治的責任を曖昧にし、やがて解消してしまった。しかし、賀川の考える総懺悔にはこうした問題意識はほとんど存在しなかった。小塩完次によるなら、ひたすら総理の提唱する「一億総ざんげ」に心を動かされ、その片棒をかつぎ、「いま私は、そのつもりで、人類の総ざんげのため、全国を行脚しています」と壇上で叫ぶ、その姿が彼の思いの全てだったからである。賀川の理解では懺悔は人類全てに関わる問題であり、「他人の罪科に対して連帯責任を負い、彼らを再生させる」(26)こと、すなわち賀川独特の表現でいえば人は皆イエスの贖罪愛に生きるべきことを意味した。ところが東久邇の総懺悔理解には道徳的な必要性はあっても、宗教的な動機は存在しない。それを賀川は概念の敷衍、解釈をほどこして、自身の主張する贖罪愛の実践に結びつけた。すなわち、政治的な問題を道徳的なそれに置き換え、さらに宗教的な問題に再度移し換えた。「参与を引き受けた後のいつ頃からの考えであったか定かではない。だが、賀川個人の意識には「一億総懺悔」と〝キリスト教運動〟は、ある時期から関連する意図がもくろまれていた」(27)。こうした意図の変更から見て、米沢は一億総懺悔に続く行動は「当初のもくろみから外れた「一億総懺悔」運動に、内閣参与賀川は、国際平和協会と道義新生会の民間運動を展開しながら、イエスの友会運動誌『火の柱』には〝総懺悔〟を、国際平和協会の機関誌『平和国家』には〝世界国家〟論の主張を展開した。行動のあとに論理がくる、その回帰の繰り返しである」(28)と述べる。

それなら、賀川は自らの戦争認識についてはどのように考えていたであろうか。確かに人びとは皆、現在置かれているみじめで、不安定な生活から一刻も早く脱出したいと望み、ひたすら将来の生活に目を据えて苦難の日々を過ごしていた。では、戦争責任の問題を忘れてしまったのかといえば、一概にそうとばかりは言えない。そこで彼の場合、「国が滅亡する前に良心を取り戻すことは、勝利の結果、却って亡国に接近するより優れてゐるのである。この道徳的反省こそ、日本再建の基礎石でなければならぬ」(29)と考え、政治道徳、生活道徳の復権、再生を目指した。ここに、彼の戦争責任論が独特な形で介在することは認めておきたい。

初めからこの戦争には、本当に勝てるとは思はなかった。然しすでに始まった以上、国民の弱点を自分の弱点とし、個人として背負はねばならぬ責任を負って行かねばならぬと思ってゐた(30)。

つまり、賀川は道徳的な弱点と戦争の敗因をつなげ、その道徳的な問題を克服すれば、戦争責任の問題からも立ち直れると考えた。総じて、「良心的ではあるが、政治的には非力である。」大半の人びとにとっての戦争責任、加害者責任の受け止めかたはたいていの場合、殺害や虐待といった具体的な場面と関わりを持たない限り、どうしても観念化、抽象化する傾向はまぬがれ難い。その点、「確かに賀川は戦争に対する懺悔を表明しているけれども、どちらかといえば一般的、抽象的なものであって、具体性と徹底性に欠ける」(31)と言わなければならない。

賀川に近い人物のなかで、この点により明確な反応を示したのは武藤富男であった。武藤は文官ながら植民地統治の指導的役割を演じた司法官僚（満洲国総務庁弘報処長、協和会宣伝科長）で、当然戦争責任を担うべき立場にあった。従って戦後は公職追放となり、彼は「追放というものを謹慎閉門として受け取ったのです。しかしこれは現政府と、現政府に総括的支援を与えた連合軍とに対する悔悟と謹慎としてよりは、寧ろ神に対する懺悔の機会として、国民同胞に対する謝罪と謹慎とを表すものとして受け取ったのです。私は自分の戦争犯罪を神と国民に対して最も深く意識します」[32]と語った。戦前、大東亜共栄圏下の八紘一宇、天照大神を主神とする日本神道を宣伝、教化するため、司法官僚として辣腕を振った。このことに深い反省と悔悟を覚えざるを得なかった[33]。

アジア侵略について謝罪の一点に関する賀川の態度はどうだったか。戦前については、東アジアの侵略国に対する謝罪を取り上げたこともあり、例えば、米沢和一郎「賀川豊彦の戦時下における侵略謝罪の意義」や、浜田直也「中国語版『愛の科学』著書新序、訳者序について」がそのことに触れている。戦後についてもアジア侵略に対して謝罪を口にしなかったのではなく、これについては研究業績も少なくないが、賀川が直接戦争犯罪に触れた文献としては李承晩大統領への公開書簡（毎日新聞、一九五五年一二月八日）を除くと、次の様な挿話があるのみ。一九四五年九月頃、賀川はアメリカ人の記者から戦争犯罪者と目される人物の名を訊ねられた時、「戦争犯罪者の最大な者は私です」と答えて、「はからずも双方で呵々大笑した」というものである。「賀川にはこの一五年戦争に関わってきた戦争責任、戦争協力者の持つ意味の重大さが分かっていなかったのではないか」[34]と佐治は言う。佐治ならずとも、そのような感想は持たざるを得ない。

四　戦後天皇制の存在理由

戦後天皇制を論じる場合、そこには共通したパターンが見られると鶴見俊輔は言う。天皇制の存在理由《レーゾン・デタ》を説明するためには、多くの場合、「まず比喩をもって来て、それを正当化するのに、すぐ飛んで超自然的な力、権威、あるいは効用に行く」叙述が多くあり、次に「もっともよくみられるのは、天皇制を正当化するのに、すぐ効用をポンと出す方法」がある。つまり功利的な発想が天皇制を認めようとする論議のなかにあり、その試みは「時間をかけて積み重ねることによって人びとの間にそこはかとない安定感」を与えていったという[35]。例えば、賀川も皇室の存在について、「フウワリ、フウワリと、風に抵抗しないでいるが、なくてはならないもの」[36]だと表現した。これはイデオロギーから見た皇室観とは異なるとらえ方である。一九五九年一月、その「なくてはならない」という理由に触れ、「僕は天皇制の必要と言うのに二つの理由がある」。すなわち一、経済的な効用から見て、大統領の選挙を何度もやって見よ、莫大な経費がかかる。二六〇〇年も続いた天皇制があれば結構じゃないか、外国の使者に会ってもらうにも一番都合がよい。二、日本は天皇制があるお蔭で案外うまく治まっている。今の日本で天皇制を廃止すれば内乱が起こる。つまり、経済と政治の両面から、この制度は国家、社会に貢献する点が少なくない、という。戦前はともかく、「戦後になって、猛烈に天皇制の存続を求めた皇国精神」の持ち主が賀川であると見た倉橋克人には[37]、このような天皇有用論は意外だったようだ。確かに賀川の人生をトータルに眺めると、彼は非合理的、非功利的な選択をしばしば行なっているし、犠牲、博愛という精神は、そもそも功利主義と両立し難い原理の上に立っている。しかし、賀川には「われわれは天皇を必要とする。……戦争の責任は国民と国会にある。天皇には責任はない」という発言があり、マーク・ゲインはこれについて、賀川にさらに詳しい説明を求め、執拗に問いただしたという。しかし結局彼からは「抜け目なさだけは感じた。……彼の頭脳は鋭く、最近の経歴に対する私の質問をたくみに、かつ敏捷にはぐらかした」[38]という。このような不明瞭な軌跡は残るものの、賀川の天皇制必要論は、その内面に分け入ってみれば多分に功利主義と結びついたうえでの宗教的意味を持っていた。そして、そこから次の様な発言が導き出される。

質問（記者）。キリスト教徒としての信仰の見地から、天皇が間違いを犯すことが有り得ると進んで言えますか。

答え（賀川）。いいえ、そんなことは言えません。

質問（記者）。それは、天皇は常に正しいという意味ですか。

答え（賀川）。私はロマ書一三章を参照したい。そこで実質的に言っているのは「上からの力を与えられている権威には従いなさい」で、天皇はその権威です(39)。

彼は聖書のパウロ書簡を根拠にして政治的天皇制のなかに宗教的性格を認め、かつそれを正当化した。しかし、聖書のなかから政治的権威の承認を引き出すなら、もう一つ使徒行伝五章二九節の「人に従わんよりは神に従うべきなり」というペテロの言葉にも触れなければならない。こちらは、時としてキリスト教徒は上の権威に対して不服従を貫くことが必要だという教えで、この両者は古来、キリスト教徒の間で時代のテーマをめぐって論争の的になってきた。それは「地上の政治的権威に対する関係において、内に緊縛されて強制を欠き得ない側面と、神の栄光の下に限りない祝福を浴びる側面とが、つねに実体的に分離しがたい」(40)緊張関係をはらんでいるからであるが、賀川の主張にはこうした対立、緊張の関係が思想のうえから出てこない。従って、「天皇制そのものの欠陥を認めようとしなかった」(41)ことと、その権威を承認することが、賀川においては一つの事柄の表裏をなしていることが分かる。つまり、権力が自己目的化すると、そこから必然的に権威信仰が生まれるということである。戦争責任を問うことなしに、戦後の政治形態は立憲君主制（表現としては「立憲君国制民主主義」、「君治制民主主義」）にすべきだと、敗戦直後から明言して憚らなかったのも当然といえば当然である。シルジェンはこれを、「天皇の絶対性の主張を和らげ、西欧式立憲君主制を奨励し始めた」とするが、果してこれで天皇に対する絶対的信頼を相対化し、

「和らげ」たと言えるであろうか。

賀川は戦前、天皇制の承認とキリスト教信仰の間にある緊張的対立（権力と権威の対立）を、時と場合に応じて棲み分けるように理解、使用し、緊張を「和らげ」ようとしたことは事実であるが、加えて戦前に培った天皇制への信頼は、戦後になってもそのまま維持されている。確かに、天皇を神聖視した戦前の神権天皇制を、戦後もそのまま引きずっていたわけではない。敗戦直後の九月二二日、賀川は「無産政党の再出発――君主制民主主義の方へ」という文章を書いている。そこで改めて「主権の問題について」考えている。当時は左翼陣営を中心とした共和政体を主張する勢力があった。それに反対する賀川は、立憲君主制民主主義を主張する立場から、日本社会党の結成大会で、「天皇陛下万歳」の音頭をとり、皇室の安泰を祈る。翌四六年には、天皇に関しても、政治的立場を明確に持つ「元首」（権力主体）となるべきであり、「世襲大統領の形で、天皇制を保存するといい」と述べている。また、国民主権にもとづく民主主義に留保を求めて、次の様に言う。

本当の民主主義を予期せんとするならば、それはカルヴィンの通過したやうな霊的な、精神的な民主主義を掲げなければならぬ。だから私はこういふ霊的な精神革命を通過しない民主主義は無であり、従ってカール・マルクスみたいな唯物論的な民主主義は存在しないと思ってゐる(42)。

「カルヴィンの通過したやうな霊的な、精神的な民主主義」とは一体どのような民主主義であろうか。そこではこの「精神革命」を遵ずる実践活動を通じて、「友愛的、道徳的、博愛的精神をもって、これを創り上げたい」(43)という年来の持論を登場させる。このようにたどってくると、賀川にとって戦後民主主義を順調に発展させていくためには、天皇制の維持、存続は必要不可欠な政治システムとなり、天皇はその役割を担うことになる。倉橋は、賀川にとっての「天皇制護持は、思想的にも死守すべき課題として捉えられていた」(44)ことになり、佐治も、「天皇制と民主主義との関わりを、歴史に照して理性的に考察することを怠り、何としても天皇制を歴史のなかで正当化させたいという願望が先行した、極めて感性的な民主主義観であった」(45)という。シルジェンも同じような主張をするが、別途「天皇が民主主義への移行を和らげる国民統合の象徴である」(46)と信じていた点では依然として問題は残される。これは、次節で述べる天皇の「慈恵的性格」に関わる点である。

五　その慈恵的性格について

次に視点を変え、封建期における儒教倫理を基盤とした「仁政」とのつながりに触れてみたい。明治維新の後、近代化が進む過程において、封建的儒教道徳としての「仁政」も衰退、消滅したのかといえば、歴史はそうした方向に進んでいない。むしろこれを天皇制による支配原理に取り込み、継承したとするほうがはるかに史実に近い。そもそも明治維新自体が「「御一新」と「仁政」の天皇」(47)と捉えられる。「仁政」の実態がいかに貧弱なものであろうと、あるいはその政治的本質が、本来的な福祉と結びつく契機を持ち難いものであろうと、時とともに「仁政」は一人歩きを始め、やがてそれは実態化し、ために政策主体は必要に応じて、これを巧みに利用、育成した。例えば、賑恤は物質的な恵与だけでなく、「万民を陛下の赤子として愛撫し給ふ」精神が、その本質であるという記述は、戦前のわが国社会事業におけるなかば通説といってよいが、そこでは次の様な説明がほどこされている。

億兆斎しく陛下の赤子として其所を得ざるものなきを期し給ふ大御心こそ万邦無比なる我皇謨の大本であって、我国社会事業は実に此御仁慈を奉體し、其の徹底を期して画策実践するところに其の真髄がある(48)。

井上清の天皇制批判がこの点に触れて、「飢饉や流行病のときに、二階から目薬ほどのほどこしをすることが、どうして特にじまんするほどの仁政であろう」(49)と嘆いたとしても、多くの国民はその「目薬ほどのほどこし」に感激し、かつその趣旨を受容した。封建期の名君政治が、儒教的徳目を体現する為政者によって担われ、「仁政」は「施与」と「撫育」を合わせ持ちながら、その統治形態を形づくった。大多数の国民にとって「この撫育の精神に基く業こそ、天皇が祖先から継承する聖業であり、導民教化の基本をなしたものの如く解される」(50)と見たことは、けだし当然である。撫育とは広く「慈しみ育てる、愛し、養うこと」を意味し、やがてこれは国民が共通に抱く福祉観となり、それ自身天皇制に特化して結びつく根拠とは成り難いものの、戦前の神権天皇制が持つ統治技術としての警察国家的暴力装置は、従順ならざる人びとの心を畏敬から恐怖へ導いたが、同時にその一方で、この慈恵的統治技術は従順な人びとにとっては、はなはだ心地良い存在としての役割を担った。竹内好によれば「天皇制には、暴力と同時に「仁慈」の反面がある。頭をなぐるだけでなく、なぐった頭を別の手でなでる。この仁慈の虚偽性にメスを入れるのでなければ、天皇制の本質はつかめない」(51)。戦後における、このような天皇制批判と、例えば西谷啓治のような保守的思想家の天皇制擁護論を比べた場合、ともに天皇制は権力論と権威論から構成されていることが共通項になっていると分かる。だから、「政治権力を背景にもった形での権威に対する尊敬というものと、権力という背景のない天皇に対する結びつきの場合とは、同じ尊ぶといってもその気持にはどこか質的な違いがあるような感じがします」(52)ということが問題とならざるを得ない。

「仁政」が慈恵的側面において具体化されると、やがてそれは制度となり、施与、恵与のシステムとして動き始める。と、庶民はそれを政治行為として受け止めるよりは、むしろ思想的営為としてとらえる方向に向かう。そうした原理を持っているものは、理性的な処理が可能である。しかしそれが天皇制的精神構造に包まれてしまうなら、原理そのものが融解して、無責任の体系に同質化される。つまり仁政は、近代国家の統治原理から言えば、アモルフで無責任な政治体系と言えなくない。そこで、この問題を別の角度から論じた後藤致人は、「象徴天皇制の持つフィクション性」に関連して、注目すべきは「精神的な支えとしての面での皇室の役割である。これは社会的に弱い立場にある人々への励ましといった具体的な行為の場面や、人々の憧れや理想の体現者といった解釈の幅が広い内容の場合もある」(53)という。そこで、こうした特徴を持つ天皇制慈恵主義と賀川の関係に目を向けてみたい。

戦前、戦後を通じて「仁慈」豊かな天皇像を評価することにおいて、賀川は大抵の社会事業従事者がそうであったように、これを積極的に受容、評価し、人後に落ちることがなかった。一九四〇年一〇月「皇紀二千六百年」と題する文章のなかで、天皇を尊敬することをキリスト教徒として次の様に解説した。

全能者は不思議なる摂理を日本に傾け、皇統連綿御仁慈の限りを尽して民を愛し給うた。世界に比類なき統治者を日本に与へ給うた。……皇祖皇宗の御仁徳と上御一人の御盛徳の然らしむる所以である……欧米に愛と正義が亡びるとき、我われは日本の国より世界救済の手を延して、人類社会再建の福音をのべ伝へるべきである(54)。

皇室を尊び、天皇を尊敬する賀川は、ここに「全能なる神の摂理」の介入を認め、天皇の仁慈に神の愛の現われを見た。このことは青山学院で開催された紀元二千六百年奉祝全国基督教信徒大会に参集した二万人余の信徒を前に、「此ノ栄アル歴史ヲ懐ウテ吾等転タ感激ニ堪ヘサルモノアリ」と語るその思いと重なり合う。同じ頃開催された基督教連盟総会においても天皇制慈恵を賛美して、熱弁を振い、同時に「非常時局ニアル我祖国ノ為ニ熱禱ヲ捧ケ東亜ニ於ケル新秩序ノ建設」を待望している。こうした戦時下の賀川を追っていくと「天皇(制)が、彼の福音理解にとって対峙的存在であったり、彼の宣教活動にとって「躓きの石」になるといった意識をもつことは、おそらく一度もなかった」(55)であろう。戦局が厳しくなり、「国家的非常時に直面していた時に、自国を愛せざる得ない」と洩らすのはいかにも愛国者賀川らしい。しかし、そこでは戦局の推移を通じて政策を問い直すような発想が生まれることはなかった。このことは戦後においても、敗戦を契機に、それまでの国家観を根本から問い直すことはなかったことを意味する。例えば一九四五年一〇月、天皇制の護持を前提に、「かつて一度も国民に苛酷な要求をされたことはない。常に慈愛に富んだ道徳的政治を以て国民に君臨遊ばされた」(56)ことを強調する賀川は、「日本においては、主権は永遠に道徳即政治を把握し給ふ皇室を中心とせねばならぬ」こと、すなわち政治と道徳を不可分なものと見る徳治思想の重要性に言及している。そして「こうした天皇像は、戦前より賀川が理想としていたものであったが、（戦後の）巡幸の過程で天皇が演じた慈恵的な態度が、極めて政治的な意味合いを濃厚に持っていた事実などは意に介さなかった」(57)。

戦後巡幸を通じて分かることは、「皇室の存在は道徳的存在であった。皇室が道徳即政治といふ深い基準をもってゐた」(58)ことを踏まえたうえで、賀川は戦前の君主政体と戦後の民主主義は両立すると信じた。さらに「君主と民衆の連帯意識の具現」化した姿をここに見ようとした。そこでいう「連帯」という関係も主権在民という憲法条項と比べた場合、かなり異質なもので「道徳最後の審判者、又判断者として日本に於ては皇室に於て最も良き光を発見する」(59)という。従って国民は皆「この慈父の如き主権者を尊崇せねばならぬ」のであった。さらに、一九四七年二月に行なわれた皇族に対する「御進講」のなかでは、次の様に触れる。

我が皇室に於かれましても、かくの如く御自ら、挺身して労働者、農民、漁民、及び貧しき者を救ふ為に、物資をお考へにならないで、社会に御奉仕せられんことを希望する次第でございます(60)。

ではこうした天皇制慈恵主義を、研究者はどのように批評したであろうか。小倉襄二はこれこそが「天皇制への順応――批判の不足――、したがって絶対主義にキリスト教社会事業がとらえられていること」を示す典型であり、「社会事業の近代化にとっての自己放棄であった」(61)という。岡山孝太郎もキリスト教社会福祉における「天皇制への妥協の歴史は、日本のキリスト教会と神学のアキレス腱として今もなお残されたままである」(62)と指摘する。

私自身の立場を明らかにしよう。私はいつ伊勢神宮を訪れようとも、神としての天照大御神を拝むことはしない。私はしかしながら、帽子をとり、うやうやしく敬礼はするのである。……文部省の当局者はそれ以上は何も言わない。しかしながら、これを偶像崇拝とみなす宣教師たちがおり、摩擦が起っている(63)。

＊　＊

これは堂々と神社参拝をする賀川の姿である。賀川ならずとも、おそらく、戦前、戦時下のキリスト教徒はほとんどが同じだったのではないか。これを鶴見俊輔は「信仰とみれば薄弱なもの」だと言い切るが、佐治孝典も「こと天皇（制）に関しては、自らの信仰理解と歴史的洞察をもってきちんとその是非を検証しようという点は、はじめからなかった」(64)という。本章の随所で触れたように、賀川の天皇擁護が著しく個人的なものであり、人間としての天皇を深く敬愛する心情がその契機にあることは、「終戦詔書」に対する感想を見ても分かるとおりである。「陛下は自らを犠牲にして、国民の為に復活の道を講ぜられたのである。この恩義に対しても我々は報ゆるところがなければならぬのではないか」と、封建時代の御恩と奉公を髣髴とさせる関係理解を示した。

それだけではない。昭和天皇は一九二八年一一月一〇日、即位式典に当たって勅語を渙発したが、その勅語のなかに「国ヲ以テ家ト為シ　民ヲ視ルコト子ノ如シ　列聖相承ケテ仁恕ノ化下ニ治ク　兆民相率イテ敬忠ノ俗上ニ奉ジ　上下感孚シ君民体ヲ一ニス」という言葉が出てくる。この「君民体ヲ一ニス」を承けて、賀川は次のように言う。

真の社会とは昭和天皇が即位の折に発布されたあの美はしい御言葉「共栄共存」、資本家も労働階級も同じ人間だ、自分だけが懐に入れて少し不景気になったから首を馘る。それでは共存共栄とはならない(65)。

このように賀川は、天皇の即位の言葉を自説に引きつけて解釈するが、彼は自身の考える労使協調論を、こうした天皇の言葉によって敷衍、転釈することによって、戦前の政治社会体制下における自説の説得力を増し加えようとした。もし賀川が言うように、天皇制の本質も、労使関係の実態も、ともに「共存共栄」であると考えるなら、天皇の統治は賀川が長年主張した労働組合論や協同組合論と重なり合うだけでなく、彼が戦後のあるべき体制と考えた「立憲君国制民主主義」においても、その天皇制慈恵は、社会全体に対して権力への服従の基盤を準備していると言わねばならない。

注

(1) 土肥昭夫『歴史の証言』教文館、二〇〇四年、一八六頁。
(2) 佐治孝典『土着と挫折――近代日本キリスト教史の一断面』、新教出版社、一九九一年、一四二頁。
(3) 米沢和一郎「賀川豊彦の戦後」『明治学院キリスト教研究所紀要』第四〇号、同大学キリスト教研究所、二〇〇七年、二二三頁。
(4) 賀川豊彦「武蔵野の森より」一九四〇年一〇月『賀川豊彦全集』(以下『全集』と略記)第二四巻、一九六四年、三一三頁。
(5)「愛こそ復活に至る道」一九四三年一〇月、同書、四一二頁。
(6) 賀川豊彦「永遠の進撃」『火の柱』一九四四年三月一〇日、一頁。
(7) 丸山眞男『丸山眞男座談』第四冊、岩波書店、一九九八年、三一九頁。
(8) 雨宮栄一『暗い谷間の賀川豊彦』新教出版社、二〇〇六年、三〇九頁。
(9) 米沢和一郎「戦時下、賀川豊彦の平和運動」『月刊部落問題』第二六三号、一九九八年一一月、四四~四八頁。
(10) 横山春一『賀川豊彦伝』キリスト新聞社、一九五一年、四〇七頁。
(11) 倉橋克人「日本キリスト教史における賀川豊彦」松沢資料館編『日本キリスト教史における賀川豊彦』、二〇一一年、三〇五~三〇六頁。
(12) 河島幸夫「賀川豊彦と太平洋戦争」前掲『日本キリスト教史における賀川豊彦』、五七頁。
(13) 渡辺信夫『戦争の罪責を担って』新教出版社、一九九四年、一〇三頁。

(14)賀川豊彦「涙壺のささげもの」『キリスト新聞』一九五八年一二月六日、前掲『全集』第二四巻、五三四頁。
(15)『朝日新聞』一九四五年八月三〇日。
(16)日本基督教団宣教研究所教団史料編纂室編『日本基督教団史資料集』第三巻、三九頁。
(17)前掲書、四四頁。
(18)同書、四〇頁。
(19)森岡巌・笠原芳光『キリスト教の戦争責任』教文館、一九七四年、一二五頁。
(20)日本基督教団宣教研究所教団史料編纂室編、前掲書、五頁。
(21)戒能信生「敗戦直後の賀川豊彦」松沢資料館編『日本キリスト教史における賀川豊彦』新教出版社、二〇一一年、三〇五〜六頁。
(22)同書、三七八頁。
(23)安藤肇『深き淵より』キリスト新聞社、二〇〇五年、一六七頁。
(24)賀川豊彦「道義と平和への道」一九四五年九月、前掲『全集』第二四巻、四一八頁。
(25)横山貞子「キリスト教の人びと」思想の科学研究会編『共同研究　転向』中巻、平凡社、三六二頁。
(26)鵜沼裕子「賀川豊彦の信の世界」『日本の神学』第五二号、日本基督教学会、二〇一三年九月、二〇一頁。
(27)米沢和一郎、前掲、「賀川豊彦の戦後」、二五八〜二五九頁。
(28)同書、二三三頁。
(29)賀川豊彦「新生活の道標」、前掲『全集』第一三巻、三八頁。
(30)同書、三九頁。
(31)佐治孝典『土着と挫折――近代日本キリスト教史の一断面』新教出版社、一九九一年、三七頁。
(32)武藤富男『再軍備を憤る――追放者の告白』文林堂、一九五一年、四九頁。
(33)武藤富男「私と満洲国」、文芸春秋、一九八八年、四六九頁。
(34)佐治孝典、前掲書、八四〜八五頁。
(35)鶴見俊輔『鶴見俊輔著作集』第三巻、筑摩書房、一九七五年、六九頁。
(36)武藤富男編『百三人の賀川伝』下巻、キリスト新聞社、一九六〇年、一一八頁。
(37)倉橋克人「二つの記念事業」『福音と世界』新教出版社、二〇一〇年九月、三六頁。
(38)マーク・ゲイン『ニッポン日記』筑摩書房、一九六三年、九五頁。
(39)ロバート・シルジェン『賀川豊彦――愛と社会正義を追い求めた生涯』新教出版社、二〇〇七年、二九八頁。
(40)丸山眞男『丸山眞男集』第八巻、岩波書店、一九九六年、二三四頁。
(41)シルジェン、前掲書、二九八頁。
(42)賀川豊彦『天皇制と民主主義』清話会出版部、一九四六年、一八頁。
(43)賀川豊彦「無産政党の再出発」一九四五年九月、前掲『全集』第二四巻、四一九頁。
(44)倉橋克人「戦後キリスト教の道標――賀川豊彦と戦後天皇制」『キリスト教社会問題研究』第四四号、同志社大学人文科学研究所、一九九五年、八二頁。
(45)佐治孝典、前掲書、一四一頁。
(46)シルジェン、前掲書、三一六頁。
(47)遠山茂樹『遠山茂樹全集』第六巻、岩波書店、一九九二年、一一七頁。
(48)中央社会事業協会編『日本の社会事業』中央社会事業協会、一九三九年、五頁。
(49)井上清『天皇制』東京大学出版会、一九五三年、一五三頁。
(50)伊藤義一『旧国家観とその天皇制研究』河出書房新社、一九五五年、一二八頁。

(51) 竹内好『竹内好全集』第七巻、筑摩書房、一九八一年、一七〇頁。

(52) 西谷啓治他『戦後日本精神史』創文社、一九六一年、五一頁。

(53) 後藤致人「象徴天皇制の持つフィクション性」『論座』、二〇〇八年三月、三六頁。

(54) 賀川豊彦「皇紀二千六百年」、前掲『全集』第二四巻、三九八頁。

(55) 佐治孝典、前掲書、一二七頁。

(56)『神戸新聞』一九四五年一〇月二九日。

(57) 倉橋克人、前掲書、八四頁。

(58) 賀川豊彦、前掲書、一二二頁。

(59) 賀川豊彦「無産政党の再出発」、前掲『全集』第二四巻、四二二頁。

(60) 賀川豊彦「日本における社会事業の現在及将来」一九四七年五月、同書、四二九頁。

(61) 小倉襄二「キリスト者の社会事業実践と戦時厚生事業」『キリスト教社会問題研究』第一〇号、同志社大学人文科学研究所、一九六六年、一二二頁。

(62) 日本キリスト教社会福祉学会編、『日本キリスト教社会福祉の歴史』、ミネルヴァ書房、二〇一四年、一〇頁。

(63) シルジェン、前掲書、二四六頁。

(64) 佐治孝典、前掲書、一四四頁。

(65) 賀川豊彦「御大典記念　日本宗教大会講演」、前掲『全集』第二四巻、三八六頁。

Ⅳ

ケーススタディ――教育・教会・無教会の現場で

第九章　満洲国におけるキリスト教教育と国民道徳

——孔子廟参拝強制をめぐって

渡辺祐子

一　はじめに

国家による一元的価値の強制、信教の自由の侵害・剝奪にいかに抵抗するか、という明治以来の問題が「事件」として最も先鋭化された形で現れたのは、一九三〇年代以降のキリスト教学校、中でも日本の植民地におけるキリスト教学校の神社参拝拒否だった。

植民地朝鮮や台湾のミッションスクールが神社参拝拒否によっていかなる排撃と弾圧を受けたのかについては、すでに多くの研究の蓄積がある。一方同じように植民地状況に置かれた満洲国においても、一九四〇年の建国神廟の創建以来、各学校には奉安殿の設置や神社参拝が義務付けられた。しかし在満ミッションスクール（以後キリスト教学校と呼ぶ）の動向はほとんど研究されていない。その理由として、在満キリスト教学校は、神社参拝の強制が始まった一九四〇年にはカトリックとルター派系を除くほとんどが姿を消しており(1)、神社参拝拒否を直接の理由とする排撃の対象にはならなかったことが挙げられる。

しかし問題は、なぜ神社参拝強制が始まる以前に一部を除くキリスト教学校が姿を消したのか、つまり閉校に追い込まれたのかである。その直接の原因は、満洲国における治外法権撤廃を背景としたキリスト教学校の法人化だった。満洲国政府は、外国宣教会の資産であるキリスト教学校に学校法人としての登録を迫ると同時に、法人の条件に宗教色の排除を掲げた。厳しい判断を迫られた宣教会は、学校施設の維持にこだわりキリスト教教育の最も重要な使命を放棄するわけにはいかないと、教育そのものからの撤退を決意し、複数の学校の不動産を満洲国政府に売却した。こうして満洲国からキリスト教教育機関が姿を消したのである。

しかしキリスト教学校やキリスト教会に対する政府の圧力は、この時いきなり始まったわけではない。むしろ、法人化政策は、すでに数年前から政府の監視対象となっていたキリスト教学校に加えられた最後の一撃と見るべきである。法人化に至るまでの間に、キリスト教学校は段階的に加えられた政府の圧力に抵抗し、「まつろわぬ」存在となっていたからだ。その圧力の主たるものは、神社参拝ではない国民道徳というべきもの──しかし宗教儀礼であるとキリスト教学校側が理解したもの──の押しつけ、すなわち孔子廟参拝の強制であった。

一九三二（昭和七）年三月に建国した満洲国は、建国の理念に儒教的徳治主義に基礎づけられた王道主義を掲げ、学校教育もこの理念に基づいて行なわれることが定められた。さらに同年八月には、建国の理念を徹底させるべく、年に二回春と秋に全国で孔子祭を挙行するための規定が公布され、孔子祭は重要な行事として各学校にも参列が要請された。こうしてしばらくは王道主義が統治理念としてあるいは体制イデオロギーとして掲げられ、学校教育もこの理念に沿って行なわれるが、一九三五年、満洲皇帝溥儀が訪日し天皇に会見したころから当初の教育理念に揺らぎが生じ始める。すなわち、王道主義の後退と皇道主義の前景化である(2)。これはちょうど孔子廟参拝が強く要請されるようになる時期と重なっている。

それから五年後の一九四〇年、溥儀が二度目の訪日を果たしたのち、首都新京（現長春）には靖国神社の満洲版とも言える建国神廟が建立され、王道主義は完全に皇道主義にとってかわられる。各学校にも孔子祭参列ではなく神社参拝が強制され、子どもたちへの天皇制イデオロギーの注入が盛んに行なわれるようになった。たとえば、「日満一体」「五族協和」「一億一心」のスローガンの下に行われた学校教育を「奴隷化教育」として批判的に検証する中国人教育学者斉紅深《サイコウシン》は、元少年少女からかつての学校生活の様子を聞き取り一冊の証言集にまとめているが(3)、その中には祝日の度に生徒たち全員が神社参拝に行かされたこと、学校の奉安殿の前で毎日拝礼をしたことを語る証言も少なくない(4)。

この過程を見ると、政府による孔子廟参拝の要請、そして強制は、一九四〇年以降急速に強まる皇道主義支配への地ならしと捉えることができるように思える。神社参拝の強制以前に、もう一つの「偶像」への拝礼がキリスト教学校を含む教育の現場に強制されていたのである。それではこうしたいわば「国民道徳」の名のもとに強要された宗教儀礼にキリスト教学校はどのように応じたのだろうか。以下、一九三五年から三七年にかけて展開されたプロセスを、キリスト教学校の置かれた状況、それに対する学校側の対応を中心に論じてゆく。

二　満洲伝道とキリスト教教育

本章では外国伝道団体ないし教会が設立し財政的に支え続けていた教育機関を、「ミッションスクール」ではなく「キリスト教学校」と表記する。一九二〇年代半ばにおける教育権回収運動によって、各ミッションスクールは政府登録を通して中華民国政府の教育行政の下に置かれ、中華民国の教育機関として明確に位置づけられるようになっていたからである。

そのキリスト教教育はいつどのようにして設立され発展していったのだろうか。そもそも満洲のキリスト教伝道はいつ誰によって始められ、いかなる経過をたどったか。本節では、本章のテーマを考察する前提として、満洲伝道とそれに付随して始まったキリスト教教育について概観する。

1　満洲伝道の概略

一八六六年、スコットランド聖書協会（The National Bible Society of Scotland）のアレキサンダー・ウィリアムソンは、プロテスタント宣教師として初めて満洲の地に足を踏み入れた。だが本格的な伝道事業が始まるのは、翌年、英国長老教会（English Presbyterian Church）所属のスコットランド人ウィリアム・バーンズ（William Burns）の来着以降である。バーンズは英国領事館が置かれた牛荘（営口）に拠点を定め伝道に従事したが、一八六八年四月に病のため死去、その後バーンズの遺志を引き継ぎアイルランド長老教会が一八六九年一月に二人の宣教師を満洲に派遣し、さらに一八七一（二?）年、スコットランド合同長老教会（United Presbyterian Church of Scotland）[5]も宣教師を派遣した。この時派遣された宣教師の一人が、聖書の朝鮮語訳に取り組んだことで知られるジョン・ロス（John Ross）である。以後満洲プロテスタント伝道は、この両教会を中心に展開してゆく。

スコットランドとアイルランドの長老教会は、伝道地域を分担して伝道にあたっていたが、同系教派として教理も教会論も近似していた両者は、一八九〇年にそれぞれが有する協議会（Council）の上位組織として一つの会議「スコットランド合同自由教会・アイルランド長老教会宣教師による満洲宣教会議（Manchuria Mission Conference consisting of the Missionaries of the United Free Church of Scotland and the Presbyterian Church in Ireland 英国蘇格蘭愛爾蘭基督教長老会駐満教士協会）」（以下、満洲宣教会議と略）を設立し、満洲伝道にかかわるすべての事案をこの会議で最終的に審議することとした。その際母教会は満洲宣教会議とは直接かかわりを持たず、その意向は満洲の各々の協議会を通じて満洲宣教会議に伝えられ、宣教会議で下される決定事項は協議会を通じて母教会の外国伝道委員会

（Foreign Mission Committee）に伝えられた。一九〇八年の満洲における信仰復興運動を経て、一九一二年にはこの会議の憲法規則が確定し、一九一六年にはデンマークのルター派教会の参加を受け入れた。さらに一九三六年、満洲伝道事業についてはスコットランド、アイルランド両教会は本国においても合同することが決議され、満洲宣教会議の傘下に置かれた両教会の協議会が「アイルランド及びスコットランド長老教会宣教委員会（The Council of the Manchurian Missions of the Presbyterian Church in Ireland and of the Church of Scotland）」として一つにまとめられた。それまで両教会が所有していた不動産はそのまま別々の名義を維持したが、新たに購入する場合は United Mission の名義で所有されることになった。

満洲宣教会議が設立された翌年には、スコットランド、アイルランド双方のミッションが各地に建設していた中国人教会が、満洲長老公会を形成する。その後、宣教団体からの自立の機運が高まる中、一九〇七年に満洲長老公会は三つの中会（遼東、遼西、吉林）を形成し、満洲長老公会自身は「関東大会」となった。一九二五年には関東大会が、中華基督教会（プロテスタント七教派が合同して成立した初の超教派教会。正式発足は一九二七年）に参加、一九三一年には中会の数が八に増え、教会政治、教会財政、そして伝道活動の領域における外国人教会からの自立も着実に進んでいった。なお一九〇〇年、スコットランド合同長老教会はスコットランド自由教会との合併によってスコットランド合同自由教会（United Free Church of Scotland）に、一九二九年にはさらなる合併を経てスコットランド教会（The Church of Scotland）となった。

一方関東大会は、伝道委員会（Policy Committee）を通じて宣教会議と意思疎通を図った。関東大会にとっては、スコットランドとアイルランドの二つの協議会があることは全く問題にならなかった。つまり中国人教会に対しては、宣教師たちはあらゆる面で一つにまとまっていたということである。本国の海外伝道局と現地の宣教師グループ、そして中国人教会という三者の関係をいかに保持してゆくかは、どの教派にとっても難題であったわけだが、たとえばJ・R・モットは、満洲におけるこの形態はそうした問題をうまくコントロールする上で理想的であると述べたという(6)。

関東大会成立後は、宣教会議が政策決定にかかわる度合いは次第に弱まり、一九二七年には関東大会が宣教師の配置を決定する権限を持つことを各伝道本部が認めるよう宣教会議に要請する決議が採択された(7)。こうして満洲国建国のころには関東大会はほぼ自立を達成しつつあった。しかしこの両者の関係は、満洲国政府による思想統制の強化とともにもとに戻る。中華基督教会との関係は強制的に断絶させられ、中国人教会の会合には政府関係者、官憲が必ず同席し、反満的、三民主義的言動を取り締まり、牧師はじめ中国人信徒の自由な発言、活動を封じたからである。そのため関東大会の要請に応じて、宣教会議は教会の重要な案件に責任を負うようになっていった。そのうち最も深刻な案件の一つが、孔子廟参拝問題であった。

2　満洲におけるキリスト教教育について――プロテスタントを中心に

中国におけるキリスト教教育は、日本と同様宣教師が開設した小さな私塾を起源とし、早いところでは一八七〇年代末に高等教育機関としての体制を整え、一九世紀の終わりには上海、北京、広州、杭州、南京、武昌、済南などの大きな都市にカレッジが設立されるようになった。しかしこの動きが中国東北部に及ぶのはだいぶ遅れて二〇世紀に入ってからであった。

満洲では一九〇二年、スコットランド、アイルランド両教会が教育機関設立準備に本腰を入れることで合意し、同年奉天で満洲基督教長老会神道院（Manchurian Christian College）が設立された。一九〇五年には五八名の生徒が同校で学んでいたという記録がある(8)。さらに一九一二年には瀋陽（のち奉天）医科専門学校（Mouken Medical College）が設立され、優秀なクリスチャンの医師が多数養成されていった。

表1　1933年における中等以上の在満キリスト教学校一覧

都市名	学校名	伝道会・教会
瀋　陽	瀋陽医科専門学校	スコットランド長老教会
	文会高級中学校	アイルランド長老教会
	文華初級中学校	スコットランド
	坤光女子中学校	中華基督教会（アイルランド？）
	文会初級中学校	アイルランド
	満洲基督教長老会神道院	スコットランド・アイルランド
安　東	三育中学校	デンマークルーテル教会
遼　陽	文徳中学校	スコットランド
海　龍・朝　陽	成達中学校	
営　口	文郁中学校	
法　庫	崇徳学校	アイルランド
	崇実初中女校	（アイルランド？）
荘　河	崇正女学校	（デンマークルーテル？）

出典　『中華基督教年鑑12　1933年』「各公会大学神学医学中学地点及校院長姓名」（365頁）より作成。空欄は記載のないもの。（　）は表2に基づく筆者の推測。中華民国から満洲国への移行期であるため，都市の名称は旧名のままである

満洲国成立直後にこれら二つの学校を含むキリスト教学校が何校設立されていたのかは、統計資料が不完全であるためおおよそしかつかめないが、『中華基督教年鑑』によれば、**表1**のような学校が開校されていた(9)。また筆者が入手した一九三二年のスコットランド教会外国伝道委員会の報告書には、同教会は満洲にカレッジレベルの学校二校（瀋陽医科専門学校と満洲基督教長老会神道院）のほか、高等学校一校、初等中等教育機関二六校を運営していたとある。二校のカレッジには合わせて二〇〇名の学生が在籍している(10)。また**表1**で中学校と表記されている学校（海外伝道委員会の表記ではHigh School）は、満洲国の学制成立に伴い――すなわち満洲国の教育行政と教育法制の管理と統制の中に組み込まれる過程を経て――大学受験資格が与えられる国民高等学校となった。

後述するように、満洲のキリスト教学校は一九三五年から孔子祭への強制参加問題に直面

表２　私立学校令施行以降のキリスト教学校（中等以上）

学校種別	都市名	学校名	伝道会・教会
神学校	奉天	満洲基督教長老会神道院	スコットランド・アイルランド
大学	奉天	奉天医科大学	スコットランド・アイルランド
国民高等学校（大学受験資格を授与）	吉林	吉林文光国民高等学校	アイルランド
	斉斉哈爾	斉斉哈爾龍江国民高等学校	斉斉哈爾天主教会
	延吉	龍井恩真国民高等学校○	カナダ連合協会朝鮮宣教会
	安東	闢材溝三育国民高等学校○	デンマークルーテル教会
	奉天	奉天文華国民高等学校	スコットランド
		奉天文会国民高等学校	アイルランド
	法庫県	法庫崇徳国民高等学校	アイルランド
	営口	営口培真国民高等学校	アイルランド
	新民	新民文会国民高等学校	アイルランド
	遼陽	遼陽文徳国民高等学校	スコットランド
	四平街	四平街暁東国民高等学校○	天主教カナダ聖ヴィアトール会
	北鎮	北鎮崇一国民高等学校	アイルランド
	錦州市	錦州育堅国民高等学校	アイルランド
女子国民高等学校	新京特別市	新京萃文女子国民高等学校	アイルランド
	延吉	龍井明信女子国民高等学校○	カナダ連合協会女宣教会
	奉天	奉天坤光女子国民高等学校	アイルランド
	開原市	開原文光女子国民高等学校	スコットランド
	遼陽市	遼陽育才女子高等学校（国民が抜けている。単なる誤記か？）	スコットランド
	営口市	営口培真女子国民高等学校	アイルランド
	新民市	新民崇実女子国民高等学校	アイルランド
		大孤山崇正女子国民高等学校○	デンマークルーテル
	斉斉哈爾市	斉斉哈爾龍江実業女学校（この学校は２年制）	斉斉哈爾天主教会

出典　『宗教調査資料　基督教調査報告書』（1938年）より作成。右端に丸印のあるものは，満洲国の法人化要請を受け入れた学校である

し始め、一九三七年以降は私立学校令と学校法人化問題に大きく揺さぶられることになる。このころまでに満洲に設立されていた中等、高等レベルのプロテスタント系キリスト教学校は、満洲国文教部の統計によると総計二三校（神学校を合わせると二四校）で、その内訳は表2の通りである（参考までにカトリックの学校も記す）[11]。

ここに示されているように、スコットランド系、アイルランド系の学校は法人化に最後まで抵抗し、結局この統計が取られてから間もなく、完全にキリスト教学校の運営から撤退、両教会がかかわっていた学校はすべて公立学校となった。満洲国におけるキリスト教高等教育は最終的にはほぼ淘汰されたと言ってよい。いったいどのような過程を経てことここに至ったのだろうか。次節ではキリスト教教育を管理統制した教育政策の変遷を概観し、キリスト教教育にかかわった宣教師と彼らを支えたプロテスタント教会がこの圧力にどう向き合ったのかを考察する。

三　満洲国の教育政策とプロテスタント系キリスト教学校

1　建国理念の確立と孔子祭の挙行

一九三二年三月一日、満洲国の執政溥儀は内外に「建国宣言」を発表した。その中で溥儀は建国理念を「王道主義ヲ実行シ、必ス境内ニ一切ノ民族ヲシテ熙熙皥皥トシテ春台ニ登ルカ如クナラシメ、東亜永久ノ光栄ヲ保チテ世界政治ノ模型ト為サム」と説明し、この理念の実現を見るために「更ニ進ンテ教育ノ普及ヲ言ヘハ、當ニ礼教ヲ是レ崇フヘシ」と教育の重要性にも言及した。同月二四日には国務総理の鄭孝胥《テイコウショ》が「各学校課程ニハ四書孝経ヲ使用講授シ以テ礼教ヲ尊崇セシム」こと、これと並行して中華民国で使用されている教科書の全廃を指示し（院令第二号）[12]、三民主義に替わって王道主義に基づく教育の普及が国家目的として掲げられた。

同年七月、それまで民生部傘下にあった文教司が文教部として独立し、各省教育長会議が開催され教育行政が実質的に始まった。これとほぼ同時期に文教部は、満洲国の国旗掲揚を行なわず、三民主義的教科書廃止の命令に従わない傾向のある「宗教団体の設立に係る学校」を厳しく取り締まるよう、各省長に訓令を出した（文教部訓令第四号）(13)。

キリスト教学校は、中華民国の教育政策に従い政府の認可を受けていた中華民国時代の習慣をそのまま温存し、教室には蒋介石の肖像画を掛けたままのようなところもあったという(14)。そうした学校を一律に取り締まる内容は、キリスト教学校に対する満洲国教育行政の最初の圧力ということができるが、当の学校はまだそこまで深刻には考えていなかったようである。

さらに翌八月二三日、文教部は各省区に「孔子秋祭挙行辦法」を発し、首都新京はもとより満洲各地で秋の孔子祭を挙行すること、その準備のために、放置され荒れるに任されている孔子廟の修繕に取り掛かること、孔子祭挙行の心構えを養うために孔子祭の意味を説いた冊子を作成し、学校では孔子の生涯やその教えを児童生徒に教授すること、挙行当日は地方自治体が市民全体大会を主催してみなで孔子を讃えることなどを通達した(15)。

この通達後九月二八日に新京の孔子廟で、溥儀自ら参列し日本の要人も多数出席して大規模な孔子祭秋祭が執り行なわれた。式典に参列していた菱刈隆満洲国特命全権大使は、清末に教育宗旨が制定され、皇帝の次に孔子を尊び、孔子廟を大祀として重んじると定められたが、民国革命以来その風潮が衰え、三民主義や共産主義が流行し中華民国の人々は内乱に苦しむようになってしまった、と振り返り――菱刈は、袁世凱政権下で推進された教育における孔子道徳の重視には一切触れていない――、そうした中、満洲国において王道を提唱し大いに文教を起こそうと古式に倣って孔子祭を行なっていることは、満洲国のみならず、中華民国の人心によき影響を与えるもので、同時に政治的にも注目に値すると報告している(16)。

孔子尊崇の慫慂と孔子祭の挙行が満洲国の政治的安定に資すると解釈できる菱刈のことばは、キリスト教学校が数年後に直面することになる孔子祭参列強制の意味と目的を先取りして告げているかのようである。

この時点ではまだキリスト教学校に孔子祭の際の孔子廟参拝は強制されておらず、キリスト教学校も、八月の通達にことさら抵抗することはなく、むしろ孔子の誕生日を祝ったり、春と秋の孔子祭に合わせて孔子に敬意を表し、その教えを解説する機会をもったりしていた(17)。孔子を偲ぶ集会は、建国の精神にキリスト教学校がどの程度忠実であるかを評価するためのものであっても、そこに「犠牲をささげ拝礼する」という行為が伴わない限り、信教の自由を侵害するものとは捉えられていなかったと考えられる。

建国の理念とそれに見合った教育の指針が発表されて間もない一一月、満洲国文教部は全一四条からなる「宗教宣布及寺廟ニ関スル規程」を制定した。これによって、宗教施設の設立を希望する場合は、設立の目的、場所、母体となる宗派、教派、教理の中身、経済的裏付け、不動産情報、運営方法、指導者（管理者）の氏名、住所、信徒数などをすべて報告し、「文教部総長ノ許可」を受ける（第三条）ほか、宗教施設の移転、統合、廃止（第四条）、不動産の処分（第七条）、寄付金（献金）の募集（第九条）もすべて許可制とされた。さらに第一三条は、「公安を紊し風教を害し国家の目的に背反するが如き宗教を宣布し又は妄に迷信に属する行為を為すべからず」と規定し、政府の恣意的判断による宗教統制を可能にした(18)。キリスト教教育の運営母体であるキリスト教会をも監視対象とするこの規程は、満洲国におけるキリスト教統制を具体的な形にした最初の一歩と位置づけることができよう。

2　孔子祭参列強制の端緒　一九三五年

満洲国執政溥儀が建国にあたって掲げた理念は、彼が満洲国皇帝として日本を訪問したのち発表した『回鑾訓民詔書』（一九三五年五月二日）が示すように、「万世一系の皇統を戴く日本と満洲との一億一心」「日満一体」という新たな国家目標と、皇道思想と王道主義との牽強付会によって変質を遂げ始める。キリスト教学校に孔子祭参列が強く要請されるようになったのは、それから間もないころであった。王道主義からの逸脱と孔子廟参拝の強制とが時期的に重なっていることは興味深い。建国の理念はすでに空洞化し始めていたのであるから、孔子祭参列の強制は、建国理念を教育の場に徹底注入するためというよりもむしろ、「日満一体」を否定する反満抗日的な動きをけん制するためであったと考えるべきだろう。まさしく菱刈が言及した孔子祭の政治的利用価値が明らかにされたといってよい。

同年一九三五年の秋、吉林市当局は、アイルランド長老教会系キリスト教学校の文光中学校に対し、同市内で開催される孔子祭秋の大祭への生徒派遣を要請した。校長のマクワーター（James McWhirter）がクリスチャン生徒の派遣を拒否したところ（ノンクリスチャンの生徒の参列は認めていた）、市当局からこの儀式は非宗教的であること、生徒の参列は義務であり、学校はこの義務に従わなくてはならないこと、もし従わないのであれば補助金が凍結され、日本人教師が引き上げられ(19)、政府から閉校処分が下されるだろうと言い渡された。学校側は孔子祭参拝の代替手段として国への忠誠を示す機会をつくってほしいと掛け合ったが、全く相手にされなかった(20)。

秋の大祭が挙行されるのは例年九月であるから、参加要請もこのころ下されたものだろう。その騒動がまだ冷めやらぬ九月から一〇月にかけて、キリスト教が置かれた状況をさらに追い詰める事件が起きた。吉林や奉天のキリスト教関係者の大量逮捕である。きっかけは、貧しい子どもたちの教育支援のために毎週一文ずつ寄付する目的で若者たちが設立した慈善団体に、「秘密結社」と「共産主義グループ」の嫌疑がかけられたことだった(21)。同組織とのつながりを疑われたキリスト者が「反満抗日」「共産主義者」の疑いで次々逮捕された。逮捕されたキリスト者には、牧師、奉天医科専門学校の教員、ＹＭＣＡの秘書など指導的立場にいる人間が多く含まれていたこともあり、キリスト教界に与えた直接の影響は極めて大きかった。事件を通して、満洲国を承認していない国の教会を背景とするキリスト教に対し、満洲国政府が「まつろわない宗教」として疑念と敵意を有していることがはっきりと示された。孔子廟参拝拒否は、そうした疑念をさらに増大させる結果をもたらすものであった。

満洲のキリスト教学校に最初に孔子廟参拝が強制された一九三五年秋という時期から想起されるのは、植民地朝鮮の神社参拝拒否事件である。一九三五年一一月、平壌のミッションスクール（崇実学校・崇実専門学校、崇義女学校。いずれもアメリカ北長老教会系）が神社参拝を拒否したことがきっかけとなり、この問題が教会全体を巻き込む一大事件に発展した。参拝を拒否した学校の校長は辞任に追い込まれ、最終的にはアメリカ北長老教会がキリスト教教育全般から撤退させられる結果に至る(22)。

朝鮮のこの事件が満洲のキリスト教学校をめぐる問題と関連するのかどうかという問題については稿を改めて論ずる必要があろう。ここでは両者の関連性を示唆する資料を示すにとどめておく。世界宣教協議会所蔵資料の一つで、「日本支配下における宗教の自由」と題する論考は、上記の朝鮮におけるキリスト教学校が直面している問題を崇実学校を例に説明し、満洲の事例と比較したうえで、両地域が抱える問題を貫く日本の支配について考察する。論考の筆者は、満洲で強制されているのは天皇崇拝ではなく孔子崇拝であり、朝鮮の方が緊迫の度合いはより強いとしながらも、「国家が奨励し国家が強制する崇拝儀式という原則が、日本の支配を基礎づけている。キリスト教活動に与える影響は深刻である（傍点筆者）」と述べ、さらに満洲においても朝鮮同様キリスト教が狙いうちされるのは、キリスト教が「満洲国の奴隷化計画に対する、最も強力で最も自立的で最も知的な霊的抵抗の中心だからだ」としている(23)。

「霊的抵抗の中心」とみなされていた在満キリスト教学校はこの数年後、直接的な理由は異なるものの、平壌のミッションスクールと同じ道をたどることになる。

3　キリスト教学校の国家統制と孔子祭参列強制　一九三六年

吉林の文光中学校が苦境に立たされた翌年、奉天省遼陽市は、スコットランド教会系の文徳中学校（男子校）と育才女学校に春の大祭への参列を文書で求めた。宣教師はこの文書を会議の資料とするために英語に抄訳しているのだが(24)、参列の心得と手順が説明されているので、キリスト教学校が孔子祭参列のどこを問題にしたかを具体的に知ることができる。文書には「三日前から風呂に入って身を清め、肉食を避ける」事前準備をせよとの命令のほか、香をたき定められた歌や太鼓で神を迎え、所定の供物（食物）を捧げ、神の座（宣教師の目には単なる板 tablet としか映らない）に向かって叩頭を繰り返し、神を送るという儀礼の順序が八項目にわたって記されている。宣教師たちは供物を犠牲のささげものとみなし、「犠牲をささげた神に」「叩頭」＝拝礼することは受け入れがたいと考えた。

学校側は学校での儀式を参列の代替として認めてほしいと申し入れたが聞き入れられず、両校とも孔子廟に生徒を送り出さざるを得ず、その後も毎月一度の参拝が求められた(25)。

一九三六年四月ごろまでの統計を反映させた満洲国各省の省政全般を網羅する詳細な報告書『省政彙覧　奉天省篇』によれば、奉天省の教育庁は、省内に設立されている私立学校について徹底調査を行ない、「内容佳良ならざるもの経営状況不合理なるものに対してはその事情により別に改善を命じまたは取り締まりを」行なったという(26)。いうまでもなく私立学校の多くはキリスト教学校である。「内容佳良ならざる」要素の中に、「孔子祭参列要求の拒否」が含まれるとは直ちに断定できないが、『彙覧』編纂の時期から推測すると、一九三五年から翌年にかけて、奉天省文教部が私立学校に対して高圧的な姿勢を明確にし始めたことが見て取れるだろう。

遼陽市の二つの学校が孔子祭参列を行なった後の五月、文光中学の生徒が市政記念日の式典で「不敬」とみなされる行動をとり、警察の注意を受けるという事件が起きていた(27)。前年秋の孔子祭参列拒否問題に加えてこの「不敬問題」が重なり、同校は「要注意学校」と目されていたと考えられる。さらに七月七日、満洲国文教部は、キリスト教教育にかかわる宣教師らとの話し合いの席を設けた。新京で開催されたこの会議には、吉林文光中学校校長のマクワーターら四名の宣教師に加えて、関東大会に招待されていた日本基督教連盟総幹事海老沢亮も出席している。

七月の会議では文教部が作成した「指示書（Directions）」が宣教師に配布され、これを英訳したものが翌月開催された宣教師会議に提出された。その資料的重要性にかんがみ、下記に概要を記してみよう(28)。

Ⅰ　『回鑾訓民詔書』の精神の完全なる理解について

『回鑾訓民詔書』の精神はキリスト教的博愛主義と親和性を有する。王道主義の実現に汗を流す義務が宣教師にも課せられている。

Ⅱ　宗教団体の管理について

満洲国建国以前は宗教不干渉主義に傾きすぎており、行き過ぎた宗教の自由が社会秩序を脅かすことになった。そこで文教部は宗教団体の正しい在り方を示し、異端的思想をも廃止、すべての宗教団体に建国の理念の実現を求める。この方針を貫徹するために、①宗教団体を管理し、②集会の報告をすべての団体に義務付ける。教会の集会で政治、経済の問題を議論することを禁止する。

Ⅲ　教会員名簿の作成、伝道者氏名の登録について

Ⅳ　各教会の資産、説教内容に関する年次報告の提出について

Ⅴ　私立学校に関する各省の規則の遵守について(29)

Ⅵ　課内における宗教教育の禁止について

本国の教育は建国の理念と『回鑾訓民詔書』の理念に則って行なわれるべきであり、宗教団体が設立し公的

認可を受けた学校では、カリキュラムに宗教教育を取り入れてはならず、宗教的儀式を行なってもならない。

文教部はこの時上記文書に加えて、提出先を満洲国政府とした宗教団体調査表も配布し記入提出を求めている(30)。記入項目は、教職者の数、信徒数、国籍、年間収支、不動産、教職者の給与、学校・病院等付属施設の財政状況に至るまで合わせて一六項目に上っており、教会に対する管理体制を強化しようという政府の意図が示されている(31)。

会議の終盤、吉林の文光中学校がいったんは参列を拒否したことが改めて問題にされた。文教部側が用いたレトリックは、この問題は法を順守するか否かであり、宗教の問題ではない、だから国法に背く学校は閉校処分の対象となるというものである(32)。同校校長のマクワーターは国法に従うことを約束する書類への署名を、他の参加者もその証人としての署名を迫られた。こうして秋大祭には、全キリスト教学校の参列が義務付けられることになった。

秋大祭前後の九月二一日、今度は奉天省教育庁が奉天市内の私立学校代表を呼び出し三時間にわたる会合を開催した。建国の理念や『回鑾訓民詔書』、そして日満一体は何よりも重要であり、これに反する悪しき思想がはびこらないよう学校当局は管理すべきであること、宗教学校が建国の理念よりも建学の精神を重んじるのであれば存続は許されないことが言い渡された。加えて注意を引くのは、奉天市内の全キリスト教学校一〇校に「認可登録」を求めていることである。これは文教部の方針に基づく要求で、登録されない学校には市側が個別に訪問し査察を行なうこと、登録済みの学校は厳しく管理されること、登録願を提出しなければ閉校処分を行なうことが言い渡された(33)。

この時点ではいまだ満洲国の学制は完成しておらず、私立学校令も公布されていないが、登録要請の意志がすでにこの時はっきりと伝えられていたことがわかる。

4　孔子祭参列と学校存続問題　一九三七年

孔子祭参列に加えて登録の圧力が高まる中、一九三七年三月二三～二四日に開催された満洲宣教会議は、孔子祭参列・孔子廟参拝に関する基本見解を全会一致で以下の通り採択した(34)。

1　犠牲のささげものを伴う儀式が行なわれる場合、私たちの学校はたとえ閉校の事態に巻き込まれようとも、孔子廟参拝には行かない。

2　キリスト教信仰の視点から、孔子を記念する式典を持つことには反対しない。むしろそうした式典の開催を推奨する。

3　地方当局が犠牲のささげものを伴う儀式の時期以外に孔子廟参拝を求める場合は、参加の是非は各学校が判断する。

繰り返し登場する「犠牲のささげものを伴う儀式」に宣教師たちがこだわったのは、この行為が神的存在に向けられており、明らかに異教的拝礼を象徴するからである。また3については、できれば不参加が望ましく、機会があれば地方当局に不参拝（不参列）を申し入れ、キリスト教学校の立場を説明すべきであること、さらに学校での記念式典の場合も、生徒たちにはこの式典が孔子に対する尊崇を示すもので、聖なる存在への拝礼では決してないと説明すべきことが付記された。

一九三五年以降の一連の動きと満洲宣教会議の考え方は、一九三六年暮れにエディンバラに一時帰省した宣教医ガーヴェン（Hugh S.D.Garven）が外国伝道委員会会議で報告しており、教会本部も現場の宣教師や教会人に対し、節操を貫くか妥協をするか、どちらの道を選ぶべきかを指示する立場にはないことを理解していた(35)。外国伝道委員会でのガーヴェンの発言によると、満洲の教会の人々の認識や主張は、政府の要求を受け入れ、嵐が過ぎ去り自由を手にできる日を待てばよいという立場から、断固拒否まで様々であった。後者には、入信したばかりの素朴な信仰を持つ農民や、義和団事件を経験した老人たちが含まれていたという(36)。あくまでもキリスト教会側の理解だが、義和団が教会を襲撃した時彼らは殉教の危機に瀕していた。信仰のゆえに自分たちの持っているものを失うという経験は、彼らの信仰を鍛え、節操を貫く原動力となったと言えるだろう。

ガーヴェンは言う、これは基本的に満洲国の教会の良心の問題であり、宣教師が彼らに命ずる事柄ではない、と。もし宣教師の意向を優先し、政府の要求を拒否すれば、キリスト教学校の登録は抹消され、政府が学校財産を引き継ぎ公立学校に変えてしまうかもしれない。「キリスト教学校の閉鎖という最悪の自体は、教会がキリスト教教育のバックを失うことであり、中国人教会の指導者育成に多大な影響を与えることになる。政府の目標はいかにして効果的に木を切り倒すかにある。高等教育は失われ、実学と技術偏重の傾向はますます強まるだろう。その教育は、軍事的目的に適合するよう型に流し込まれ、肉体的訓練と軍事演習を提供することになる」(37)。三月に満洲宣教会議が出した結論は、ガーヴェンが描いた最悪の結末をあえて選ぶことであった。

ところが実際のところ、学校を閉じるという最悪の結末は、孔子廟参拝問題によってもたらされることはなかった。その後のキリスト教学校が、犠牲を伴う孔子廟の儀式には参列しないという原則をどこまで貫いたのかは定かではない。参拝を押しつけようとする当局側と丁々発止のやり取りはあったようだが、少なくとも、孔子廟参拝拒否によって閉校処分を受けた学校はその後も一校もなかった(38)。むしろ学校存続のカギを握る問題は、孔子祭参列・参拝から「法人化問題」に急速にシフトしてゆくことになる。

一九三六年以降の満洲国における治外法権撤廃を重要な背景として、一九三七年末に私立学校令が制定された。

外国宣教団が設立したキリスト教学校はそれまで治外法権に守られていたが、私立学校令施行後は、法令に従い認可登録を受け法人格を取得しなければ存続できなくなった（宣教団体も同様に宗教法人格の取得が要求された）。表2に記したように、カトリック系やルーテル教会系のキリスト教学校は法令に従って登録に応じている。しかしスコットランド、アイルランド長老教会系は学校法人の設立の可否をめぐってかなりの時間をかけて議論し、早急に結論を出そうとしなかった(39)。

私立学校令が施行された一九三八年一月、満洲宣教会議は両教会の代表者六名ずつから構成される委員会を設置し法人化の検討を始めた。議論の中心は、神社参拝が強制されてキリスト教教育が換骨奪胎されても学校組織を残すために法人化に踏み切るか、あるいは節操を貫くためにキリスト教教育から撤退するかだった。事実すでにこのころから、孔子廟崇拝は神社参拝にとってかわられ始め、一九三九年夏には孔子廟参拝は任意扱いとなる(40)。

一九三九年一月、宣教会議は、キリスト教課外活動を維持し、廟や神社での参拝に代わる宗教儀式の執行など五項目の条件を政府が認めなければ学校法人を設立しないことを決議した(41)。しかし満洲国政府はこれらの要求をすべて却下したため、一九三九年十月、宣教会議は、学校法人を設立せずキリスト教教育から撤退し、事後処理のための委員会を設立することを決議、翌年にかけてスコットランド合同長老教会とアイルランド長老教会も大きな失望を表明しながらもこの決議に同意した。両教会が運営していた学校のうち八校は満洲国政府が買い取り、それらは公立学校として衣替えすることになる。

翌一九四〇年、新京に建国神廟が建立され、吉林第一中学校には全満洲に先駆けて奉安殿が設置された。すべては宣教師たちの想定内の動きである。宣教会議の幹事を務めていたスチュワート（John Stewart）は本国にあてた手紙の中で、今後徐々に奉安殿設置が広がるだろうと述べ「私たちは最もよい時期に教育から撤退したのだ」と改めて宣教会議の決断の正当性を確認している(42)。

四　むすびに代えて

エディンバラ会議（一九一〇年）を受けて一九二一年に設立された世界宣教協議会（International Missionary Council）の機関誌である *International Christian Press and Information Service* の38号（一九三九年）は、満洲国におけるキリスト教学校と神社参拝について次のような興味深い指摘をしている。「（秋と春の孔子祭に）出席し拝礼を求められたことは、宣教師にとっても中国人（キリスト者）にとってもきわめて深刻な問題だった。最近では場所によっては神道の神社に行くようにとの命令が出ている。また自分の教会に天皇の写真を掲げている牧師も複数名いる。孔子祭の儀式は、まるで神道に抵抗なく近づいてゆくために意図されたものであるかような印象を強く受ける（傍点筆者）」[43]。

拝礼の対象は異なり、強制の度合いも異なりながら、しかし孔子廟参拝と神社参拝はこの執筆者が述べるように地続きであり、かつ後者が前者を踏み台として利用する関係であったと思われる。当初は強制性を有さなかった孔子廟参拝は、王道主義の形骸化が始まり、皇道イデオロギーが前面に押し出されてくる時期からキリスト教学校に強制されるようになった。孔子廟参拝は、満洲国の建国理念に即した意味を失い、満洲国への忠良度を測る道具と化していった。

一方、スコットランド・アイルランド両教会系のキリスト教学校は、基本原則を立てながらも、孔子廟参拝については私立学校令との関係から原理原則に完全に忠実であったわけではない。だがこの時の議論やキリスト教学校が取るべき選択の確認は、法人化問題に際し、最終的には節操を貫く決断に結びついたのではないかと思われる。

最後に、今後検討すべき多くの課題のうち、特に重要と思われるもの二点に触れておきたい。

一つめは、キリスト教学校統制の背後で大きな影響力を持っていたと思われる満洲国協和会――議会に代って民意をくみ取るものとされた官制組織――の動きである。本章では全く言及できなかったが、政府が協和会を通じてキリスト教学校を統制しようとしていることに宣教師も気づいていた。フルトンはその危険性を察知しながらも、武藤富男らの名前を挙げながら、親しげに近づいてくる協和会メンバーに抵抗することは非常に難しかったと述懐している(44)。政府（行政）がキリスト教学校を直接支配するのと並行して、協和会という組織を通じて実施したより手の込んだ方法について今後明らかにしなくてはならない。

二つめは、この一連の事件を東アジア全体の歴史的構造の中で捉える可能性である。駒込武は近著において、一九三四年に起きた台湾長老教中学排撃事件、その翌年の淡水中学事件というミクロな空間での出来事が、植民地朝鮮、日本のキリスト教学校排撃と連関していることを指摘し、最終的に全体主義が帝国日本を覆い尽くす過程を見事に明らかにした(45)。在満宣教師たちが崇實学校の神社参拝問題に強い関心を有していたことは本論でも触れたが、孔子廟参拝の強制に対する抵抗とその挫折が一九三五年以降起きていることを考えると、この出来事を帝国日本とその支配域における全体主義完成過程の動きと関連付けて考える必要があろう。

［注］

（1）Austin Fulton, *Through Earthquake Wind and Fire, Church and Mission in Manchuria 1867-1950*, The Saint Andrew Press, 1967, p361. 本書は、アイルランド長老教会宣教師として満洲伝道に携わったフルトンによる記録である。満洲におけるキリスト教伝道の歴史を最も包括的に叙述した書物として知られ、本章も本書に多くを負っている。

（2）王道主義から皇道主義への流れについては、駒込武『植民地帝国日本の文化統合』（岩波書店、一九九六年）を参照。

（3）斉紅深著、竹中憲一訳『「満州」オーラルヒストリー〈奴隷化教育〉に抗して』皓星社、二〇〇四年。

（4）一九三〇年、遼寧省安東の日本人学校である安東高等女学校では、日本人のホーリネス信徒の生徒四名が全校挙げて行なった神社参拝を拒否し、退学処分を受ける事件が起きている。公権力の学校に対する強制という形ではないにしろ、満洲の日本人学校ではかなり早い時期に神社参拝問題が生じていた。戸村正博編『神社問題とキリスト教――日本キリス

ト教史資料1』新教出版社、一九七六年、二三五〜二三六頁。

(5) United Presbyterian Church of Scotland の日本語訳について。同教会はスコットランド一致長老教会とも訳されることもあるが、スコットランド自由教会との合併以降の教会 United Free Church of Scotland の訳名として最もよく使われるスコットランド合同自由教会に合わせ、スコットランド合同長老教会とした。

(6) Fulton, pp.41-42.

(7) Ibid., p.62.

(8) MacGillivray, *A Century of Protestant Missions in China (1807-1907)* American Tract Society, 1907, pp.226-227. 同資料によるとアイルランド長老教会の学校数は四二校、男子生徒数三八九、女子生徒数一四七、スコットランドは同じく二四校、男子二七一、女子一八七と以前よりは増えているが、これらはすべて初等教育機関で、高等教育は行なっていない。満洲でキリスト教学校の設立が本格化するのは一九二〇年代になってからである。

(9)『中華基督教年鑑12』一九三三年、三六五頁。一九三三年、東北部はすでに中華民国ではなくなっており、中華基督教会に属していた関東大会も日本政府の圧力によって中華基督教会からの離脱を迫られ、同年満洲基督長老会に改名させられた。だが中華基督教会の統計にはかろうじて掲載されている。

(10) Conference of British Missionary Societies Archives London China, Manchuria, (H-6050 Box397 E.T China51) No.6, Minutes of Foreign Mission Committee of United Free Church of Scotland, 1932. 本資料はＩＤＣ（オランダ・ライデン）がマイクロフィッシュ化したもので、No. はマイクロフィッシュのシート番号である。以下この資料をＣＭＢＳと略す。

(11) 民生部厚生司『宗教調査資料　基督教調査報告書』康徳七年十二月（一九三八年）。

(12) 大同元年三月二十五日　院令第二号　国務総理鄭孝胥「民生部ニ令ス　爾今各学校課程ニハ四書孝経ヲ使用講授シ以テ礼教ヲ尊崇セシム凡ソ党議ニ関スル教科書ノ如キハ之ヲ全廃ス該部長ニ命シ各省長ニ通告セシムルト同時ニ文教司ニ命シ各省学校ニ通達シ一様ニ遵守セシム切切違フ勿レ」『満洲国政府公報』第一号。

(13) 大同元年七月二六日、文教部訓令第四号（国立公文書館）「茲ニ査スルニ宗教団体ノ設立ニ係ル学校中ニハ仍青天白日旗ヲ掲揚シ或ハ依然トシテ民国教科書ヲ採用スルモノアリ此ノ如キハ啻ニ我国国体ノ恥辱タルノミナラス文教ノ統制及国民精神ノ涵養上ヨリ見ルモ亦甚タ遺憾トスル所ナリ各省区長官及特別市長ハ今後管轄内ノ此種学校ニ対シテハ厳重取締ヲ励行シ萬々違反ヲ放任ス可ラス右遵奉スヘシ此ニ令ス」『満洲国政府公報』第三十五号。

(14) Fulton, p.90.

(15) ＪＡＣＡＲ（アジア歴史資料センター）Ref.B05016188600（第9画像）、昭和七年八月二十三日、文化事業部普通《ママ》公第五二〇號、孔子祭秋季祭典挙行ニ関シ満洲国文教部ノ通令報告ノ件。

(16) 同上、（第4、5、6画像）、昭和八年十月三日、文化事業部公普通第九五二號、執政自ラ孔子祭執行ノ件。

(17) International Missionary Council Archives,1910-1961, WCC, Geneva, Sino-Japanese Relations（以下ＩＭＣと記す）No.2, Statement re Enforcement of Confucian Temple Worship in Christian Schools in Manchukuo, Nov. 12th, 1936. Highly Confidential と注意書きされたこの文書は、一九三六年一一月一二日付けで奉天で書かれたものだが、執筆者は不明。ＩＭＣの資料もＣＢＭＳ同様ＩＤＣのマイクロフィッシュ版を用いている。No. は、同じくマイクロフィッシュのシート番号である。

(18) ＪＡＣＡＲ（アジア歴史資料センター）Ref.B05016188100、満洲国文教部ノ宗教宣布及寺廟ニ関スル規定公布方ニ関スル件。同規程と文言がよく似た法令に一八九九年に制定された日本国内務省令「神仏道以外の宗教の宣布者及堂宇説教所講義所の設立、移転、廃止等に関する届出規定」がある。内務省令は文教部規程と大きく異なり、届け制となっている。

(19) 文教部の方針で、各学校には必ず日本語を教える日本人教員が派遣されていた。この事件については田中隆一も東亜日報を引いて言及している。田中隆一「「満洲国」の宗教政策と朝鮮キリスト教運動」世界人権問題研究センター研究紀要二〇号、世界人権問題研究センター、二〇一五年。

(20) IMC, No.2, Religious Liberty Under Japanese Rule. Statement, Nov. 12th, 1936. この資料は孔子祭問題関連資料の中に収められているものだが、執筆者、執筆年月日は不明。同資料が参照している文献に一九三六年二月の The Christian Century があるので、それ以降に書かれたことは間違いない。Fulton は、孔子祭参拝強制は一九三六年から始まったとしている。おそらくこれは吉林の例を捨象した記述ではないかと思われる。Fulton, p.122.

(21) この検挙事件についての概要は、Fulton, pp95-113. このほかIMC,No.2, Persecution of Christian Leaders in Manchuria, Nov. 1935. CBMS, No.8, To the Friends and Supporters of the Moukden Medical College, Edinburgh, July, 1936 by Christie and Young などを参照。フルトンが述べている慈善団体が当時満洲で広く活動していた紅卍字教や在家裡教と関係があるのか否かについては、今後の検討課題としたい。

(22) 朝鮮の神社参拝問題については膨大な研究があるが、以下が最も包括的である。李省展『アメリカ人宣教師と朝鮮の近代――ミッションスクールの生成と植民地化の葛藤』社会評論社、二〇〇六年。また同じ著者の最近の論考に「朝鮮近代教育史における「信教の自由」をめぐる問題――植民地教育支配とモラルの相克」（『植民地教育史研究年報』一八号、二〇一六年三月）がある。

(23) IMC, No.2, Religious Liberty under Japanese Rule.

(24) IMC, No.2, Translated roughly from an official order of service issued by the local educational authority at Liaoyang, Manchuria.

(25) IMC, No.2, Statement,Nov. 12th, 1936.

(26) 国務院総務庁情報処『省政彙覧』第八輯奉天省篇（日文）康徳三年十一月、四八五～四八六頁。奉天市では一九三五年九月に、非キリスト教系の元復女子学院の校長以下教師数名が「反日満思想」思想宣伝を理由に逮捕され、学校も閉校処分を受けるという事件が起きている。「満洲日日新聞」一九三五年九月一〇日、一八日。

(27) 民生部社会司『宗教調査資料第二輯　吉林、間島、濱江各省宗教調査報告書』康徳四年（一九三七年）十一月、三二～三三頁。

(28) IMC, No.2, Translation of the mimeographed booklet of Directions issued by the Manchukuo Board of Education at the Conference of Missionaries and Christian Leaders held by the said Board at Hisnking, July 7 1936.

(29) この五番目の項目の説明には、「私立学校の規則のうち七条、一一条、一六条に特に留意すべきである」との記述がある。文教部側が宣教師に示した規則が具体的に何を指すのかは、この資料だけでは判然としない。宣教師はこれを Provisional Regulations と記しているが、一九三六年前後に教育に関して出された省令は、私塾に関するもののみである。国民教育にかかわる学校を管理する法令が省レベルで発令されることも考えにくい。私立学校を含めた学校教育に関する法令が定められ、満洲国の学制が完成するのは一九三七年一一月（私立学校令が制定されたのは一九三七年五月二日。

施行は翌年の一月一日）であるから、この時宣教師に示された法令が、一九三七年一一月に公表された「私立学校令」の原案だったのかどうか、それとも省レベルで独自に決めている規定だったのかは不明である。

（30）Ibid. 同資料は調査表を以下のように説明し、各項目を全訳している。 Translation of Blank for Reporting Work of Religious Organizations to the Manchukuo Government, Issued by the Manchukuo Board of Education, Hsinking, July 6, 1936. REPORT ON EXISTING CONDITIONS OF CHURCHES IN MANCHUKUO. Investigation during the month of July, 1936.

（31）こうした微に入り細に渡った調査や監視体制の強化の果てに、一九三八年九月、建国直後の「宗教宣布及寺廟ニ関スル規程」をより詳細にし、宗教活動の停止、禁止規定を盛り込んだ「暫行寺廟及布教者取締規則」（民生部令第九三号）が制定されることになる。「宗教宣布及寺廟ニ関スル規程」と明らかに異なるのは、公益に反し、公安、風俗を害した場合の許可取り消し、宗教活動の停止、禁止、無許可運営に対する逮捕、罰金刑を設けていることである。

（32）IMC, No.2, Statement, Nov. 12th, 1936.

（33）IMC,No.2, Report of a Meeting of Representatives of the Moukden Private Schools Called to the Municipal Office. 21st September 1936: 10 a.m. till 1 p.m.

（34）IMC, No.2, Manchurian Conference of Scottish and Irish Missions,March 23-24, 1937. Strictly Private の注意書きがある。

（35）Fulton, p.123.

（36）IMC, No.3, Notes of a Speech made to the Convener's Committee of the Foreign Mission Department of the Church of Scotland at 121, George Street, Edinburgh on Tuesday, 29th December 1936 by Dr.H.S.D.Garven on his Arrival from Manchukuo.

（37）Ibid.

（38）一九三九年八月七日、民生部は各省長、新京特別市長あての訓令第七五号「祀孔に関する件」で、各孔子廟の「広狭」や各学校の事情が異なるので、今年の秋祭からは学校生徒の派遣は任意とするとの指示を出した。民生部訓令第七五号「祀孔ニ関スル件」『満洲国政府公報』第一六〇二号。しかしこの訓令は各省、特別市ですぐに適応されたわけではなく、しばらくは行政の判断で強制が続いていた。訓令の情報をいち早く入手した満洲宣教会議幹事スチュワートは、八月二一日付でキリスト教学校関係者全員に訓令の英訳を送付している。CMBS, No.9, Stewart to the Missionaries in Charge of Schools, 21st August, 1939. 一方で、このころから教会に対する神社参拝の非公式な要請の事例や、神社をめぐるトラブルが引き金となってキリスト教学校が閉校処分を受けるという事件も見え始めている。一九三九年八月には、明確な理由が示されないまま、営口市にあるアイルランド長老会系の三学校（培真国民高等学校、培真女子国民高等学校、小学校）が突如閉校処分を受けた。CMBS, No.4, Stewart to Boyd, 11th September, 1939. スチュワートの推測によると、閉校の理由は孔子祭参列問題ではなく、神社の境内の雑草取りを拒否したことと、神社に無断で（インフォーマルに）訪ねたことで、孔子祭参列とは何の関係もないという。CBMS, No.9, Church of Scotland – Schools and the Shrine Question in Manchukuo.

（39）法人化の過程については、Fulton,pp.133-139 を参照。

（40）注（38）を参照。

（41）Fulton, pp.136,360-361.

（42）Copy letter from Rev. John Stewart, secretary, Manchuria mission conference, of date 16th August, 1940 to Rev. A. S. Kydd, re information sent in previous letters,　エディンバラ国立図書館所蔵スコットランド国教会アーカイブズ Acc.7548 -B22 Manchuria.

（43）CBMS, No.9, International Christian Press and Information Service, No.38, October, 1939.
（44）Fulton, pp.140-141.
（45）駒込武『世界史の中の台湾植民地支配——台南長老教中学校からの視座』岩波書店、二〇一五年。

第十章　戦中戦後の同志社と天皇制

――湯浅八郎と牧野虎次の時代

伊藤彌彦

一　キリスト教系学校苦難の源泉

昭和前期におけるキリスト教系学校は苦難の歴史を歩んだが、それを醸し出す下地があった。一つは「教育勅語」である。もう一つは、キリスト教風俗への「違和感」が、多くの人々の意識の底に流れていた点である。

幕末・維新期の日本をゆるがせた歴史変動は、人々の行動規範や価値観を混乱させた。社会全体をおおった「勝手」の横溢、破壊と冷笑、懐疑、無秩序を収拾して維新体制を安定させるために、明治国家は人々が共有すべき価値観として教育勅語を創出した。一八九〇（明治二三）年のことである。それが可能だったのは、世俗国家が個人の内面的価値観に踏み込むことを拒絶する勢力、多くの国では宗教、が日本では極めて弱小だったことによる。それでも明治政府は教育勅語制作の際に、特定の宗教色や教派的色彩を帯びないよう注意し、伝統社会に息づいていた日常道徳（誰もが否定することのない常識的規範）を採用したのであった。伝統的な日常道徳を、いわば「国家化」して国民に配ったと言われる。

しかもその際、大臣の副署のない天皇個人の勅語として、非政治的な社会的道徳として提示した。こうして社会的君主としての天皇の発言が、この国の正統な道徳律、オーソドクシーとなった。しかしこれによって、つまり天皇制国家による教理の配給によって、この国には個人の内面的価値の中核を国家が管理するシステムが生まれたのであった。

この教育勅語が浸透した秘訣は、国の祝祭日のたびに諸学校で実施された奉読式にあった。おごそかな儀式の空気のなかで教育勅語は幼い生徒の頭脳に浸み込んでいった。さらに学校では、いろいろな「国民道徳」が注入されていったが、その国民道徳の淵源となったのが教育勅語であった。

このように内面的価値を国家が支配するなかでは、宗教勢力は独自の教理さらには宗教自身の存在理由を、脅かされることになった。なかでも教育勅語と相性がわるかったのは、キリスト教界であった。発端に第一高等中学校嘱託の内村鑑三が、一八九一（明治二四）年一月九日、教育勅語奉読式において最敬礼をしなかったのを見咎められて職を追われた事件があった（ちなみに内村の姿勢を問題視したのは同僚の岡田良平であった。彼は典型的文部官僚であるが、この時期、第一高等中学校教職〈嘱託あるいは教授〉にあった。彼の出自をみると、全国小学校校庭に置かれることになる銅像、二宮尊徳を宗祖とする報徳教の指導者の家である）。

不敬事件に端を発したキリスト教界と教育勅語との摩擦は「宗教と教育の衝突」と呼ばれた。この呼び方自体が、戦前日本の「教育」が疑似国家宗教として機能しキリスト教と対峙していたことを示している。天皇制国家とキリスト教系学校の不協和はこれ以降もしばしば出現した。具体的には文部省、陸軍、世論、マスメディア等の圧力として襲いかかった。例えば一八九八年に文部省は徴兵猶予の特権剝奪をちらつかせて、「同志社通則」中のキリスト教事項の削除を求めたため、第三代同志社総長横井時雄は、一時、綱領変更を行ない（後で撤回）総長を辞任するという出来事もあった。

一八九九年には宗教教育に関する文部省訓令十二号が出された。この「文部省の鉄則」によって、各種学校以外は、私立学校も含め宗教教育が禁止されたため、多くの宗教系私学は各種学校となる道を選んだ。

キリスト教の評価が上昇した時期もあった。ロシア革命で共産主義政権が地上に実現すると、政府は国民道徳に反しない範囲で、キリスト教を学校教育に取り込んでマルクス主義浸透の防波堤に利用した。この流れで一九三五年に文部省は、教育における「宗教的情操」涵養の通達を出したが、それが宗教的寛容として機能することはなかった(1)。

またこの国では、異文化のキリスト教に対する「違和感」が人々の意識につきまとっていた。昭和ファシズム期のような西洋排斥の空気のなかでは、その違和感が顕在化し、キリスト教徒を苦しめることとなった。さらにこれに「非常時・準戦時体制」という時勢が追討ちをかけた。日清戦争以来、日本は対外戦争が起こるごとに政治休戦して「挙国一致」する文化が築かれていたからである。

そして昭和一〇年代になると、天皇機関説の敗北と国体明徴運動の高揚によって明治国家の変容が起こった。端的に言えばこれは日本国家の正統性原理が帝国憲法（帝国憲法解釈の主流は天皇機関説）から教育勅語に移ったことを意味する。天皇の神格化が、国民教育により刷り込まれた結果である。いわばこれは戦前型の大衆天皇制の成立と言える。昭和前期の天皇制を支えた大きな力はこの一般国民に浸み込んだ「空気」であり、そのとき「非国民」というレッテル貼りが猛威をふるい、あるいは「国体」という不気味な権威の下で、国民の日常社会を監視する社会ができあがった。こうして多様な価値観を排斥し、国民を全会一致体制に同調させるシステムができたが、このシステムは、実のところ、それを自在にコントロールすることは誰にもむずかしい怪物でもあった。

この戦前型大衆天皇制の「空気」を操作する有力な道具となったのがラジオや新聞であった。「情報局」はそのための機関であり、一九四二年七月に「主要新聞統合案大綱」をつくり、新聞日刊紙の統合を進めた。一九三八年に全国で一一二四紙あった新聞を五四紙に激減させた。そして新聞を人心の誘導に活用した。

教育界が直接天皇の意向によって動かされたと言うわけでは勿論ない。文部省、軍部が絶大な影響力をもった。軍部について言えば、一九二五年に出された「陸軍現役将校学校配属令」によって、陸軍現役将校が配属将校として中等学校以上に配置され、その下で軍事教練が行なわれた。もし配属将校が引き揚げたならば、教練を実施できない学校ということで受験生が激減し学校経営の危機となった。諸学校は陸軍に弱みを握られることになった。

本章では、戦時体制下の同志社を象徴的に代表する二人の総長、湯浅八郎と牧野虎次の学校行政を取り上げ、その意味と問題点を検討する。対照的なこの二人の存在は、天皇制下のキリスト教系大学の困難な姿を浮き彫りにしてくれる。一九三四年から一九五〇年まで、つまり激動の一六年を湯浅が約六年、牧野が約一〇年総長職にあった。とくに牧野は戦中から終戦をはさむ戦後の時期を乗り切ったのであった。湯浅は同志社の理念を重視して任務に就いた。牧野は同志社の組織を生き延びさせるのに尽力した。二人は、ある意味では対照的な方法で同志社を守ろうとした。

そこに踏み込む前に、同志社の文化とも言うべき「内紛」の多さについて触れておく。同志社教育は「良心の充満した大丈夫」の育成を謳い、新島襄は遺言で「倜儻《てきとう》不羈《ふき》なる書生を圧束縛せず」と言ったせいか、教職員も学生もそれぞれの「良心」を争う内紛が多発した。また紛争、内紛のたびに退学者や退職者、つまり不本意離脱者を生んだ。

大正デモクラシー期になると同志社内部には大きな活断層や細かな亀裂が走った。海老名弾正総長時代、大学昇格を果たした同志社には、大学や予科に優秀な教授陣が集まった。その何人かは中島重など東京帝大吉野作造門下の優秀な学者であった。他方、民族派の教授陣もいた。学生間にもマルクスボーイと国防青年が混在した。そこに配属将校が絡むとき、活断層が活性化した。例えば一九二九年の学園紛争では、法学部教員間で大学自治擁護をとなえたストライキ組と不参加組に分裂した。やがて前者のなかから中島重、高橋貞三、高橋真司、能勢克男の四人が辞めていった。

二　戦前期の湯浅八郎総長

大工原銀次郎総長の病死（一九三四年三月）を受けて、若き湯浅八郎が京都帝国大学教授を辞めて同志社大学総長事務取扱となったのは一九三四年三月二六日、正式に就任したのは一九三五年二月一一日であった。

父が同志社創設期の卒業生の湯浅治郎、母が徳富蘇峰の姉の初子、そして実姉イツは前総長大工原の妻という湯浅八郎（一八九〇～一九八一）は、同志社普通学校を卒業した直後、一八歳でカリフォルニアに渡り、アメリカ文化の強い影響を受けて自己形成をした。和田洋一は「わたくしは湯浅先生をかねがね半分は日本人、半分はアメリカ人と思っているんです」(2)と語っている。三年間、開拓農場で農業労働に従事した後、カンサス農科大学に進学、さらにイリノイ大学大学院で博士号取得し、一九二一年イリノイ州立博物局昆虫技師の職を得た。「その当時から自分は再び日本に帰るという考えはもうとうありませんでした」と言っている(3)。しかし結婚した相手（鵜飼清子）から、帰国を促され一九二四年京都帝国大学農学部教授として、一六年ぶりに帰国した。その一一年後、請われて同志社大学に赴任したのであった。

湯浅は個人の信条や理念を外部から侵害されることに抵抗する人物であった。一九三三年、鳩山一郎文相が罷免を求めた滝川事件のとき、湯浅八郎は農学部から出ていた若い評議員として、他学部ながら唯一法学部を支援する発言をしたことで文部省に目をつけられていた。その湯浅が四四歳の若さで同志社総長になったのである。就任演説のなかで「同志社は私学としての権威を自覚し……官学模倣の悪弊を清算しなければなりません」と語った。また外部攻撃に対して「同志社には操守すべきものがある」と語ったという(4)。「操守」とか「気品と気慨」といった古風な日本語まじりの演説をしながらのアメリカ式の思考様式は同志社大学総長としてマイナスの作用をもたらした。根回しはしない、周囲に相談しない、ローナー（loner、O・ケーリの評）の湯浅は一人で決断する政治を実行し、内部でも外部からも摩擦を次々に呼び込むものとなった。第一期湯浅総長時代は在任期間わずか二年余りであった。彼の手法は、意図的に事件を企図した配属将校側の勢力に乗じる隙をあたえ、センセーションを増大させた。

総長就任から四か月後に最初の試練、神棚事件が起きた。一九三五年六月一日、岩倉キャンパスの同志社高等商業学校に新設された武道場に剣道部員が神棚を祀ったのに対して、鷲尾健治校長が説得して神棚を取り払わせた。これを見咎めたのが配属将校三浦国雄であった。六月二一日の大阪朝日新聞と京都日日新聞はこれを取り上げ、後者には三浦中佐の談話「反省せねば引揚げも已むを得ぬ」が載った。かくて六月二三日の理事会総会で神棚設置を承認した。軍部に屈服したのである。

さて一九三六年冬に法学部の亀裂を深めた事件として、野村重民助教授の国体明徴論文の紀要不掲載問題が起きた。二・二六事件の九日前であった。そしてこの一連の騒動のなかで常任理事会は、古屋貞美教授と野村重民助教授の解職を決定したが、湯浅総長の辞令には「人物、学力ともの教授たるに値しないから罷免する」と刺激的なものであったから、反撃が始まった。古屋は声明書を出し、野村はパンフレット『林要氏はマルキストである』、『同志社を去るに臨みて』を刊行した。さらに「洛北青年同盟本部」と名乗る民間右翼団体が、「同志社の国体不明徴事件」についての多数の怪文書を出し、文部省へも陳情した。同志社を「左翼教授の巣窟」「赤化教授の巣窟」と言い、湯浅を「兇虐思想」呼ばわりした（滝川事件への態度を指す）。林要は離職に追い込まれていった。

一九三七年の天長節には湯浅総長がわざと教育勅語の読み方を変えたために周囲の反感を増長させることになった。戦後、こう回想している。「つまらないことで騒ぎたてるから、この際一つやっつけてやろうという、わたくしの小児病的な現象と関係があるのです。……〔軍人〕勅諭には、「御名御璽」とはあるけれども、「御名御璽」では、徴兵にとられて来ている農村の青年たちにはむずかしすぎてわからないのですね。それだから、何と読んでいたかというと「おんな、みじるし」なのです。……彼らが「おんな、みじるし」と読むのですから、わたくしも、一つそう読んでやろうと思った」(5)。列席者によると、このうちの「おんな」はとりわけ大声で聞こえたが「みじるし」は聞こえなかったという。勅語を侮辱したということで、愛国団体が総長室に押しかけて来た。

これ等の騒動の背後に一人の配属将校の策動が動いていた。このころ同志社を辞めたファシズム研究者具島兼三郎は回想する。「〔配属〕将校の中には粗暴で、手のつけられないようなものがいた。同志社大学の予科に配属されたK中佐のごときも、その一人であった。かれは昭和十二年四月、場所もあろうに、入学式の壇上からキリスト教主義と自由主義に対して罵詈讒謗を浴びせ、同志社の建学の精神そのものを頭から否定した。……「同志社の道場には神棚がない。これは同志社が反国体的の教育を行っている証拠だ」と愚にもつかぬことをいって、学生を煽動した。煽動された予科の学生達は、前後の見境もなく、湯浅総長の退陣を決議して恥じない有様であった」(6)。

ここにあるK中佐とは同志社予科配属将校草川靖中佐のことである。彼は公然と挑発行動を始め、「同志社綱領」の第三条「同志社ハ基督教ヲ以テ徳育ノ基本トス」の改定を要求したのである。「同志社綱領」とは「同志社通則」のなかの「第壱章　綱領」のことである。湯浅総長には同志社内に相談者がなく、叔父徳富蘇峰に目を通してもらって「同志社教育綱領」（一九三七年三月三日）を作成して応えた。

一、同志社ハ敬神尊皇愛国愛人ヲ基調トシ之ヲ貫クニ純一至誠ヲ以テスル新島精神ヲ指導原理トス。
一、同志社ハ教育ニ関スル勅語並詔書ヲ奉戴シ基督ニ拠ル信念ノ力ヲ以テ聖旨ノ実践躬行ヲ期ス。
一、同志社ハ基督ノ真精神ヲ信奉ス。
一、同志社ハ敬虔自治日新中正ヲ以テ学風トス。

一、同志社ハ良心ヲ手腕ニ運用シテ国家社会ニ貢献スル人物ヲ養成スルヲ目的トス。

そして湯浅は「この「綱領」は従来の第三条にある方針を変替するものでなく、……」[7]と説明した。彼の心算は「同志社通則」はそのまま残存させ、「同志社教育綱領」と二本立てにしたつもりであった。しかし、世間はそう受け取らなかった。「同志社学苑　大革新・基督教主義徳育を抹殺して教育勅語の聖旨を奉戴実践」[8]、「同志社の自殺？」[9]と報じられた。

さらにこの「同志社教育綱領」は意外な展開をみせ、「上申書問題」を誘発した。一九三七年三月一六日、法学部保守派四人（瀬川次郎教授、村井藤十郎教授、土井十二助教授、佐藤義雄助教授）が、法学部長河原政勝に対して、「同志社教育綱領」の主旨に則り、田畑忍、具島兼三郎、林信雄、宗藤圭三の免職を要求する「上申書」提出したのであった。この展開は文部省思想局からの調査を誘発し[10]、田畑、具島は好ましからざる教授と認定されてしまう。湯浅総長は、結局、上申書問題を喧嘩両成敗として決着させた。上申組の瀬川次郎、村井藤十郎を解雇し、取り次いだ河原政勝法学部長を休職にした。被上申組の具島兼三郎、林信雄失職、田畑忍には休職扱いとして半年間国民精神文化研究所での研修を命じた。双方に不満の残る結果であった。

さらに「チャペル籠城事件」が引き起こされて学園は大揺れになった。これは、草川配属将校の画策の一環として考えるべき事件である。一九三七年七月五日、予科の期末試験当日、学生団体国防研究会が中心になり、期末試験をボイコットしてチャペルに籠城して扉を内から釘付けにし、総長の退陣、キリスト教儀式の廃止、左翼予科教授の退陣を求める臨時学生大会を開催した。議事反対の五〇名を裏口から追放し、予科学生七〇〇名ほどの半数が参加し、湯浅総長退陣要求の決議文を議決した。期末試験は流れた。

湯浅は個人の資格で、信頼する憲兵司令官中島今朝吾を訪ね、調停を依頼した。中島は「同志社の一挙一動が広くキリスト教全般の指標として重視せられつつある……最近真に日本のキリスト教たらんとする動きを認めこれを大局より指導すべく、……まづ自己〔陸軍側〕を責めるべきだという日本精神の立場から乗り出した」(11)と新聞に語った。現状維持の線で調停が成立した後、予科教授会は学生六名退学一一名無期停学の処分を決めた。草川中佐は三重県津連隊に人事異動になった。

一九三七年一一月八日、『世界文化』同人の予科教授新村猛と真下信一が共産主義者の嫌疑で検挙された。同志社は勾留中の二人に辞表の自発的提出を求め、検挙後二週間で解職を決めた。そしてこの事件の責任を取るかたちで湯浅総長は辞任した。退陣の挨拶では「同志社に共産主義者の嫌疑がかけられた訳であります。之は極めて重大にして厳粛なる問題であると存じます」と学内の共産主義教授に衝撃を受けたとする。

ただ戦後の回想では、「わたくしがこれ以上がんばっていますと、最後には同志社は潰されるといった状態になってきました。なぜなら、草川という陸軍中佐の配属将校が、自分はこの総長といっしょには同志社にいられないから、自分はここで引きあげると言いだしたのです。その当時としては、配属将校が引きあげた学校は閉鎖です。廃校です。……わたくしは辞表を出しました」(12)と言う。要するに行き詰まりだったのである。

辞職後の湯浅は、一九三八年にマドラスで開催された世界宣教大会に出席した後アメリカに渡り、戦後まで滞在するという実質亡命生活を送った。

三　戦前期の牧野虎次総長

牧野虎次（一八七一～一九六四）は、一九三八年七月から総長事務取扱に就任し三年後、一九四一年七月から正式に総長になり一九四七年三月まで在職した。戦前・戦中から戦後にかけての私立大学苦難の時代に、ずっと同志社総長の地位にあったのは牧野虎次であった。この歴史的変動期に総長職を続け、同志社大学の組織を守ったことは、彼にすぐれた行政手腕が備わっていたことを示している。湯浅とは対照的に牧野虎次は周囲と摩擦を避けた。

牧野虎次は同志社英学校卒業後、熊本東亜学館教師、北海道集治監教誨師、日本基督教伝道会社伝道師などをへてエール大学および大学院に留学、神学修士を取得し、一九〇二年に帰国、京都四条教会牧師、日本組合基督教会総幹事をつとめた後、満鉄の社会課長や社長室審査役、臨時内務省事務取扱嘱託、大阪府事務取扱嘱託といった官庁勤務、そして一九三三年から財団法人家庭学校校長の後、同志社の理事となった。同志社における授業経験はない。

同志社において牧野は、「老練な柔軟性」（有賀鉄太郎の評）を発揮して難局を処理していった。湯浅八郎とは対照的に日本の政治風土を処理する技術を心得ていた。それは自分の使える人脈を駆使し、あるいは事前の根回し周到にして勝てる状況をつくることであった。例えばこう語る、

私が着任した昭和十三年七月初めは関西地方豪雨の当日であり、文字通り嵐の中であった。天候の嵐は間もなく去って終わったが世相の嵐は容易ならぬものがあった。着任の挨拶に文部省へ出向すると宿題の懸案であった「基督教を以て徳育の基本とする」規約を撤去すべしとの通達に対する私の回答を迫られた。……実は赴任当初、私は時の文部大臣荒木貞夫と新島襄の教育精神を語り合うてその同意を得て居た。また次官の石黒英彦は奈良県知事時代に私の同級生、木本源吉の真面目な人柄に敬服して居たのを私は熟知して居た。その上に、当局者たる専門学務局長永井浩は、私が大阪府社会課在任時代の地方課長である。以上の三当局者と私は、孰れも互に肚を割って対談の可能な間柄であることに、私は少々強気を感じたのである。とうとう当局は「同志社は已むを得まい、黙許だ」と云うこととなった(13)。

牧野の残した自伝風の簡潔な本二冊を読むかぎり、奮闘し活躍した人生が浮かび上がる。見事な生涯、完璧な人生である。また同志社のキリスト教は守られたようにみえる。

しかし牧野を知るためには、「何を語らなかったか」にも注意しなければならない。実際はどうであったか。実はその後、「財団法人同志社寄付行為」の大幅改定を行なっていた（一九四〇年一一月二七日理事会決定、一九四一年二月二七日文部省に改定申請、四月一七日に認可）。「監督官庁の希望による」、「文部当局の意向を斟酌し」との説明が付されているから不本意な後退だったのであろうが、彼の自伝はこの件については記述がない。

寄付行為の変更点はこうである。

第一条「智徳並行ノ主義ニ基キ教育ノ業ヲ挙クルヲ以テ本財団ノ目的トス」を
「教育ニ関スル勅語ヲ奉戴シ誓旨ヲ遵守シテ教育ノ実績ヲ挙クルコトヲ以テ本法人ノ目的トス」と変更

第四条「本財団ノ維持スル学校ハ基督教ヲ以テ徳育ノ基本トス」を
「本法人ノ維持スル学校ハ皇国民ノ錬成ヲ目的トシ之ニ適合スル基督教ノ精神ヲ採ツテ徳育ニ資ス」と
変更

この件を有賀鉄太郎は「寄付行為から「キリスト教」の文字を削除しなかったのである。それを留めることがいかに困難だったかは、今では想像もできなかろうが、同志社の場合でも牧野総長の老練な柔軟性に負うことなしには、それは不可能だったであろう」(14)と評価する。しかし「国民ノ錬成ヲ目的トシ之ニ適合スル基督教」となったのであるから大幅な後退である。しかもその後の同志社をみると、「国民ノ錬成」に適合する施策を次々に実行していたし、牧野の学生向け発言も国策にそって勇ましいからである。

先の就任直後のキリスト教主義を守った手柄話には続きがある。いわく「私は更にネバった。とうとう全国百幾十校に上る基督教主義の諸学校は右になろうこととなった。だが、残念乍ら例外は生じた。戦局が行き詰りかけた時、立教大学は遂に基督教主義教育同盟を脱退。同大学での行事は神官を聘し榊などを立てて、神道主義を標榜せらるるに到った。尤も夫は同校だけのことで、外に同盟内にその例に習うたものが生じたことを、私は聞き及んで居ない」(15)とある。しかし、名前を掲げて立教大学を非難できるほどその後の同志社は立派だったであろうか。同志社寄付行為の変更には全く触れず、立教大学を摘発することで自己の無謬性を自伝の読者に印象づける手法に私は偽善性を感じる。

それにしても戦時期の大学には次々と試練が押し寄せた。文部省からの指令に、牧野時代は順応していった。情況追随型行政であった。そしてその過程でキリスト教精神はゆがめられていった。牧野虎次総長時代（総長事務取扱を含む）に進行したのは、学園の軍隊化であった。

一九四〇年九月一七日、文部大臣指示「修練組織強化ニ関スル件」が出されると、翌年の紀元節の日に、学友会を解散し同志社大学修練団を結成した。団長は牧野虎次である。そして全国のトップを切って正式承認を受けた。学生自治組織の軍事化である。

一九四一年八月八日には、文部省訓令二七号学校報国団体確立方の要請があった。それを受けて九月一一日に大学報国隊を結成した。修練団は学生自治組織のことであったが、報国隊は隊長を大学長とし、大学の学年、学科、クラスをそのまま組み込んで軍隊組織化するものであった。そして同志社からも学徒が出陣した。大学は軍人づくりの下請け機関になった。

一九四三年一一月、牧野総長は出陣壮行式を全生徒参集の運動場で開催しこう演説した。

……我が学園からは、既に諸君の先輩の多くが出征しました。中には護国の英霊と化した幾多の者も在ります。

……同志社出身の勇士は皆恐らく、弾丸雨被の中に身を挺し、喜んで大君の御為その身を捧げたこと、思ひます。如何なる敵弾も大君に忠誠を捧ぐる吾が日本男児の赤心を侵すことは不可能と存じます。この赤心は大君におかせられては宜しと御嘉納遊ばされて、靖国の英霊としていつ迄も御祭りあらせらるゝことを想ふ時、諸君の一人一人は如何なる場合にも吾が国土を守る英霊として永久に生き抜くものたることを信じて疑ひませぬ。

……

茲に一千余の若き学徒が、勇躍征途に就くを見送るに際し、諸君がその位置その任務の種類に顧慮すること無く、単に命ぜらる、まにまに大君に対し奉り御奉仕あらんことを切に願ふ次第であります。冀《こひねがは》くは諸君が銘々に学徒たる先入的の考へを棄て、進んで一兵士となり切る様に祈る外ありません。……

……諸君は剣を帯びて戦場に立たるゝのであるが、如何なる場合にも永久不壊の大和魂を磨き、永久に御国と共に生き抜く確信を堅持せられんことを望みて止みません。

諸君、何うか清めに清め鍛ひに鍛ひたる心身を以って戦場に臨め。さらば、諸君(16)。

ここにはキリスト教の片鱗もみえない。牧野虎次は組織の長としての仕事ぶりは見事であったとしても、それは「魂なき専門人」たる官僚に徹していたからではなかったか。

神国イデオロギー（仮称）普及の儀式にも参加し、講座の開設を行なった。

一九三八年一〇月三一日　牧野学長以下教職員四五名、予科学生一二〇〇名で橿原神宮建国奉仕隊参加

一九四二年一〇月三日　第一回企画委員会　同志社教育と基督教、日本精神と基督教について懇談。問題の重要性に鑑み、世の誤解を解くべく学園挙げて本問題に取組む申合せ、具体案を懇談

一九四三年三月一八日　第二回定例理事会　大学法学部特殊科目に「国体論」設置

などなどが理事会議事録に載っている。

牧野総長においてもう一つ目立つのは同志社の大先輩である徳富蘇峰の権威を利用したことである。同志社大学の存続のために、しばしば徳富蘇峰の政治的、社会的権威を活用する行動をみせた。蘇峰が東條内閣の顧問格だったことから、政権中枢部に同志社存続を働きかけたことを自伝に書く。

昭和十八年の暮、学徒総動員の後を承けて、私立大学は「開店休業」を命ぜられ、新入生の募集を差止められた。それは事実上、私立大学の自滅を意味するもので、我等に取っては危急存亡の危機であった。私は直に徳富蘇峰、深井英五、永井柳太郎の三先輩に連絡し、東条首相、岡部文相、永井局長の三当局に懸合い、その不当なる文部省通達を撤回せしむることができた。……徳富蘇峰が母校の一大事と知れば、何をさておいても真先に首相官邸にかけつけ、首相に面談して局面の打開に尽されたことは、特筆せずには居れない。何かと云うとからは口癖のように「恩師在天の霊は嘸《さぞ》かし御心配のことと思えばジットして居られぬ」と常々繰返されて居た。師恩に酬《むく》う彼の熱情に対し、私はいつも首《こうべ》を垂れざるを得なかった(17)。

このとき牧野総長に同行した秘書田中良一の手記が同志社大学社史資料センターに残されている。そこには「後で聞くと、東條首相は閣議中であったが、蘇峰先生が見えた、と云うので閣議を休憩し、廊下で先生に会った。……首相は、「新島さんの同志社に対して何うのこうのと干渉がましい態度に出ることは政府でも軍でも曾って考えたことはありません。また今後も左様のつもりはありません……岡部文部大臣をも呼びましょう……」と云って岡部長景子爵と同席で、文部省の方針などを語った由である」(18)とある。

ここにも牧野の人脈活用が生かされており、ともかく一九四三年度春の段階での私学の規模縮小は回避できたのである。

しかしその後の規模縮小については自伝に記述はない。一九四三年一〇月二三日付文部次官通達「教育ニ関スル戦時非常措置方策ニ関スル件」が出て、私立大学は極力専門学校に、定員は半分にするよう指示されたのであった。一九四四年三月三〇日の常務理事会において、大学予科は継続するが定員を三分の一にする。大学学部の改編も実施した。

法文学部　法経学科
　　神学科
　　厚生学科（英語・英文学の名前消える）

新規入学定員八〇名とし、以上をこの年の一〇月から実施することになった。教員の離職者に転業資金の国庫補助が約束され、文部省から解職が促された。余剰教員を吸収すべく「戦時非常措置方策」の補助金を受けて国民厚生問題研究所、大東亜基督教研究所の設置申請を決議し、初代所長を田村徳治としたのであった。

このときの教職員削減については一九四四年四月の常任理事会で、速水藤助（文）、宗宮圭三（法）、和田琳熊（文講師）ら二八名の依願退職を決め、そのうちの二八名に臨時措置による国庫補助による特別慰労金を与えている。

なおこの解職に関連して神学部教授有賀鉄太郎は、戦後こんな事実を書き残している。

当時の松山三郎講師のことに関して、それ（大学の対処が複雑多義であったこと）が言える。かれは応召中であったが、昭和十九年七月に本人も黒川大学長も、主任の私も知らないうちに、解職の手続きがとられていた。二十年三月になって始めてそれを知った私は、それを甚だ遺憾として、そのいきさつを調査したが、これは文部省が人文系私学の縮小を計るため、退職金の援助を約束して人員整理を要請したのに応えて、少数の者だけで秘密のうちに行われたものと分った。もとより同志社の立場も苦しいところであった。そこで、私は神学科教授会の意をうけて、総長兼大学長であった牧野先生に、松山君が帰還した上で復職させることを約束してほしいと迫ったが、先生も熟慮の末、それを婉曲に示唆するような文面の手紙を、留守家族にあてて書いてくださった。

松山君が戦地で解職のことを知ったのは、ちょうど遺書をしたためたときだったという。かれは終戦後無事復員したが、ついに同志社にもどってはくれなかった。かれとは今でも親しくしている。けれども、その時のことを思うと心は暗い(19)。

牧野総長は理事会に計らないでこんな解職も行なっていたのである。いわば闇討である。

戦後、文部省は一九四五年一一月一四日付で「教員退職調」を実施した。これに対して総長理事牧野虎次から文部省学校教育局長田中耕太郎宛に出された報告書がある（同志社社史資料センター、「教員退職調ニ関スル件回答」「二〇総甲第一六号」、昭和二十年十二月十日）。それには退職日、退職理由を記した三六名の氏名があるが、そのなかの「文部省戦時教育ニ関スル非常措置ニヨル退職」者一六名の氏名（一五名が昭和一九年三月三一日付、一名が昭和一九年一一月三〇日付）のリストのなかに松山三郎の名前はない。

ところが占領軍の資料のなかに、レターヘッドが「大日本帝國政府」とある用紙四枚に、英文タイプで印字された同志社離職者リストがあるのを発見した(20)。そのなかに“Retired according to the Wartime Emergency Measures”を理由とするローマ字表記の三五名の名前があり、ここには松山三郎の氏名が載っているのである。レターヘッドから判断してこの報告書は日本政府が作成して占領軍に提出したものであり、それが可能になったのは、戦時中同志社から文部省に提出された退職者リストの報告書が存在していたからだと考えられる。先ほどの戦後牧野虎次総長名で同志社が提出したリストの「文部省戦時教育ニ関スル非常措置ニヨル退職」者の教員数一六名に比べ、倍以上の人数である。これは三五名のなかに職員も含まれていることもあるが、松山三郎と同様に秘かに解職された教員も含まれている可能性も高い。これも牧野総長が秘していたことである。

牧野が徳富蘇峰の政治的、社会的権威を活用する行動にでたもう一つのわけは、キリスト教学校同志社に対する世間の悪イメージを払拭するために当時の右傾化していた徳富蘇峰と同志社を近づける演出をしたことである。

一九三〇年以降の徳富蘇峰は言論活動の目標を大衆伝道に設定し「蘇峰会」という全国規模の組織を発足させ、「挙国一致」の世論誘導を使命としていた。立憲主義に失望し、明治天皇をモデルにしたと思われる天皇親政論による皇室中心主義で政治の活路を開こうとした。ジャーナリストとしては、毎日新聞社賓のポストにあって、『毎日新聞』のコラムに時事論を書いていた。しかも大日本文学報国会会長、大日本言論報国会会長に就任するとともに、東條内閣においては顧問格の地位にあった。この蘇峰を牧野総長は世間の同志社への「誤解」を解くために利用した。

同志社は一九四三年一一月八日、日比谷公会堂で「新島先生生誕百年記念一億挺身精神運動講演会」を開催した。講演内容は牧野虎次「世界維新の指導精神」、阿部賢一「内外の情勢と必勝態勢」、徳富蘇峰「日本精神と新島先生」であった。同じく一一月一九日には場所を京都に移して開催した。ここでは徳富蘇峰「挨拶」、牧野虎次「大東亜建設と新島先生」、荒木貞夫「時局と日本精神」という内容であった。

他方、牧野総長は「教育に関する戦時非常措置案」に対して関西四私大でまとまって文部省に具申することを決めた。牧野が守ろうとしたのは法人同志社の組織であってそのためにはキリスト教や建学の理念は犠牲にされていった。

その大学組織であるが、戦況の悪化にともなって縮小を求められ続けた。一九四五年五月二二日には「戦時教育令」（勅令第三二〇号）が発令された。すでに出されていた「決戦教育措置要綱」（三月一八日）による四月一日から一年間の授業停止を正式に法制化した勅令で、しかも終了期限を定めていないものであった。ここに学校教育は機能停止するのであった。牧野虎次は文部省の指示に順応しながら同志社の組織温存につとめた総長であった。

四　戦後の同志社

戦後期については簡潔に論じておく。敗戦は学校を囲む環境をガラッと変えた。一八九〇年の教育勅語に始まった天皇制教育の五五年間の歴史を、数年間で逆回転させ、すごいスピードで教育制度の脱天皇制を実現したのが戦後であった。占領軍、とくに民間情報教育局（ＣＩＥ）は、日本の教育改革に熱心であった。彼らは戦前教育の問題点をよく分析しており、大学教授レベルのすぐれた教育将校がツボを押さえた指令を文部省にあたえた。戦中期のゆがみを直す改革の指令が文部省を通じて次々と通達された。諸学校の方からもシステムを正常化させるべく改正許可を文部省に求めていた。

まず一九四五年一〇月六日勅令五六四号で「戦時教育令」が廃止されるなど、軍国主義時代の教育の一掃が進められた。そして矢継ぎ早の新制度導入が始まった。一九四七年には日本人の手で作成された教育基本法が交付された。この年、予算の裏付けがないにも拘らず六三制が敷かれた。それらを支えたのは民間情報教育局（ＣＩＥ）の質の高い占領政策と日本側のリベラルな知識人、そして解放された日本国民側の教育熱であった。

新憲法の第一三条は「すべて国民は、個人として尊重される」と謳う。第一九条は「思想及び良心の自由は、これを侵してはならない」とし、第二〇条は信教の自由を掲げている。こうして、国家が個人の内面的価値観を公定する体制は解体された。社会的権威としての天皇による教育勅語は一九四八年に国会で失効した。新しい宗教教育およびび信教の自由の制度化のプロセスについては鈴木美南子の緻密な分析、「戦後改革における宗教教育と信教の自由」があるのでそれに譲る。

同志社では老練な行政能力をもつ牧野虎次が引き続き戦後も総長職を担当した。そして文部省通達にしたがい、そして又内部からの改革熱によって戦時教育体制からの脱却を進めた。復員学徒の受け容れ、解職されていた自由主義的教授の復権、新カリキュラムの設定が進行した。占領軍の「自由主義的若クハ反軍国主義的見解ノタメ嘗テ解職セラレタル教師ヲ復職…」という指示事項に応じて住谷悦治、和田洋一、新村猛の復職が文部省に報告された(21)。

一九四六年、実質亡命していた湯浅八郎がアメリカから帰国した。一九四七年四月、総長が牧野虎次から湯浅八郎に交代し、牧野は理事会会長になった。湯浅も改革を推進した。六学部体制の建設、財団法人から学校法人への変更にともなう組織の変更、理事会評議員会の改革、そして数次にわたり徐々に同志社大学綱領や寄付行為の改正を行なって戦後体制を確立させた。その経緯は『同志社百年史　通史編　二』に詳しい。

湯浅総長は、大学経営に外部経営者の力を活用した。集権的に、トップダウン方式で改革を推進した。湯浅八郎は戦後も一貫して共産主義ぎらいであった。またキャンパス内での学生の政治活動を一切禁止して、共産党系の学生から非難された。やがて湯浅体制に反発が起こり、神学部生中心の同志社刷新運動が起こった。一九五〇年四月、「経営主義から教育主義へ」というスローガンの下、学生大会が開かれ、千田民衛事務局、湯浅八郎総長、石川芳次郎理事（湯浅渡米中の総長事務取扱）へ批判が集まった。渡米中だった湯浅八郎から辞表が届き、一九五〇年六月湯浅は辞任し、大塚節治総長事務取扱に引き継がれた。湯浅は国際基督教大学づくりに向かったのであった。

五　処世の作法

日本の敗戦は人生にどのように影響したか、湯浅八郎、徳富蘇峰、牧野虎次について眺めておく。

解放されたのは湯浅八郎である。八月一五日をアメリカで迎えた湯浅八郎は、占領期の母国に帰還し、元の同志社総長の地位に返り咲いた。ただ、彼にとって同志社との相性は戦後もよくなかった。むしろ国際基督教大学総長時代がいちばん充実したものであったと思われる。北垣宗治は学生時代に湯浅先生から習った事として「つまり同志社には四つの精神的遺産というのもがあるんだ。それは、キリスト教と民主主義と国際主義と自由主義であるといって、それがどういうものであるかということをよく説明なさったんです」(22)と言っている。このような理念に奉じる姿勢ももつ湯浅八郎は、とくに戦前は多くの摩擦を引き起こしたが一貫性をもつ教育者として筋を通したと言えよう。

敗戦で人生最大の挫折を経験したのは徳富蘇峰であった。彼は、本気でそして熱を込めて愛する日本国を守るために論陣を張ったジャーナリストであった。日記によれば、八月一五日朝、天皇の重大発表があることを知った蘇峰は、一瞬、「徹底抗戦」の檄を飛ばされるものだと信じたというから、この言論界の巨人のもとにほとんど正確な情報が届けられておらず、政治宣伝の道具に自分の言説が利用されていた存在だったことが分かる。またこうも言う「然るに予の公生涯の終幕に接近するに際し昨年八月十五日、聖上の御放送を虔聴し、予の畢生の辛苦は一切水泡に帰したる事を認識せり」(23)。人生最大の挫折を体験した大東亜戦争の旗振り役はこの時点で無惨な挫折を自覚した。そして蘇峰は、貴族院議員、帝国学士院会員、帝国芸術院会員の辞表および勲二等、文化勲章の返上の手続きを行ない、一切の公職を辞退することをもって責任をとった。

戦後も蘇峰は皇室中心主義を維持しようとしていた。それを勧告したとき毎日新聞社からは、社長の高石真五郎から「皇室中心主義とは何か、……即ち政治機構の中心に皇室が立つこと……取りも直さず天皇親《みずか》ら政治を行うことにしていう処《ところ》の天皇親政となる。かく解すべきや。他の解釈として、皇室中心主義とは精神的のものにして、……故に天皇が政治を親ら視ず、民意に拠りまた民意が直ちに政治の実務に反映する如き機構により政治が行わる……かく解すべきや。……」との質問状が届いた。これに対して蘇峰は「ここに掲げたる前後両説について、何れを採るかという質問であるが、……何れを採るというよりも、むしろ双方共に採るという事を、正当と思う」(24)と答えていた。世間が想像していたような再度民主主義者に変身する態度はみられなかった。

蘇峰がジャーナリストとして立派だったことは、自分の過去の発言を隠蔽しなかったことである。いわく「余は敢て自ら誇るでもなければ、自らを弁護するでもない。多くの言論著作の中にて、これだけは取り消して置きたいと思うようなものは、殆ど見出ださない。少くとも予は、その当時に於て、予が最善と思うたる事を語りて、僭越乍《なが》ら我が国民を、その方向に導かん事を期した者である」と(25)。そのときそのとき、自分の良心にしたがって最良と思った見解を述べたのであるから、と堂々と胸を張る。

こうも言う「予は唯だ、男児豈《あに》空しく死せんや、生れた上は、人間としての意義ある生活をして、奉公を遂げたいと、考えていた。この考えだけは、十歳以前より八十歳以降に至る迄、一貫している。……一生の間自分が最善と思う目的に向って、最善の努力を効《な》した積りである。しかるに八十余歳、愈々《いよいよ》墓場に接近している今日に於て、踏み来《きた》った迹を考えて見れば、する事なす事一また十迄、十から百迄、悉く意の如くなったものは無い。……予が駆除し去らんとしたものが、遠慮会釈なく、繁殖増長しつつある」(26)。蘇峰は「立言者としての位置は、……不羈也、自由也、無拘束也、無遠慮也」(27)と言っていたが、これを維持し続けた言論人であった。見通しに間違いがあったにせよ、「良心」にしたがっての言説であった、と発言を隠蔽しなかったが、他面、自分の見解が歴史のなかで実現しなかったという挫折感も強くあった。

多くの知識人や宗教家と同様に、環境の変化に合わせて保護色を変えて保身に成功したのは牧野虎次であった。彼が人生で守ろうしたものは何だったのだろうか。牧野虎次の自伝は伏線の入り組んだ表現で敗戦後を描いた。

今上陛下が終戦の際に宣らせ給うたる綸言は、洵に堂々たるもので、駘風一過、我々は日本晴れの心地を禁じ得なかった。大戦中、全国民が祈って居た神風は慥《たしか》に吹いたのだ。唯だその方向が彼方《かなた》に向わずに、此方に向っただけだ。軍国主義《ミリタリズム》は彼方此方の区別なく現世界から一掃すべきものに相違ない。当時、私は心ひそかに斯く信じて疑わなかったが、橿原神宮の高階宮司が斯く唱えて居らるることを、日本甲子会の中西武五郎氏から承り、更に賀川豊彦氏より、三笠宮殿下も同様の御考えだと伝え聞き、私は大に意を強くうした。元来八紘一宇（あめがしたを家となす）の精神は軍国者流《ミリタリスト》が曲解して「撃ちてしやまん」などと宣伝したから遂に誤解を招いたのである。彼等こそ曲学阿世の徒なれ。彼等をのさばらせたのは全く腑甲斐なき我等同胞の責任と恐縮せざるを得ない。否な、我等の負うべき責任はソンナ過去の問題でなく、戦後、人心の動揺や、虚無的世相に対し、進んで指導誘掖の任に当たるべきに、単に他人事《よそごと》同様に看過し、当然取るべき積極的態度に出なかったことは、お恥敷《はずかし》いことであった(28)。

つまり戦時中から、心秘かに軍国主義に反対であったこと、しかし、「我等の負うべき責任はソンナ過去の問題でなく」、目の前の戦後の混乱に取り組むべきであると論点を未来に移行させるのであった。

これまでの同志社史で語られてこなかったが、終戦直後に占領軍と同志社との間には二度の接触があった。新しい教育制度創設の意気に燃えた占領軍が、キリスト教大手の私立大学の同志社に期待をもって非公式接触をしてきたのである。彼らは教育改革の日本人側協力者を捜していたのである。しかし残念なことに同志社側の志は低く、十分に応えられなかった。この役割は東京大学文学部助教授岸本英夫（宗教学、ハーバード大卒で英語に堪能）と海後宗臣教育学部教授が担うことになった。

一九四五年一〇月三日、同志社大学アーモスト館でアメリカ陸軍第六軍と同志社幹部との非公式会談がもたれた。「京都の米第六軍本部の軍政将校は、一九四五年一〇月初めから、日本教育制度に関する情報収集活動を行った。

……まず手初めに、占領軍がキリスト教の教育機関を信頼し、同志社大学との接触を図ったことは当然であろう。シーフェリン海軍中佐は、非公式の相談役として行動してくれる教育分野のすぐれた日本人を求めていた。この結果、一〇月三日、同志社大学総長の牧野虎次、同神学科主任の有賀鐵太郎師、同教授（社会政策）の難波紋吉とシーフェリンの非公式会談が、大学本部で実現した。この会談はシーフェリンが用意した二三項目の質問に答えるという形で行われた。全体として、日本の教育に関する初歩的な質問であり、深く突っ込んだ話し合いはなされず、同志社側は質問に逃げているという印象を受ける。特に、教職追放に関し、追放は必要だが、大多数はリベラルであると、大量パージに反対している」と鈴木英一は分析している(29)。

この時の質疑のいくつかを拙訳しておく。

質問　人事問題（軍国主義的あるいは国家主義的で好ましからざる教員を教員組織から排除すること）をどう処理すべきと考えるか。

回答　幾人かの追放は必要である。しかし悪質な教師の数は多くいないと思う。大多数はリベラルである。

質問　学校で宗教はどう扱われているのか。

回答　学校は非宗教である（Non-religious）。

質問　学校教育に国家主義思想や祖先崇拝はどのようにして採りいれられたのか。

回答　神社神道は国家主義的である。十三教派神道は違う。それらは宗教であって必ずしも国家主義的ではない。

質問　過度に軍国主義的、超国家主義的な組織として、今後廃棄すべきものは何か。

回答　心当たりは何もない。

質問　今の文部省のトップにあって我々が導入しようとしている非軍事化政策やその他の政策に反対している

者の名前を言ってほしい。

回答　荒木将軍は東條の政治に反対した。今の文部大臣前田多聞氏について言えば、氏は非常にリベラルである。クリスチャン、クエーカー教徒、ジュネーブの労働機関でも働いていた(30)。

この様子を鈴木英一は「軍部の弾圧の状況を率直に述べなかったように、同志社側の対応、とくに、牧野虎次総長（一九四二年七月〜四七年四月在任）のそれは次元の高いものとは言えなかった」と評している(31)。

二回目の接触は、米国教育使節団の関西地方視察のときである。そのときの光景は、当時案内係をした京都府学務課の視学、青柳英夫の話が残っている。

次の日（一九四六年三月十七日）は京都市内の視察。いくつかのグループに分かれ、私の案内したのは、ストッダート団長と女性を含め五、六人だった。同志社大学を一行が視察した時は、アーモスト館、これは同志社の創設者である新島襄が若き日に学んだ大学を記念して造られた建物だが、ここで牧野虎次総長らと会談した。印象的だったのは、使節団側が「戦時中に大学が受けた迫害は何か」と聞いた時、牧野総長が一言、「ナイン」と答えたことだった。

同志社は、キリスト教の学校だから、戦時中は軍部に目の敵にされてさんざんな目に遭っているはずなのだが、何もいわない。そのかわり「何か援助を受けたことは？」という質問に牧野さんは、表装したものを出して「オンリー・ワン」と答えた。それには、新島襄が学校を興す時（明治八年）に太政官が援助した時の金額が書き込まれてあって、これには、我々も笑ってしまった(32)。

どうして語らなかったか。いちばん疑問なのは、青柳も言っているように戦時中の軍部の同志社に対する圧迫をゼロ査定した点である。またアメリカ側の質問に、時代をずらして荒木貞夫文相（彼は東條内閣ではなく平沼内閣の文相）や太政官時代をもちだして、回答をはぐらかした不誠実さも奇妙である。もし軍部からの弾圧を認めたならば、その実態が精査されかねない。戦時期、総長時代の言動が俎上にのるのを恐れていたと思われる。すなわち回答をはぐらかしたのは、牧野虎次には戦争犯罪者の自覚があったのであり、それを隠蔽したのは自分の戦中責任を不問にするためであった。

一九四七年二月に牧野虎次は同志社を事務局にした国際宗教同志会結成の発起人となり国際平和活動を始めた。五月には京都市公職適否審査委員（長）になり、戦争責任を裁く側になった。一九五四年に京都府名誉市民に選ばれ、一九六四年に死去した。このように牧野虎次は戦前も戦後も日本の成功者であった。牧師牧野虎次はいかなる環境にあっても風邪をひくことなく人生を送った現世的成功者であった。

戦後、蘇峰と牧野と湯浅の三者が一堂に会したことがある。一九四七年一一月二四日、徳富蘇峰からの要請で、元同志社総長牧野虎次、現同志社総長で蘇峰の甥の湯浅八郎、総長秘書室の田中良一、図書館資料係の小野則秋の四名が熱海を訪れた。「直ちに書斎に招じられ、午前九時から先生の話は始まった。……尚お当日一同は御心尽くしの午餐と夫々記念の品を分與せられた。牧野先生は正午前、其他は午後二時辞去した」と田中良一は書いている(33)。

蘇峰は、同年九月一日に戦犯容疑者としての自家拘禁を解除されて、熱海の晩晴草堂の門を開いたが、公職追放は続いていたときにあたる。このなかで蘇峰は次の三つの要請をしていた。

第一、同志社に何らかの形で所属したい、名誉小使でもいい。

第二、蔵書、書簡類、原稿などの資料一切を同志社に寄贈したいので徳富記念館の設置を希望。

第三、若王子墓地の新島先生の傍に自分の墓を作りたい。

しかし、公職追放中の蘇峰の希望を満たしたのは第三の墓の件のみで、同志社側の対応は手厚いものではなかった。

［注］

（1）鈴木美南子、一九八六年。
（2）『あるリベラリストの回想』一八六頁。
（3）和田洋一、一九六五年、二四二頁。
（4）和田、一九六五年、二五三頁。
（5）『あるリベラリストの回想』五二～五三頁。
（6）具島兼三郎、七五頁。
（7）『通史編二』一一一五頁。
（8）『京都日日新聞』一九三七年三月三日。
（9）『中外日報』一九三七年三月五日。
（10）『京都日出新聞』一九三七年三月二六日。
（11）『中外日報』一九三七年四月一四日。
（12）『あるリベラリストの回想』五四～五五頁。
（13）牧野虎次『針の穴から』、牧野虎次先生米寿記念会発行、非売品、一九五八年、一一一～一一三頁。
（14）有賀鉄太郎、八二頁。
（15）牧野虎次『針の穴から』一一三頁。
（16）牧野虎次「出陣学徒に餞す」『同志社新報』昭和一八年一二月二〇日。
（17）『針の穴から』一一五頁。
（18）「徳富蘇峰関係資料２」二一〇頁。
（19）有賀鉄太郎、八二～八三頁。
（20）GHQ/SCAP Records (RG331, National Archives and Records Service), Box no. 5704, Folder title/number: (16)/ Doshisha Daigaku (Kyoto-shi).
（21）昭和二十一年五月三十一日付、「同大甲三三号」同志社社史資料センター。
（22）『あるリベラリストの回想』二〇一頁。
（23）『終戦後日記　Ⅲ』二二二頁。
（24）『終戦後日記』二八四～二八五頁。
（25）『終戦後日記　Ⅲ』四六頁。
（26）『終戦後日記 Ⅳ』一二二頁。
（27）大正八年八月二十五日の「序文」『時務一家言』。
（28）『針の穴から』一一六～一一七頁。
（29）鈴木英一、一一〇頁。
（30）CIE Records, Box no.5163, File: Education Reorganization (3),　Folder number :(16), Folder title: Doshisha Daigaku, WNRC. 国会図書館憲政資料室にマイクロフィッシュとして所蔵されており、そのなかに次の三点の報告書がある。
①Captain John R. Sandberg, “Results of interviews with officers of Doshisha University, Kyoto”6 October 1945.
②Comr, USNR J. J. Schieffelin, “Report to Military Government Officer of Information Interview with Authorities of Doshisha University on 3 October, 1945”.
③ Captain John R. Sandberg, “Subsequent interview with

officials of Doshisha University on 5 October 1945".
(31) 鈴木英一、一一三頁。
(32) 読売新聞戦後史班、二四五頁。
(33)「徳富蘇峰関係資料1」一九五頁。

[参考文献]

上野直蔵編纂『同志社百年史』通史編一、通史編二、同志社、一九七九年
同志社大学アメリカ研究所編『あるリベラリストの回想――湯浅八郎の日本とアメリカ』YMCA出版、一九七七年
牧野虎次『針の穴から』牧野虎次先生米寿記念会発行、非売品、一九五八年
牧野虎次〔講話〕／藪崎吉太郎編『牧野虎次先生自叙傳』東京・藪野吉太郎、非売品、一九五五年
明治学院百五十年史編集委員会編『明治学院百五十年史』明治学院、二〇一三年
鈴木英一『日本占領と教育改革』勁草書房、一九八三年
読売新聞戦後史班『教育のあゆみ』読売新聞社、一九八二年
和田洋一「湯浅八郎」和田洋一編『同志社の思想史家たち』上巻、同志社大学生協出版部、一九六五年
鈴木美南子「天皇制下の国民教育と宗教――大正～昭和期を中心として」伊藤彌彦編『日本近代教育史再考』昭和堂、一九八六年
鈴木美南子「戦後改革における宗教教育と信教の自由」(一)、(二)、(三)、(四)、『フェリス女学院大学文学部紀要』二五号、一九九〇年、二六号、一九九一年、二七号、一九九二年、二八号、一九九三年
徳富蘇峰『徳富蘇峰　終戦後日記』講談社、二〇〇六年、『徳富蘇峰　終戦後日記　Ⅱ』、二〇〇五年、『徳富蘇峰　終戦後日記　Ⅲ』、二〇〇七年、『徳富蘇峰　終戦後日記　Ⅳ』、二〇〇七年
具島兼三郎「同志社とファッシズム」『同志社時報』第五六号、一九七五年一一月
有賀鉄太郎「戦時中の同志社を顧みて」『同志社時報』第五六号、一九七五年一一月
伊藤彌彦編「徳富蘇峰関係資料1　田中良一『蘇峰先生筆記談』」『同志社法学』三七一号、二〇一四年一一月
伊藤彌彦編「徳富蘇峰関係資料2　徳富蘇峰と同志社職員との懇談会」『同志社法学』三七一号、二〇一四年一一月
伊藤彌彦編「占領軍同志社関係資料(1)」『同志社談叢』第三七号、二〇一七年

第十一章　田中剛二と神港教会——戦後、教団を脱退した教会の歩み

吉馴明子

転載にあたって

本章は、一九九七年神戸改革派神学校の紀要に寄稿したものである。七章豊川論文が、日本基督教団の「大政翼賛」の歩みをたどり、八章遠藤論文も一五年戦争遂行に積極的に関わった牧師賀川豊彦の歩みを描いた。これら二つの論文では、書かれなかった天皇制国家へのキリスト者の消極的不服従と、積極的に有効に反対できなかった反省からなされた日本基督教団批判を紹介し、キリスト教と天皇制論の間隙を埋めたい。

田中剛二《ごうじ》も神港教会も、キリスト教界でこそ多少名を知られてはいるが、一般の社会ではどういう傾向のキリスト者・思想家なのか、見当もつかないであろう。田中剛二の伝記については、日本の説教シリーズ『田中剛二』(1)に、安田吉三郎が要を得た略伝を書いているので、参照されたい。ここでは、神港教会が戦前属していた日本基督教会について、少し説明をしておこう。

日本基督教会は、明治維新のどさくさに紛れてキリスト教が日本へ上陸した最初の地、横浜バンドでキリスト教に回心した植村正久が中心となって作った教会・教派である。植村の「日本基督教会の法王」という呼称は日本プ

ロテスタント史の草分け小澤三郎がつけたというが、それは彼の本質を案外的確に表している。法王はその下に堅固な教会組織を持ち、世俗権力に対峙しうる力と識見を持っていなければならない。石原謙は植村の教会の特徴を「イエスに於いて結びたる教会」に見ている。事実、彼自身、教会を「聖霊の友交を本とせる兄弟的結社」「基督における志を同じうする者どもの集団」としており、京極純一は植村の教会を「自発的結社（教派型）」としている(2)。もちろん日本の教会は殆ど例外なく「牧師」中心ではあるが、それでも、植村の教会は「共同体」としての性格が強い。それは植村が福沢の影響を受け、なかんずく「仲間」作りに着目したことにもよるであろう。この「志を同じうする者どもの集団」形成が、対国家の姿勢に影響を与える。例えば内村事件の時に「敢えて世の識者に問う」という批判声明を出し、続いて「国家と宗教」を掲載した『福音週報』は発禁処分を受けた。文部省が訓令13号で宗教教育の禁止を求めた時も、これに従って学校からキリスト教が撤退したならば、残った学校ではもう一つの宗教だけが教えられることになると批判をした。キリスト教会にとって重要なことは、一方で国家に、他方で外国宣教師に、過度に依存しない事であり、これが植村の基本路線であった。このような方針は日本基督教会に引き継がれ、一九二六年、一九二九年に提出された宗教法案に対して、日本基督教会は数か月にわたって熱心な反対運動を展開した。

日本基督教会がこのような姿勢を大きく転換したのが、一九三七年初頭の「五〇会大会記念伝道」を決定した協議会であったと、五十嵐喜和が『日本キリスト教会五〇年史』(3)で指摘している。この伝道指針に、「教会をして社会と隔絶せしむることなく、独善主義的傾向を戒め、福音によれる愛を以て社会を匡救せんとする事を努むること」という文言が含まれていた。富田満が大会議長に選ばれたのが、同年一〇月である。富田は翌年朝鮮を訪問し神社参拝を奨め、宗教団体法の成立に伴って日本基督教団が結成されると、初代統理に就任した。

ところで、富田満は賀川豊彦と共に、一九〇七年に開校された神戸神学校(4)へ明治学院から転入し、それぞれ一九〇九年、一九一一年に同校を卒業した。この神学校は、植村正久が使用するテキストに反対したS・P・フルトンが、明治学院支援をやめて作ったアメリカ南長老教会が運営する神学校であった。本章の主役となる田中剛二は一九二六年の卒業である。そしてS・P・フルトンの息子C・D・フルトンはアメリカ南長老教会海外伝道局総主事として、一九三七年二月に訪韓し、神社参拝禁止の声明を出した。神戸神学校は、その方針に従って閉鎖された平壌から多くの留学生を引き受けた。また、神戸神学校は学校での宮城遥拝の強制を受けて一九四一年に閉校した。日本基督教団の設立に当たっては、この神戸神学校卒業の富田、賀川と田中剛二、岡田稔が攻守を異にして相対峙したのである。以上述べたところを頭の隅に置いて、本論へ進んでいただきたい。

一　「教団脱退は私の悔改めである」

日本基督改革派教会は一九四六（昭和二一）年四月二九日創立されたが、その創立宣言前文において「一つ信仰告白、一つ教会政治、一つ善き生活」を掲げた。このような姿勢は、一九四〇年の宗教団体法案による日本基督教団設立に反対した牧師たちの発言にすでに見られる。すなわち「田中剛二等青年牧師群は……聖書の規範性、救いの恩寵性、教会の自立性、以上を骨子とせる告白文と使徒信条を以って信仰告白とすることの内容を希望条件として大会記録へ止めるように押し切って了った」(5)とある。しかし、このような反対者の意見は全く省みられることなく、教団が挙国一致体制の一角を担う働きをしたことは周知の事実である。そこで冒頭に述べたように、敗戦後早々の改革派教会の設立となるのであるが、田中牧師と彼の牧する神港教会は戦後もしばらく教団にとどまり、一九四八年ようやく改革派教会に加入した。その際彼は日本基督教団へ脱退届を提出し「教団成立は日本にある教会の信仰的妥協であったことを確信すること（悔改めのためには教団を解体するべきである）。私の教団脱退は私の悔改めである」と記している。本報告の課題は、戦時下の経験を踏まえて教会の国家に対する態度はどのようなものであるべきと田中が考えていたかを検証し、私たちに残された課題を明らかにすることにある。

二　「カルヴィンとセルヴェート焚刑」── 自由国家、自由教会

「カルヴィンとセルヴェート焚刑」[6]は一九四九年田中牧師の神学校歴史神学教授就任講演である。その構成は前半がセルヴェートの思想の説明、後半がセルヴェート焚刑についてとなっている。

まず前半であるが、田中はセルヴェートの思想の紹介に先立ち、彼がジュネーヴでの裁判に際し、自分の誕生日をヴィエンヌでの陳述とは異なってカルヴァン（本章では講演に合わせて、以下カルヴィンとする）と同年と陳述したことから始め、初めに僧職を後に法律研究に転じたという経歴が「宿敵カルヴィンのそれと酷似しているだけでなく、ともに原始キリスト教、聖書のキリスト教の回復をその生涯の事業とし」Institute に対し Restitute を著して、セルヴェートはカルヴィンのライバルとして自らをアピールしていたとしている。思想内容の紹介はこのトーンに貫かれている。おそらく評者によってはその偏りを指摘する者もあろうかと思われる。しかし専門外の筆者からはこのような田中の筆致にむしろ田中の個性が現れていて興味深い。田中は、しばしば「教派主義者」「恐い先生」と呼ばれたが、それは自分の論敵を見間違うことのない鋭さであり、きびしく論難する正確さであったと思われる。内容を箇条書きで要約すると以下のようである。

（1）主として『三位一体論の誤謬』によって、セルヴェートの思想の近代主義的・汎神論的特性の説明。

（2）セルヴェートがヴィルヌーの偽名によりフランスで数学物理の研究の傍ら神学の思索を続けたこと。この時期、旧約聖書の歴史的・文学的意義を説く近代的釈義法を開拓、またカルヴィンとの文通がなされた（カルヴィ

ンは相手がセルヴェートであることを見破れなかった)。

(3)一五五三年一月『基督教回復論』をM・U・Sの匿名で出版、そのためにカトリック都市ヴィエンヌで逮捕され死刑判決を受ける。直前セルヴェートは逃亡、ジュネーヴ入り。

これに対し、論文後半の国家と教会に関する叙述は、このような傾向を基底に持ちつつも、前半とはほとんど対照的といって良いほど田中の直接的な評価は背後に退き、歴史的背景を考慮して問題点を浮かび上がらせながら展開する叙述になっている。後半の内容を詳しく見ていこう。

セルヴェート処刑を主張したカルヴィンを、ジュネーヴ神聖政治の支配者、法王とする見方がある。これに対して、田中は次のように反論する。(1)「ジェネヴァ市の政治的自由独立を獲得するための手段として宗教改革の導入に荷担した愛国派」と「一種の汎神論的道徳廃棄主義者」である「自由派」とが合体してカルヴィンの敵となり、小議会ではペラン長官のもと二二議席中一四を占めた。彼は〝支配者〟ではなく、少数派であった。(2)しかし、カルヴィンは「教会戒規の権能を核心とする教会規則の全システムの保持」のために戦った。しかも教会監理会対市小議会の戦いは、二年前のボルセックによる予定論批判からカルヴィンの教理自体への批判にまで進んで来ており、この時期に「セルヴェートの如き執拗な敵を教理的誤謬の故に告発することは、彼らに乗ずる機会を与え」カルヴィン自身の追放さえ恐れねばならぬほどであった。彼は〝法王〟の力も持っていなかった。

このように、カルヴィン自身十分な力を持っていなかったにもかかわらず、なぜカルヴィンはセルヴェートを告発したか。それは、カルヴィンの「為政者の権能と義務とに関する彼の確信」によるものであったと、田中は考える。すなわち、『キリスト教綱要』四巻二〇章から「為政者は……真の教理を保存し、教会の規律を擁護……することを、その義務とする」「全ての異端と冒瀆が禁圧されるため、神の真理がその純正において欠けなく保持されるため、為政者は適宜の手段をとる権と義務を持つ」を引用して、それを説明している。さらに、このような為政者の権能と義務を、ジュネーヴ市民もまた承認していたのであるから、カルヴィンの理事者への告訴と市政府による死刑判決は、為政者の権能・義務の正当な行使といわねばならぬと見る。

セルヴェート焚刑の根拠をこのようにたどった後、田中は問う「然らばセルヴェート焚刑の何処に誤謬があるのか」と。この問に答えるべく彼は、セルヴェートを異端として罰することが、スイスの友好都市の賛意を得ていただけでなく、当時の他の改革者らも「国法による異端の処罰を正当とした」と述べる。問題は、ローマ帝国によるキリスト教保護に始まる国家と教会の結合の原理にある。中世史における国家と教会との争いもこの結合原理の上での優位争いにすぎない。宗教改革者もまた、この結合原理を維持しつつ「教会が国家の組織の一部分となり、国家がその宗教的職能を果たす一組織となる」とする事によって、「国家は教会的世界の一部を構成し、国家は教会存在という大目的に従属する」とするローマ主義と異なるにすぎない。カルヴィンもまたこのような社会的慣行から完全に自由ではなく、「教会戒規について国家権力の協力を認めた」。しかし、このことが、「彼自身の教会自立の原理の実行を事実ジェネヴァにおいてほとんど失敗せしめたのではなかったか」。明らかに田中はカルヴィンの教義の取捨選択を行なって教会の自律性を強調し、為政者の宗教的義務を否定している。「もしセルヴェートを焚刑したことについて、カルヴィンが有罪であるとするならば、それは彼が十六世紀の誤謬の空気の中で、それを呼吸して生きた、という点である。シャムペル丘上の償罪碑が「彼の時代の誤謬であったところを有罪とし」と謙虚に語るのは、これであろう」と。政治思想、哲学史を紐といて見るまでもなく、あらゆる学説はその前の学説の遺産である。国家と教会との関係についてのカルヴィンの理論を田中が批判するこの行論で優れているのは、中世以前からの神学的遺産を国家と教会との結合の原理として一くくりにしたことであろう。

この原理がカルヴィンにおいてはまだ生きていたことを認めた上で、田中は、カルヴィンが一六世紀に新しく導入しようとした「何か」を問い、それは「自由国家と自由教会の原理であった」と断言する。カルヴィンは「教会的戒規の権能を教会の独立的権能として確立、保持する戦い」をジェネヴァ（ジュネーヴ）で戦っていたのだ、と。しかし、この新しい原理は「教会と友好的国家の協力関係の理論」によってしばしば見誤られた。カルヴィン然り、ウェストミンスター信仰告白然りである。田中は言う。

（さて）、国家と教会との結合が根本的に否定せられない限り、為政者が一つの特定の教会、すなわち、信条を承認し保護し、擁護することは、理の当然である。かかる国家にも宗教的寛容はあり得る。しかし国家の宗教的寛容とは、国家権力がある信条または宗教を許しあるいは禁ずる権を持つ、という原理の承認以外のことではない。それは決して国家における宗教的自由、良心の自由ではない。宗教的自由は国家以前の、人間に本有な、神の創造に基づく権利である。国家はこの権利を素直に認め、これを擁護する以外に、何をなすことが出来るのか。

この講演の後開かれた日本基督改革派教会第四回大会で、田中はウェストミンスター信仰告白第二三章「国家為政者について」の第三節（教会と国家の関係についての規程）を一七八七年の「アメリカン・リビジョン」と取り替えることを提案し、可決された(7)。すなわち、ウェストミンスター信仰告白の密接な教会と国家についての関係ではなく、アメリカ長老教会が明確にした「自由な国家、自由な教会」の原則にこそ、日本教会は立つべきだと考えたのである。自他共に認めるカルヴィニスト田中は、改革派教会加入によって自分の思想を行動をもって表現すると同時に、講演によって田中がどのような意味でカルヴィニストであって、どうではないかを明らかにしたと言えるであろう。そして、田中にこれをさせたのは戦時下の経験であり、ここに田中の歴史に対する認識が含まれているのは明かであろう。

三　戦争責任

1　日本基督教団をめぐって

田中の改革派教会加入をめぐる思想と行動を論ずるに当たって、日本基督教団設立の歴史的背景を見ておかねばならない。一九三七年蘆溝橋事件を契機に本格的に日中戦争にはいった日本は、国内の挙国一致体制を強めて行った。一九三九年三月の宗教団体法成立、それに基づく日本基督教団の設立は、天皇制イデオロギーのもとにキリスト教を統制しようとするものであった。既述のように日本基督教会では、一九四〇年一〇月の第五四回大会に於て「合同問題に関する決議案」を議し、これに反対の田中牧師らは信仰告白による一致等の付帯条件をつけたものの、合同案は可決された(8)。のみならず、同年一〇月の皇紀二千六百年奉祝全国基督教信徒大会では、「我ら基督信徒も亦之に即応し教会教派の別を棄て合同一致以って国民精神指導の大業に参加し進んで体制を奉賀し奉り、尽忠報国の誠を致さんとす」との宣言を採択した。こうして合同への動きは急速に進み、日本基督教会は一九四一年四月臨時大会に於て教会合同案を八五対二六で可決した。これ以後、教会合同反対者の行動は、体制内的反対となる。関東では常葉隆興を中心とする「正統神学会」、関西では岡田稔を中心とする「昭和神学研究所」、そして九州では藤田治芽を中心とする日本基督教会鎮西中会の人々である。

これらの動向のうち、岡田稔は教団の部制移行後すぐに脱教団の動きを起こしている。しかし、田中は「信条の未確定という点に更に望みを置いて、信条作成に努力せん」と慎重であったという。この態度は敗戦後改革派教会が結成されてもすぐには変わらなかった。ようやく一九四八年三月田中は神港教会小会に教団離脱と改革派教会加入の提案をした。小会は二日間にわたってこれを討議し、同年四月一一、一八の両日開かれた教会定期総会にはかって決定した(9)。田中のこの慎重さは何を意味していたであろうか。

先に述べた岡田と彼の灘教会は一九四三年四月臨時総会に於て次のように教団離脱を決定している。

灘教会は岡田牧師作成の信仰告白文並びにその私約ウェストミンスター小教理問答書を以って信条となし、信仰的には一個の独立教会となり、ただ対国家法制に於て、日本基督教団と関係すること。

岡田は灘教会一個について、信仰告白に基づく独立教会＝自由教会の原理を確保し、「ただ対国家法制に於て、日本基督教団と関係する」とした。確かにこれは国家の宗教政策に対する反対の姿勢をはっきりと表しているように見える。しかし、日本基督教団自体あくまで宗教団体法に則って成立したものであるから、「対国家法制」面で教団であり続けるということは、教団設立の意味を否定したことにはならない。国家の宗教政策に対する消極的受容という点では、あくまで教団の信条作成にこだわった田中の場合と岡田とに差はない。田中のこだわりは、彼がすでに教団に組み入れられた者として日本基督教会の教会と人としての責任をいかに取るかを意識しての態度であったと考えられる。

敗戦後一九四五年末には田中にも改革派教会設立の誘いがあったが、一九四六年三月の長老会では「日本基督教団に関する件は、旧日本基督教会の復興の方針を堅持して、教団に対して飽くまでも反省を求める態度を持すること」と従来の田中の主張が確認されている。ところが、一九四八年になると田中の教団観にも変化が現れ、「教団は教会ではなく連盟に過ぎぬ」とされる。また「教団内にありて、神港教会の信仰を良心的に告白すること不可能なり」と、もはや教団内で田中が考えるような教会を形成することが困難だとされた。教団の一員として責任を取ることが不可能なことを悟って、田中は教団脱退を決意する。神港教会小会は田中の教団離脱を承認するが、「改革派信仰、長老政治を純粋にして」日本キリスト教会を再建することが神港教会の願いであるという記録を残している。この決定は、田中に日本基督教会所属の牧師として教団の一員となった責任を改めて自覚させたであろう。日本基督教会の牧師として田中は戦時中から一貫して「自由教会」の確立を目指して腐心していた。「教会的戒規の権能を教会の独立的権能として確立、保持する戦い」を、その置かれている歴史状況の中でいかにして戦いぬくか。己の側に自律能力がなければ、国家に対してその原理を主張することができない。信条の一致による合同を主張したのはそのためであったが、日本基督教会大会での採決の結果、田中らは敗北を喫したのである。戦後もなお、教団の信仰告白形成に望みを託し続けたのは、戦時下教団の成立を阻止できずそれを容認した責任を教会の側の姿勢の転換によって果たしたいという願いの表現であったのではなかろうか。これが不可能だと判断した田中は、教団そのものは勿論のこと、教団成立を阻止できなかった自己の行動をも全否定することになる。田中メモでは教団脱退の理由が次のごとく簡明に記されている。

戦時中信仰的良心を曲げて教会合同、日基教団組織に参加したことが神に対する背信行為であったこと。教団を成立せしめたことは信仰的敗北であったこと。教団解体は当然の悔改行為。牧師の教団脱退も悔改めの行動である(10)。

ウェストミンスター信仰告白にもある「見える教会」「見えない教会」という言葉を田中は好んで用いた。田中は、此岸の人間の営みには必ず不完全さが伴うことを知っていて、しかも「我が国籍は天国にあり」と、目標を目指して走る営みを重視した。田中の教団に対する態度は常に可能な方法の模索の中で選択されたものであった。彼の教団脱退の決断もまた、単に神学理論の帰結ではなく、田中が選択した少数派の歴史参加の方法が歴史の流れの中で有効ではなく、誤りであったことを認める、「悔い改め」だったといえるであろう。この経験を理論にまで展開したのが先のセルヴェート論であり、ウエストミンスター信仰告白二三章第三節のアメリカン・リヴィジョン採択の提案であった。

2　天皇制イデオロギーをめぐって

では、田中は宗教団体法、日本基督教団の設立の底に流れる天皇制イデオロギーに対してどのような態度をとったか。彼らは少なくとも疑似宗教としての天皇制に対しては戦おうとした。聖日礼拝時に国民儀礼を行なうようにという要求に対し、礼拝の前にそれを行なう工夫を凝らした教会は少なくない（神港教会も憲兵監視下の礼拝時に、宮城遥拝を強いられたことがあり、長老（役員）がリードして遥拝を行なった後、田中牧師が壇上にあがって礼拝開始を宣したという）。岡田は南長老教会から委託された中央神学校を宮城遥拝の強制から守るために閉鎖し、「昭和神学研究所」に改組した。また、田中には「戦前の伝道」と題された一文に次のようなエピソードがある。

説教が終わると聴衆の中の数人から、日本とキリスト教――そんな難しい言葉ではなく、ズバリ「天皇さまとヤソ教の神さん」――とについての質問です。応答の中で彼は、若さからの無思慮もあって、天皇のことを「彼」といったのです。「天皇さまにむかって「彼」とは何だ」。……「英語ではみんな人は「彼」です」。彼の言葉で騒ぎはいよいよエスカレートして、聴衆は詰めよってきました。若い彼も興奮していたのでしょう、「「彼」も人間です」と言ってしまったのです。

一九七四年に書かれたこの一文は、天皇制の根絶の訴えで終わっている。クリスチャンホームで育ち、かつてはアナーキストであった田中が、現人神としての天皇を嫌い、その根絶を願っていたことは想像に難くない。たとえキリスト者として、天皇は神ではなく、国家法制上の統治者にすぎぬと割り切ることができたとしても、その権威のもとに臣民（市民）の全活動が統制を受けることになった時、社会制度としての教会（「見える教会」）は、国家の法制上の規律に服する他ない。教会は日本基督教団の一員としてしか存在することが許されず、教団の活動は日本帝国の行為を支持する任務すら与えられた。首都から離れていたためか、関西の教会は教団の通達の遵守を求められることが少なかったとも言われるが、礼拝には憲兵がはりついていた(11)。このような経験が天皇制の宗教性、国家と宗教の緊密な結合からくる弊害に目を向けさせないはずがない。「自由教会、自由国家」の主張はこのような戦時下の経験に基づいて明確化されたものと考えられる。もう一度セルヴェート論に戻って考えよう。

田中は、カルヴィンの行動原理を自由教会の確立に求めただけでなく、さらに一歩進めて友好的国家との協力関係の否定にまで及んでいる。確かにカルヴィンの説にそのような側面があろう。しかし、それはいわば萌芽的に含まれているにすぎない。自由国家と自由教会を一つの不可分の原理とするのは、後の解釈である。田中は何故ここまで徹底して考えたか。セルヴェート論からの先の引用を想起されたい。すなわち、「国家と教会との結合が根本的に否定せられない限り、……（このような）国家の宗教的寛容とは、国家権力がある信条または宗教を許しあるいは禁ずる権を持つ、という原理の承認以外のことではない。それは決して国家における宗教的自由、良心の自由ではない」。この文は何を意味しているだろうか。田中自身が例示したようにローマ帝国もそうであるが、戦前の日本は正しくこのような状態にあったのではないか。大日本帝国憲法では信教の自由を認めていながら、天皇制国家の維持のために不都合な思想、信仰はすべて禁止する、それが戦前の日本の姿であった。キリスト教はしばしば邪教、外国の教えとして排斥されたため、キリスト教を信じる多くの者はキリスト教が国家に公認され、一人前に扱われることを願い、喜んだ。しかし、その路線に乗った時キリスト者は己が信ずる道を自由に行くことができなくなった。何を信ずるかは優れて個人の良心の自由に関わる事柄であり、それはしばしば国家秩序の枠からはみだしたからである。この苦い葛藤はすでに一八九一年内村の不敬事件で経験され、「宗教と教育との衝突」論争を引き起こした。植村正久らは「良心は国家より大なり」と主張したが、キリスト教界の大勢は国家主義の枠組みの中で信仰を保つ形で問題を収束しようとした。多くのキリスト者が天皇制国家の故に信仰を自由に表明できなかったばかりでなく、天皇を冠する国家の前に田中自身教会人としての良心を屈したことを自覚した時に、自由に信仰を保ち、自律的教会を立てるための苦闘は「国家の宗教的寛容政策」の下では実を結ばぬと田中は確信するに至ったと考えられる。ウェストミンスター信仰告白の持つ問題性はあまりにも明かではないか。

己が信仰を公権力の妨げを受けないで信ずる自由を求めて、田中の目は少数派の戦いに向けられた。「改革派の教会自律の原理は……迫害せられる教会であったフランス改革派教会によって、初めて最も純粋に実現された」と。

まず国家と特定教会（信条）との結合が破られなければならない。国家は全ての信条を援けるか、一切を援けないかである。宗教的真理・礼拝の問題は国家が関与し干渉すべき領域にない。

これは、長い宗教戦争の果てにヨーロッパ諸国が到達した道徳・宗教と権力の分離に基づく近代国家の原理の承認に他ならなず、自由教会はこのような自由国家の樹立によって初めて完成される。このような制度を支えるのは、キリスト教共同体から個人として析出された神以外の何人にも支配されない自由人である。彼がセルヴェート論で、教会と国家の協力関係を否定した時「人間に本有な、神の創造に基づく権利」としての宗教の自由、良心の自由を「神の創造に基づく権利」と強調したのは言葉の勢いではなかった。自由教会・自由国家はそのような不羈独立の人間によってのみ建てられるのだから。こうして田中は、疑似宗教としての天皇制による祭政一致の大日本帝国と、国家の力を借りてキリスト教を広げようとする考え方の双方に、「否」を宣言したのであった。

四　今日の課題――西欧政治思想史を参考に

ところで、宗教的真理に関与しない国家という概念は、カルヴィンの国家概念に抵触しないだろうか。田中の考えを「教会と国家」（講演草稿）(12)に見てみよう。周知のように、カルヴィンにおいて教会と国家とは、それぞれ神礼拝と、人々の正義と安全を守るという固有の権能を持つ独立の制度でありながら、共に神の支配のもとにあって、究極的には神礼拝と神奉仕のためにあるとされる。この一つの至上目的のためにいったん分離された教会と国家は協力関係に置かれる。田中の言葉を借りれば「キリストの主権下に教会と国家の自律性を認める立法行為における相互独立と、その行政における相互援助という」関係である。例えば、教会の戒規の遂行は教会の律法に従って独自になされるが、教会がそれに対する服従を確保するために国家の協力を要求することができる。その場合、国家が教会によって必要とされたことの適法性、便宜性について、国家自身の判断を働かせる必要が生じる。ところがそうすることは、国家が霊的な領域に踏み込むことになる。この誤りを防ぐため、「国家と教会は神の絶対主権と神の律法の下にあって、その立法においても、その行政においても独立であり、それぞれ自らの責任において、その任務を果たさねばならない」と田中は言う。

この論稿の特徴は、国家と教会との相互独立と相互援助との関係の検討を、教会の「立法」と「行政」過程に注目して議論している点であろう。セルヴェート論ではカルヴィンが当時の慣行に流されて結局教会の霊的自律制を守りきれなかったという指摘にとどまった問題を、教会と国家とをあくまで地上の制度として限定的に扱うことによって、カルヴィンが間違いを犯した一因を明らかにしたのである。教会のみならず、国家が厳密に地上の制度として把握される時、それがキリスト教的政権であるか否かはその権能を変えるものではないから、すべての国家はいっさい教会の権能に関わってはならないとされる。こうして、宗教的目的性を剝奪された地上の制度としての国家は、しかし、カルヴィンに従って、歴史の支配者である神の主権の下に立つのであるから、「それぞれ自らの責任において、その任務を果たす」べきであるとされる。神の歴史支配は、国家もまた神の主権の下に立つことを知るキリスト者の市民的活動によって担われることになる。こうして、田中の結論はキリスト者は「神のものは神に」を要求すべしというきわめて平凡な言葉で終わる。

この結論は、「神は死んだ」といわれる現代に、なかんずく政治的なるものがしばしば神的権威をまとう汎神論的文化の日本社会で、無意味とはいえないであろう。しかし、教会と国家の分離がともすれば二元論的に陥る誤りを犯してきた日本のキリスト教会にとって、「神のものは神に」はキリスト者が社会的責任を遂行するために、十分な規範的命題となり得るだろうか。

近代国家は「純粋に世俗的な目的のためにその力を用いる純粋に世俗的な権威」と定義されるが、それは地域国家がローマ法王を頂点とする普遍的共同体から解放され政治的機能を持つ共同体として確立した結果であった。このような国家の非宗教化の過程は、ロマ書一三章に見られるキリスト教的服従の教えの再検討を迫らずにはおかなかった。Q・スキナーは *The Foundation of Modern Political Thought*（近代政治思想の基礎）(13) で、近代国家概念成立史を検証し、国家が神的目標以外の世俗的存在理由を獲得していく過程を、「抵抗権理論」と関連づけて検討している。カルヴィニズムについてのスキナーの叙述を参考に田中の結論を再考してみよう。

カルヴィンの抵抗論は全体的にはルターのそれに比してラディカルとは言えない。しかしその中に近代国家概念の萌芽となる考え方が含まれている。カルヴィンは暴君について一般的にはそれが民の罪に対する神の刑罰であるとしている。しかしある箇所では、支配者は特別の義務――人々の共通善を見つけ彼らを正義と平等を以て導くという――を果たすために神によって任命されており、その義務を果たせない支配者に対して義務の遂行を迫る下級の行政官が「神の贈り物として人々に」与えられることもあるという。また、『キリスト教綱要』の最終章には護民官への言及が見られる。護民官は〝ポピュラー（人民の、民主の）〟行政官であって、彼らは王の権力を緩和するために任命されると説明している。カルヴィンのこのような考え方は、大陸のカルヴィニストに受け継がれ、王、行政官、国家といった政治的権威について世俗的、公法的議論を展開していく基礎を作った。とくにユグノーたちのカトリック政権に対する抵抗運動では、より広い支持層に共通する宗派的色彩の少ない理論を模索する中で、王権・政治的権威を神学的にではなく歴史的に弁証しようとする試みが定着していった。こうして政治的共同体は直接に神から与えられたものとしてではなく、人々がその社会の歴史的な制度手続きに従って運営すべき固有な領域となった。

田中が国家と教会は「それぞれの責任においてその任務を果たす」という時には上述したような政治社会の自律性と自律した個人が前提されている。しかし、これは政治社会が神の主権的な歴史支配の外にあるというのではない。そうではなくて、田中はこの世が神の支配に服する日が来ることを信じていた。そうだからこそ、たとえそれが終わりの日においてしか私たちには明らかにならないとしても、私たちはその日を望みみて、私たちが神に与えられた務めを果たさなければならない。キリスト者も非キリスト者と共に国家の構成員として何をなすべきかを自己の責任において考えなければならない。一六世紀の神学者が「人民の共通の善」を目指して、「義と平等を以て人々を指導する」ことを政治家の任務としたように、今日の市民としてのキリスト者も聖書の教えに従って、究極の目標を提示する責任があるのではないか。田中は石油ショックの時代に「昔の僕なら革命と叫んだところですが」と時代の世相を嘆いたが、牧師として直接的に社会批判をすることについては禁欲的であった。この世の職業を聖職と区別することなく天職として重んじた彼は、市民であるキリスト者、政治家・学者であるキリスト者が、神の主権の下に己が責任を全うすることを求めていた。いたずらにキリスト教の権威を帯びることなく、しかし神の御旨から目を反らすことなく、いま、日本でなすべきことを考え実行していくことが、田中の結語に対する私たちキリスト者の応えでなければなるまい。

以上で見たとおりカルヴィニスト田中剛二が、天皇制の支配する戦時体制の中を生きて到達した結論は、今日から見てあまりにも平凡にすぎるかもしれない。しかし、キリスト者の戦争責任を問う一つの視点を、思想運動としてのキリスト教が日本社会でたどった軌跡を明らかにすることに求めることができるとすれば、田中研究にも意味があるのではないか。改革派のキリスト者は「頭が硬い」とよく言われる。確かにすべての問題を教義の中で解決しようという教条主義的傾向が強いといえるであろう。田中の場合は、神学的立場が明確で、その意味で改革派的教師でありながら、それでいて事柄を社会的・歴史的脈絡の中で考える人であったように思われる。例えば、岡田稔は、『改革派神学通論』の筆者として教義の整合的な組立に関心があったであろうし、常葉隆興の改革派への思い入れはもっぱら聖書の規範性にあった。田中は「歴史神学の教師」であって、聖書神学でも組織神学でもなかった。田中の改革派加入の遅れも、神港教会が大教会で、それを率いて改革派に加入するには時間が必要で、それを成し遂げた彼の指導力は優れているという手腕の問題ではなく、本章で見たように、そこに田中の社会、歴史に対する関わり方が現れており、それは本質的に彼の神学思想を規定するものでもあった(14)。

[注]

＊本章初出は、「自由国家と自由教会――田中剛二を巡って」『改革派神学』第二十五号、神戸改革派神学校、一九九七年一〇月である。

(1) 日本の説教13『田中剛二』日本キリスト教団出版局、二〇〇四年。

(2) 京極純一『植村正久――その人と思想』新教出版社、一九九六年。

(3) 日本キリスト教会歴史編纂委員会編著『日本キリスト教会50年史』一麦出版社、二〇一一年。なお日本キリスト教会は、一九五三年五月、戦前日本基督教会に属していた三九教会四伝道所が、日本基督教団を離脱して創立された教会（教派）である。

（4）神戸神学校は、一九二七年、大阪神学院と合併して中央神学校となった。一九四二年、閉校。

（5）久山康編『近代日本とキリスト教』創文社、一九五六年、三三五頁。

（6）「カルヴィンとセルヴェート焚刑」『カルヴァン――その人と思想』田中剛二著作集第二巻、日本基督改革派神港教会（新教出版社発売）、一九八四年。なお、田中剛二は神学校時代に校長S・P・フルトンの影響でカルヴァンに惹かれるようになった。卒業後、アメリカ、ウェストミンスター神学校へ留学、修士号取得。彼のカルヴァン研究は英語によるもので、終始「カルヴィン」と表記するのを常とした。地名なども英語読みである。

（7）同書「あとがき」で安田吉三郎は、「日本基督改革派灘教会で行われた就任式における先生のまことに颯爽たる講演振りは今でも語り草となっています。……先生はこの主題に非常な熱意を感じておられました」と述べ、その後の大会でのウェストミンスター信仰告白二三章の改訂提案と併せて記述している。

（8）この付帯決議については、『日本基督教会福岡城南教会史』（同教会史編纂委員会編、一九七三年）一一六頁参照。

（9）神港教会の歴史については『神港教会八十年史』（同教会編、一九八六年）を参照した。

（10）田中の日本基督教団からの脱退理由は、本稿冒頭に書いたものが正式で、この文言は、八〇年史執筆のため小会（役員会）記録に残された「田中メモ」である。

（11）『神港教会八十年史』によれば、田中牧師は戦時中林田（韓国人）教会の主管者代理を引き受け、特に祈禱会では「僕が責任を持つから」と韓国語での祈りを勧めた（吉馴明子「日韓のキリスト教と田中剛二の「政教分離」」『途上』二八、二〇一三年参照）。

（12）前掲、「教会と国家」『カルヴァン――その人と思想』所収。

（13）Quentin Skinner : The Foundation of Modern Political Thought 2, Cambridge University Press,1978.

（14）神の歴史支配と国家、教会、キリスト者との関係については、田中の終末論と召命・職業観に基づいて論ずる必要を感じるが、今のところ筆者の考えは、一九七三年の田中先生からの手紙で得た考えを出ないので、他日先生の説教などを読んでまとめたい。

第十二章　戦後初期「無教会」にとっての「象徴天皇制」
――肯定と批判の意識の交錯

柳父圀近

一　はじめに――本稿の問題意識と方法

はじめに、「無教会」について簡単な説明をしておきたい。高崎藩士の子に生まれた内村鑑三は、札幌農学校でキリスト教に入信した。卒業後は一時農水官僚となるが、職を辞して渡米しキリスト教の理解を深めた。しかし内村は次第に欧米のキリスト教が、諸教会、諸教派に分かれていることに疑問を持ち、原初的な福音に立ち返ることが必要であると考えるようになった（『余はいかにしてキリスト信徒となりしか』岩波文庫、一八九五年）。帰国後は教育活動に従事するが、第一高等学校の嘱託教員を勤めていた時、憲法と教育勅語の発布に接した。天皇の署名入りの勅語文書が特別に一高に「下賜」され、その「奉泰式」で、突如一同に、天皇の署名への「最敬礼」が命じられた。しかし内村は、最敬礼は神への拝礼に当たる宗教的行為だと判断して応じなかった。これが「不敬」であるとされて彼は失職し、またこれを機に、キリスト教は「国体」に合わないとする側とキリスト教サイドとの論争が全国に広がった。その後の内村は、文筆家として社会評論などにも従事するが、四〇歳をもって個人雑誌『聖書の研究』

の編集と、聖書の講義に専念する。それはいずれの制度的教会にも属さない「無教会」の伝道活動であり、彼の影響のもとにクリスチャンとなった人々は「無教会キリスト者」と呼ばれるようになった。『聖書の研究』は四〇〇〇部の発行を見、また彼の諸著作は社会層を超えて広く読者を得た(1)。

1　無教会にとって、象徴天皇制の成立はどのような意味を持ったのだろうか。これは裏返しに、「無教会思想とは何か」という問題を考える上でも重要である。本章では、まず敗戦直後の、a無教会指導者たちの年長世代、塚本虎二、黒崎幸吉、高木八尺、南原繁、矢内原忠雄の、また、b塚本より一〇歳下の石原兵永、一五歳下の政池仁の発言を見る。さらに、c最晩年の内村に接した、大塚久雄と関根正雄の発言も見る（敗戦前後の無教会人には多くの人がいたが、代表的発言例のみを検討する）。もちろん、d第二世代の弟子の戦後世代のその後の発言も気になるが、今回は紙幅の都合でdには触れない。

2　象徴天皇制は、天皇が主権者（元首）でなくなるだけでなく、「神権天皇」でなくなること・国家神道的な天皇ではなくなることでもあった。このうち無教会の人々においては、むしろ天皇制の「非神格化」を確認することがまずは重要だった。そしてaの人々は、象徴天皇制に好意的だった。bの人々にそのような好意は稀薄である。そしてcの二人は、天皇制のエートスを批判している。とくに敗戦とともに、「近代的人間類型」の創出の要を説いた大塚の場合が注目される。

3　そもそも内村鑑三自身は「天皇制」をどう考えていたのだろうか。「一高不敬事件」を引き起こした内村だが、内村にはピューリタン的な「自由の精神」(2)への強い共感とともに、一定の「尊王思想」も見られた。aやbまたcの場合も、内村をそれぞれの方向で継承したものと捉えることは可能であり、そう捉えねばならない。しかしaは尊王論の面だけを、cはピューリタニズムの面だけを、内村から継承したなどと言う単純な話ではない。天皇制をめぐる内村自身の思想と、内村門下の人々の思想との関係は慎重に検討する必要がある。

二　無教会の第二世代は象徴天皇制をどう受け止めたか

まず、敗戦直後の無教会のａの人々による、象徴天皇制に関わる発言から見て行こう（紙幅の制約から、ａに限らず引用は最小限にとどめる。なお、以下の諸引用文の傍点、〔　〕内はすべて柳父による）。

1　塚本虎二（一八八五年生まれ、独立伝道者）の場合

まず、内村の高弟の中で最年長で、「福音主義」的な傾向の強い聖書研究者・伝道者の塚本が、一九四五年一二月に書いた天皇制に触れる文章、「断片録、一四五」、から見よう。

①　「皇室が国民の宗家であるかどうか歴史的に不明だと言うけれども、君は自分の親が本当の親であることを戸籍簿で調べたことが有るのか。親子の関係は戸籍簿にはない。情愛にある」「見給え、非国民扱いされていた私たちクリスチャンの方がかえって熱心な天皇制護持論者ではないか。……天皇陛下と富士山、これが日本だ」(3)。

②　国家神道の廃止についての、一九四六年一月の「国教としての神道廃止」から。

「いずれにせよこの鮮やかな措置によって軍閥の巣と戦争哲学の基礎が無くなると共に、日本宗教界多年の癌が取り除かれたことは国家のために真の慶賀に堪えない。これによって我が国におけるすべての宗教が初めて健全な発展を遂げることが出来、かくしてまた真の民主主義が芽を出すであろう」(4)。

③　一九四九年に、内村鑑三について「御進講」すべく宮中に参内した折には、次の文章を書いている。

「戦時中私は平和主義者であり、非戦主義者でありながら、内村先生のように正面から堂々とこれを主張せず、

迫害らしい迫害も受けませんでしたことは、先生の弟子として陛下に対し奉り誠に申し訳なく、また慚愧に堪えません」(5)。

④　また、これらの文章を「注記」しているとも思われる、――そして一九五四年に三版の出た『宗教と人生』でも除いていない――一九三六年執筆の評論「国体明徴とキリスト教」も見ておこう。

「言うまでもなく、我が国体の精髄は教育勅語に明示されている。「克ク忠ニ克ク孝ニ億兆心ヲ一ニ」すること、すなわち、上に皇統連綿たる一天万乗の天皇を戴き、下万民、父母は父母らしく、子は子らしく、夫は夫らしく、妻は妻らしく、政を執るものは政を執るものらしく、学者は学者、軍人は軍人らしく、農夫、商人、学生、各々その分を尽くしながら、心を一つにして赤子の如く、上御一人に事へまつるところに、我が国体がある。換言すれば、我が国体の最大特徴は、陛下に対する絶対無限の服従と、古今中外に通ずる厳然たる道徳律にある。〔中略〕このキリスト教こそ勅語の精神に合致し、またこれを達成するものでなければならぬ。世にキリスト教ほど長上に対する絶対無条件の服従を教える宗教は無く、これほど厳格なる道徳律の上に立つ宗教は無いからである」(6)。

⑤　このように塚本は、「国家神道」は批判しつつも、「国体」や「教育勅語」の内容には一貫して恭順である。ただし、「ナチ国家の宗教大臣ケルル君が、教会連盟の代表者達」に対し「総統に忠誠を捧げて国家の為に尽くす」よう求めたのに、「教会側」〔「告白教会」側〕は、「教会の使命は自由に福音を伝え」ることにあり、「国家は福音の内容に批判を加えることを許されない」として、これを退けたとの情報に接すると、「ルーテル先生、さぞや地下でほくそ笑んでいよう」と、これに敬意を表している(7)。塚本において、古来の「国体」とナチズムとは思想的性格が違っていた。が、国家神道体制とナチレジームとは、政治体制として等しく否定さるべきものだったのである。

――塚本は、日本は、国民各自が「分に応じて」、また赤子として、恭順に「上御一人」に「奉仕する」国柄であると説いている。そして、キリスト教のエートスはこれに全く調和すると主張している。それだけに、その彼にとっても憂慮すべきものだった「国家神道」という「宗教界の癌」が、戦後に天皇制から切除されたのは理想的な事態だった。「象徴天皇制」は、まさに端的に肯定すべきものだったろう。その意味で、象徴天皇制は塚本にとり、天皇の「神格化」を克服した、いわば「清められた」国体として理解されたと考えられる。なお戦後の塚本は、こうした議論を含む、今少し広範な政治批評も少なからず残している。その多くは次の黒崎の思想と重なっている(8)。

2　黒崎幸吉（一八八六年生まれ、独立伝道者）の場合

優れた聖書注解書でも知られた伝道者黒崎は、一九四七年に意欲的な評論集『民主日本と基督教』を上梓し、次のように論じた。

①「近頃は聯合国軍司令部の指令によって、天皇制に対する論議が自由となり、積極的な議論が左傾の人々や無経験な青年の間に行われるやうになったが、一般は寧ろそれに反感を持って居ることは見逃し得ない事実である。此の反感は日本人特有の遠慮からあまり多くは表面に出ずにいるようであるが、この隠された意見は、かえって一時に爆発する危険性もある事故、これを淡々たる気持ちで発表すべきである」。「要するに日本の天皇と民衆との関係は父と子との如き関係であって、恰も一の家庭に於いて理論を抜きにして自然に父は父、子は子であり、其の間に自然の愛情が豊かである様に、日本に於いては天皇は民衆との間に此の自然の愛情に近い関係が成り立って居るのである。而も此の愛情は私的の人情ではなく公的な愛情であって、国を愛する愛と同様な愛が自然に天皇に対して向けられるのである」。「右翼系の軍国主義者が、此の日本人の自然の愛情を悪

用したことは事実であるが、たとひその事実に対し現在日本人は後悔もし恥じても居るとは言へ、此の天皇に対する感情そのものに対し後悔して居る者は殆ど無いであろう」(9)。

②「かくして日本国民は父を失える孤児の如き淋しき存在ではなく、又横暴なる父の圧制に畏縮する奴隷的国民でもなく、又無謀なる兄弟の奸計と暴挙の為に一家の破滅を招かんとしつつある不孝の子等でもなく、さりとて子女が父を放逐せんとする如き乱脈な家庭でもなく、実に父子相共に神を拝しつつ、自由に真実と愛に充てる心を以て、擧つて一家の為に責任を尽くしつつある純真なる一家庭の如きデモクラシーを実現するに至るであろう」(10)。

――黒崎に於いても、彼のいう「軍国主義者の悪用」から救われた天皇制は、今後も〝家族国家民主主義〟を内面から支えるべき制度であるとされ、天皇への国民の「自然な愛」が極めてポジティヴに評価されている。主権の所在が曖昧だが、その「純真なる」家族国家において、主権は全体たる「一家」(次の高木の場合を参照)にあると考えられていたかと思われる。

彼はまた、ついには国民ともども天皇がクリスチャンとなって、「相共に神を拝する」ところの「純真」な「家族的」民主主義が行なわれるに至ることをも、一つの信仰的ヴィジョンとして持っていたようである。天皇の改宗まで実現するとは思わなくても、「天皇が聖書を読む」に至ることは、矢内原のようないっそう冷静な社会科学者たちも含めて、おそらく、天皇制(象徴天皇制)に好意的だったaグループの人々の戦後に共通する祈りだったと思われる。

3　高木八尺(一八八九年生まれ、東京大学教授、アメリカ史)の場合

高木八尺と南原繁は同じ年に生まれているが、本章では、南原については、扱う資料が後年のものとなるので、高木からとり上げる。高木は戦前からアメリカ研究の大家として知られていた。戦時下には「勇気ある沈黙」を守った。東大法学部の教授会で南原と親しく、一九四五年春には、南原とともに極秘裏に、海軍や宮中への、命がけの終戦工作を行なうのを厭わなかった[11]。

その高木は一九四六年七月号の『中央公論』に、主として天皇制に関する、長文の「憲法改正案に対する修正試案」を発表した。条文の修正案には立ち入れないが、その思想的ポイントは次の①にあった。

①「惟うに今回の憲法改正に於いて、何人も最も心を砕いた重点は、天皇制維持の問題である。私案も亦もっぱらこれをめぐる提言である。天皇制の本質はなんであるか。一言にして蔽わんとすれば、天皇制とは、わが国において万世一系の天皇が徳を以て君臨し、世々国民の輔弼により統治し給う制度、やや詳言すれば、天皇は自ら政治し給わず、これを時代ごとの担当者に委ね、むしろ精神的道徳的指導力として存続し給うわが政治の制度である」。「広く民主制もしくは衆民政の意義における民主主義の確立の目的の為ならば、憲法の条文に主権在民を規定する必要はない。その目的達成は、天皇制のもとにも、完全に可能である。このことは、ポツダム宣言がすでに、「日本国国民の間における民主主義的傾向の復活強化」なる表現によって、既往におけるわが国民主主義の事実を認めたことによっても明らかである」。「解釈論として、私は主権はわが憲法のもとにおいて君民一体なる日本国国民の共同体にありとする理論を取る」[12]。

②ただし、「天皇の神格否定」については、「敗戦と民主主義」（一九四九年）でも明確に次のように述べている。「教育改革と並んで、注目さるべきは、一九四六年元日に発せられた天皇の神格否定の重要なる詔書である。これと、国家神道の廃止が、日本に於ける信教と思想の自由の進展に及ぼした影響は絶大なるものがある」[13]。

③そして、同じ②の論文で、キリスト教とデモクラシーの関係について、あらためてこう述べている。

「日本における人民主権の宣言、および最近の諸改革は、ジェファソンおよびウィルソンの民主主義の伝統に従ってなされたものであるが、日本は未だ、よってもって安んじて立ちうる磐を掘り当てていない。民主主義、民主制の英米の創始者たるロックやジェファソンその他は、合理主義者であると同時にキリスト教を信ずる者であった。われわれ日本人はこの事実の重要性を認識するまでは、民主主義の真の意味を把握することは出来ないだろう。宗教的制度にではなく、キリストの教えに重きを置くプロテスタント的キリスト教を日本は必要としている」。「キリスト教が日本の道徳律の中に浸透する時まで、日本の精神革命は未完成のままであろう。ここにこそ、その為に生命を賭する価値ある人類の理想がある。――日本の過去の教えより高く、しかもなお、服従と忠誠等の伝統の持つ最善のものを包容し活かす普遍的理想がある。これこそ日本人をして、人類の建設的進歩において、諸国民とともに手を相たずさえて働くための、備えをなさしめる宗教改革である。その暁には、否、その暁にのみ、日本人は真に人類の普遍的言語を語るであろう。そしてその武士道も日本にとって一層価値深きものとなり、おそらくは他国民にとっても価値あるものとなろう」[14]。

――今日これらの発言を読むと、高木の①と③の思想の間には――とくに①で、天皇は、今も「精神的、道徳的指導力」である、と述べていることと、③で論じていることとの間には――、ある思想的・論理的な懸隔が存在しているのではないか、と言う印象が残る。しかしおそらく高木は、②の「国家神道の廃止」の効果によって、①と③は十分に連結されることになる、と考えていたのだろう（とはいえ、「天皇の精神的、道徳的指導力」と、ロックの政治思想とはどこまで両立しうるだろうか）。ちなみに③に関しては、一九五六年に高木は「日本思想史における内村鑑三の意義」[15]を書き、日本人の内面に「ピューリタン革命」の精神を持ち込み、西欧のデモクラシーに似たものの発展の種を蒔いたのは内村だと力説している。

それはともかく、高木もまた、国家神道と切り離した天皇制＝「象徴天皇制」には、極めて肯定的だった。ただし、主権が「君民一体的国民共同体」にあるとしているのは、黒崎の「家族国家民主主義」論とも似ているが、議論はいっそう鮮明である。このイデーについては南原のところで改めて触れよう。

4　南原　繁（一八八九年生まれ、東京大学教授、総長、政治学）の場合

敗戦翌年に、南原は政府から提出された憲法草案（実質はＧＨＱ草案）を審議する議会（いわゆる「憲法議会」。東大法学部長の南原は、同法学部の教授七名と共に、専門家として貴族院に議席を与えられていた）で、草案の「天皇」の規定をも含み、諸条文に関し、種々の鋭利な質問・議論を展開した（『南原繁著作集』岩波書店、第九巻で読める）。また、彼が東大で占領下の「紀元節」を「敢行」し、その「総長演述」では、天皇制を肯定しつつも、その維持のためには、天皇が国民への、戦争遂行の「道義的責任」をとって「退位」すべきだと説いたことも周知だろう。

紙幅を考慮し、南原の「象徴天皇制観」については、遥か後年（一九六四年かと思われる）のインタヴューでの発言の検討だけにとどめる（以下、丸山眞男・福田歓一編『聞き書き・南原繁回顧録』東京大学出版会、一九八九年の該当箇所、三三四〜三三六頁を引用する）。

石田雄　天皇を含めた国民共同体と言う場合、先生は敗戦によって日本人は精神的革命を経験した、したがって天皇をいただく国民的共同体で新しい日本の建設が出来るとお考えになったのですか。私から見ますと、天皇制と言うものは、ただ明治憲法にあった大権事項だけではなくて、もっと国民生活にしみ込んでいたように思えるのです。つまり天皇をいただく国民共同体と言うと、どうしても前のものが残るのではないか、やはり古い憲法を支えていた精神的な要素を残すことになりはしないか――そういう疑問がありますけれども……。

福田歓一　先生の主張される国民共同体論の基礎は、日本国民の自己決定と言うことですね。それが先生が「われわれはエモーショナルな国民である」といって、国民を強調される所以でもある。しかし金森さんのいうような「天皇を含む国民全体」とか「道徳的中心としての天皇」とかいうのはごまかしだということも、痛烈に指摘された。それはこの憲法の立っている基盤が契約説にあること、それによって神権説と契約説とを対立させ、浮き彫りにしてみせられた点に鮮やかに現れていると思うのです。しかし、先生ご自身としては、契約説的考え方は日本の伝統からいってふさわしくない。一面、デモクラシー自体もリベラル・デモクラシーと共同体的デモクラシーの二つが今世紀に成ってから入ってきている。こうした点についての批判は一貫しておられるわけですね。

南原　両方を通じて私の意見は一貫している。日本では君主と人民が契約を結ぶのではなくて、国民の自覚と意思決定とによって、つまり自己意志によって天皇制をむしろ別の形に基礎づける――そうしたものが私の国民共同体論です。

福田　国民共同体のなかで天皇が残ると言うことは、いわば主権の所在に関わる法律的問題ではなくて、むしろ道徳的共同体としての国家の伝統と言う問題にからむわけですね。しかし、先生の貴族院での質問では、明確に国体の断絶と言うことを主張しておられる。つまり金森さんのいう「天皇を含む国民全体」とか、「道徳的共同体」と言う立場を否定しておられる。言い換えれば、〔新憲法が〕契約説的な人民主権を取る以上、金森さんのいう「憧れ」とか「道徳的中心」とか、そういう天皇はもはや存在しないのだということを強くおっしゃっておられますね。この場合、先生の「国民共同体」と金森説とは、どういうふうに異なるのですか。

南原「天皇親政」と言うことが、いわゆる日本の「国体」としていわれてきたところですね。ですから和辻さんなど、「天皇が親政するということは日本歴史の伝統にない、あるいは例外的にしかないから、〔新憲法によっても、何ら〕国体は変わらない」と言う風に主張していた。これは和辻さんばかりではない。表現に差はあっても、ずいぶんそうした議論が多く出されていた。けれども、天皇が直接親政しなかったとしても、天皇家と言うものは、日本の神道的な精神の中枢にあったことは間違いない。その意味で、天皇は統治権はなくとも、「統べる」という伝統がずっと日本にはあった。それが日本の国体であった。それが昭和二〇年一二月一五日の国家神道廃止以来、すっかり変わった。これは法律以上の変革ですよ。憲法の基礎になる根本の精神が変わった。これこそ、まさに日本の精神革命、精神の基礎の国体の変革ではないか。

福田　先生は、そこに神道的ないわゆる古い国体がなくなって、新しい国民共同体が成立すると言われるわけですね。先生はその根拠を伝統に置かれるわけですか。

南原　それは伝統からつながってきたけれども、神道的な宗教的なものは、むしろ背後に退いて、今や国民の自覚した意志によって国民共同体的なものがつくられて行く――そこに大きな新しい意義があると言うように持って行ったわけですね。とにかく皇室なり天皇の背後にあった神道的な精神的基礎――それが天皇が「統べ」ていた中枢でしょう。それは武家・幕府時代を通じてもそうであった。それが、敗戦・占領・国家神道廃止ですっかり変わった。この時こそ、新しいデモクラシーの時代を迎えて、国民の自覚した意志による共同体に変えよう、これが私の主張です。

福田　そのなかで天皇が地位を占めることの根拠は……

南原　それは国民による意志的な共同体的なシンボルとしてです。従来の宗教的憧れではない。

福田　そういたしますと、草案の象徴天皇制にきわめて近いものになるわけですね。

南原　その基礎は近いものになる。日本のわれわれ自身の自主的な憲法を考えるとすれば、宗教的要素つまり神道的要素を排除することによって天皇の地位をも残すと言うのが、あの時点における日本国民の多数意見と言う点では限界ではないですか。人民主権をはっきりうたうことに、私は結論的に反対するわけではないし、そこまで行くべきものだったが、あまりに性急に西欧的な考え方を基礎に持って来たところに、何か割り切れない私の疑問が生じていた。事実、そうではないですか。

石田　終戦後、国家神道廃止の指令が出る前には、先生は神道を国家と分離すると言うことを、先生の国民共同体という構想に立つ憲法改正の上で、どう考えておいででしたか。

南原　私はああいう指令が出るとは考えておりませんでした。あそこまでラディカルになるとはね。しかし、これは、私のかねて念願しておったことでしょう。日本の一番の問題ですよ。宗教ではないという形を取りながら、実は、宗教以上に政治神学的な基礎であった。明治憲法でせっかく信仰の自由を与えておきながら、神道を別の形で国教としておった。それを切断しない限り、日本の国民の真の自由はないということは、明治憲法下の日本にあって私共の常に共通に問題としておったところでしたね。

――南原は政治学者らしく、国家論としての論理性を厳しく意識して自分の議論を展開している。それだけに、理解しにくい印象を与えるかも知れない。ともあれ南原は、必ずしも社会契約論に依拠するものではないが、従来の国体論・国家神道からは切断された、新たな「国民共同体」の、非宗教的な統合の象徴として、爾後の天皇を位置付けている。すなわち、古来の神道的伝統に依拠した、「天皇の統治」に関する、宗教的・倫理的な「正当性信仰《レギティミテーツグラウベ》（ウェーバー）」は、断ち切られたとした。全体に高木の見解に似ているが、いっそう戦後の「精神革命」の重要さを強調した議論になっているように思われる（つとに一九四六年の「天長節」講演でも、「今や国民統合の象徴である天皇」は、「国民的生の共同体の高き秩序の理想の表現」となったとし、「天皇は御躬《みずか》ら自由の原理に基づき、率先して遍く国民の規範たり理想たるべき精神的道徳的至上の御責任を帯びさせられるでありましょう」と述べている）。それはそうと、戦後の南原に於いても「君民同治」の「国民共同体」の概念は、戦前の著書『国家と宗教』（岩波書店、一九四二年）以来の重要テーマだった。が、ここでは、いまや天皇は、国民の総意で、そして、自由な「国民的共同体」を単に「象徴」する存在となったので、戦後の国家は「人民主権」の国家だと言ってもよいものだとまで語っているのは印象的である。

5　矢内原忠雄（一八九三年生まれ、東京大学教授、総長、経済学）の場合

戦前から、矢内原が天皇制に果敢に触れた文章は少なくない。戦後については、次の二つのみを見ておく。

①　まず個人誌『嘉信』の一九四五年九月号巻頭に掲げられた次の痛切な「哀歌」を見よう。

ああ哀しいかな此の国、肇まりて二千六百年。／未だ曾て有らざるの国辱に遭ふ。／米機帝都の空を跳梁し、米艦相模の海を圧し、／東京湾頭に降伏を盟ひ、／日章旗惨として声なし。／我が邑は焼かれ、我が民は掠められ、我が子はガダルカナルに死し、わが友広島に仆る。／幾十万の無辜の血を以て、戦争の終了は封印されぬ。天皇、祖宗の神霊と民衆赤子との前に泣き給ひ、五内為に裂くと宣ふ。／民は陛下の前に泣き、相共に天地の創造者の前に哭す。／神よ、我等は罪を犯し我等は背きたり。／汝震怒をもてみづから蔽ひ、我らを追攻め、殺して憐れまず、／敵は我らに向かいて口を張り、恐懼と陥穽我らに来たれり。／引き出せ、偽りの指導者を、／連れ来たれ偽りの預言者を。……

諸々の国エホバの前に潔からず、／戦勝国いかで敗戦国を審かんや。／彼等武力と財力とによりて傲る間、／我等は苦難によりて信仰を学ばん。／かくてエホバ正しく世界をさばき給う日に、／我等は永遠の平和と自由を喜び歌わん(16)。

② 次に、一九四九年の編著『近代日本小史』（みすず書房）の、矢内原による「総説」から、次の一節を見よう。「天皇は日本民族の宗族的な「かみ」として国民から尊敬され、その関係が約二千年の間継続したことが、日本民族の歴史的特性であった。天皇を宗教的意味において礼拝の対象とすることは、明治以前の日本民族の歴史に於いてはかつて見なかったところであった。天皇は決して現世来世を通じて永遠の平安を我等の霊魂に与える者ではなく、天皇を宗教的意味において礼拝の対象とすることは、明治以前の日本民族の歴史に於いてはかつて見なかったところであった。なるほど、天皇を「現人神」と称したことはある。しかしそれは天皇が日本民族の宗族的意味における上長であり、而してその宗族的地位の最高なるに適しく、その心情もまた清明にして無私たるべきものであると解されたからである。新憲法に於いては天皇は日本国の象徴であり、日本国民統合の象徴であるというのは、我らの先祖が「天皇は現人神である」といったことから、氏族的且つ宗教的意味を取り除いたところの現代的表現であると考えられるのである」。これに比べ、「明治維新以後、国家主義的統一を企図した政府は天皇の地位を宗教化し、天皇をもって国家統一の中心となした。これは日本の歴史上全然理由のなきことではなく、当時の情勢上あるいは懸命の政策であったかもしれない。しかし彼らはその程度を過ごして、天皇を「かみ」とする本来の国民的観念を逸脱し、ただに憲法上天皇の地位を絶対不可侵としたにとどまらず、精神的・宗教的意味においても天皇に「神聖」のヴェールを被せ、天皇に対する不法は国法上の犯罪たるに止まらず、宗教的冒瀆に近き者として糾弾した。本来の宗教を持たざる明治政府並びに国民は、天皇を神格化して国民的道徳教育の中心とし、国民の宗教的礼拝の対象にまで祭り上げようとしたのである。この傾向は満州事変以来のファッシズムに於いて極点にまで達したのであって、そこにはローマ帝政時代の皇帝礼拝をうかがわせるものがあった。天皇神格化の思想が日本国民の民主化を阻害したことは明らかである」[17]。

――①には、十五年戦争の全時期において一貫して日本のアジア侵略を批判し続けた矢内原の、軍国指導部・軍国知識人への怒りと、亡国の無念さとが噴出している。矢内原は「大日本帝国」の犯して来た多くの罪への神の裁きを実感している。しかし戦勝国（明らかにここでは、米国・米軍が意識されている）にも「正義」は無く、彼らは「神の怒りの杖」に過ぎないことも指摘し、戦勝国も神の裁きを免れないという。天皇に対しては同情的である。ただし、天皇も国民と共に神の前に罪を悔い改めるべきであると明言している。

②では矢内原は、古来、天皇は「日本民族の宗族的意味における上長」だったに過ぎず、「現人神」と言うコトバも「礼拝の対象」を意味したものではなかったとしている。矢内原は、むしろ明治政府が初めて、政治的理由から天皇を宗教的に「神格化」したのだと指摘している。しかし今や、「象徴天皇制」は、「氏族」ないし「宗族」の首長と言う意味の存在でもなく、まして「宗教的」な存在でもなく、単なる「国民統合の象徴」となった、と論じている(18)。この点は、同じ一九四九年の「近代日本における宗教と国家」でも、天皇の神格化は日本の民主化を阻害して来たが、あらたな「象徴天皇制」は、そのような弊害は持つまいと、これを高く評価している。

②での矢内原は、天皇制と天皇への個人的な感情を現してはいない。が、古来、天皇は「宗族の長」として、「その心情もまた清明にして無私たるべきものであると解されて来た」と述べることで、この理由からも、天皇が今後も「国民的統合の象徴」たるにふさわしい存在であると見ているようである（ただし後年には、「天皇様は、罪と言うことが分からないお方のようである」と、深刻な落胆を示していたと言う）(19)。

次に、ｂの人々について見ておこう。

6　石原兵永（一八九五年生まれ、独立伝道者）の場合

内村に私淑した石原は、著作集には未収の自伝の中で、敗戦直後から数年にわたって展開した、新日本の建設のための使命感に満ちた伝道活動の諸側面についてかなり詳しく記している。

一九四五年のクリスマスには東京女子大の講堂で「内村鑑三先生と新日本の黎明」と題した講演を行ない、石原はこう語った。

「八月一五日の敗戦は、ある意味で旧い日本の歴史の終わりである。神道は国家宗教の地位を失い、天皇は神格をすてて、人間であることを宣言した。これによって古い日本の信仰的道徳的根拠は失われた。南原繁の言によれば、肇国以来の思想的大革命である。文学博士平泉澄は言う。日本の歴史はただ一つ、天皇絶対信仰の国体の上に立つと。しかしそれが崩れ去ったのである。国破れて山河あり、旧日本は敗れたが、しかし美しい日本の国土と国民はあり、である。ここにわれわれの課題がある。この国民をもって、新しい日本を建設する。新しい歴史を作るのである」。「新しい歴史をつくる出発点となるべき思想的根拠は何か。デモクラシーと言う。しかしその根本には正しい個人の自覚。真の人間革命がなければならない。そのためには、キリストの福音をおいてほかにないのである」(20)。

――ここでは、名前をあげて南原繁の立場への共感が語られている。南原もまた石原（や、政池）を深く信頼していた。ただ、「象徴天皇制」という術語は直接言及されてはいない。この特殊な概念に立ち入る興味はあまりなかったのかもしれない。しかし石原は当時いくつもの講演会で、積極的にピューリタニズムの歴史を論じ、その、イギリス絶対王政や国教会への抵抗や、アメリカ建国史にとっての貢献、とくに「メイフラワー号盟約」の意味を論じている。後年にはこれらをまとめた著書『清教徒』（山本書店、一九六三年）をも上梓しており、こうした点には、

内村のピューリタン的な政治思想の継承が見られる。また内村のその面を発展させて、『米国政治史序説』（有斐閣、一九三一年）以来、アメリカのデモクラシー思想史におけるピューリタニズム的な源泉の重要性をしばしば論じた高木八尺の立場にも、さらには「大塚史学」の近代西洋史の理解にも親和性が高い。こうして石原も、国家神道から解放された戦後社会に、個人の信仰的・思想的「自由」と、そこから生じる主体的行動力と、そしてそれらに支えられるデモクラシーが発展するのを祈念していた。

7　政池　仁（一九〇〇年生まれ、独立伝道者）の場合

戦前から平和論のため弾圧されたことや、『内村鑑三伝』（一九五三年、教文館）で知られた政池にも、「象徴天皇制」を論じた文章は意外に少ない。が、それは次のごとくで興味深い。

①　戦後、政池が復刊した個人雑誌『聖書の日本』の一九四六年一月の評論「悔いよ 日本人」では、「今一つの大きな誤りは天皇に対する信仰である。〈一国の運命は其の民の神に関する知識によりて定まる〉とヘーゲルは言ったが全くその通りになった。実に日本人の国家に対する思想は幼稚極まるものであった、尤も天皇を現人神だなどとは信じない人も多かったが、国の指導者たちや学校の教師たちは之を利用して国の統一団結を強めようとしたのである」と論じている(21)。

②　少し時期が下がるが、一九五三年の「日本史私観」では次のように述べている。

「今日、日本の天皇制は昔のような元首ではなくして国の象徴となったわけであるが、象徴とは偶像のことであり、霊的精神的信仰を持って居る吾々無教会主義の立場から見れば全く不用のもの、ない方が良いものである。しかし民一般がそれを欲しているときに無理にこれをこぼつ必要はない」。「善かれ悪しかれ天皇制は今日までの日本の秩序を保って（此の程度に）来たのであるから吾々は一応はその功績を認めねばならぬ。併し

最早吾々は之を卒業すべき時が来た。人民の知識も進んだ。そう云う偶像も必要なくなった。いつ迄も古い殻のなかに入り込んでいてはならぬ」(22)。

③ さらに後年、一九七一年に行なわれた昭和天皇の戦後初のヨーロッパ訪問において、天皇が、太平洋戦争期に関する「おわび」を一切口にしなかったことを政池は遺憾とし、天皇個人と戦後の天皇制について、「おつきの人の作った作文以外には少しもそれずに読まねばならぬと言う象徴天皇制は天皇を人形とテープレコーダーにしたものである」と述べ、「ともかくこのたびのご訪欧は、皇室、宮内庁、国民全体に共和制の方がいいと言うことを教えるいい教訓になった」(23)と書いている（このときは、また後の「ご訪米」時の発言でも、政池は、欧米との戦争に関する天皇発言についてだけ論じている。が、早くから日本のアジア侵略への反省をも説いている）。

──右の①は無教会人に共通する認識だろう。②で、一般論として「象徴」を「偶像」ととらえて批判しているのは少し強引で、また南原などの象徴天皇認識とは議論の立て方が異なっている。しかし、「人心」レヴェルで見れば、その後、美智子妃の人気《ミッチーブーム》を介して、あらたな「皇室ファン心理」の広がりが見られ、いわゆる「大衆天皇制」が定着した。さらに後年には、昭和天皇にはやはり一種のカリスマがあるといった声さえ聞かれるようになった。それらは新しい意味での偶像化傾向である。また戦前的な天皇の「偶像崇拝」を復興しようとする勢力は戦後も常に存在した。やがてこれらの融合も次第に生じた。その意味では、政池のこの議論の立て方は軽視されるべきではないだろう。政池自身は戦後一貫して、むしろ憲法第九条と反戦・平和の問題にいっそう多くの発言を残したが、しかし③のような文章も残しており、天皇の欧米訪問前後の発言が、あらためて戦後天皇制への否定的意識を政池に強めさせているのは注目される。もし象徴天皇は、公式発言においては、戦争責任の問題等はおよそ語り得ないものなら、むしろ象徴天皇制自体をも否定するべきだと（が、かつての南原の「退位論」の意味は検討することなく）、政池は考え始めていたようである。

次にｃの人々について見ておこう。

8　大塚久雄（一九〇七年生まれ、東京大学教授、社会経済史）の場合

管見の限りでは、敗戦直後に大塚が、直接に天皇制について論じたことはないようである。専門が西洋経済史だったせいもあろう。しかし明らかに次のような議論は、ａ、ｂの人々には欠けていた、「天皇制国家」のエートスの――というより、天皇制的なるものを生み、支えてきた日本の伝統的な共同体との、またその共同体的人間類型の――批判的分析だった。

①　まず一九四六年の「自由と独立」から。

「親の権威にひたすら恭順である子の態度が大きな美徳とされて来た。確かに一定の条件のもとにおいては、これは一つの美徳でありうる。しかし、それがこのように無条件に全社会的規模にまで拡張されることは、はたして誤りないことであろうか」。「今や我が国が政治・経済・社会のあらゆる分野にわたって徹底的に民主化されなければならず、また識者もまた一人残らず民主化を指導原理としているわけであるが、民衆が一般にさきに述べたような「親心」的雰囲気のなかでひたすら恭順な、自発性のない人間類型に打ち出されているかぎり、いったい民主主義は可能なのであろうか。あるいはひとは日本的民主主義と言うかも知れない。しかしひたすら恭順であって自己の意志と要求を「民意」として客観化できないような民衆による民主主義などというものは、およそ形容矛盾と言うべきではないだろうか」。「そしてこのように民衆が近代的な、独立自由な人間類型へと向上して行く過程を媒介することこそが、現在における教育の責務となるべきであろう」[24]。

②　また、一九四六年の「近代的人間類型の創出——政治的主体の民衆的基盤の問題」。

「民主主義の虎を描いてこれを猫に化させないためには、何よりもまずこうした人間的主体の近代化・民主化が、すなわち民衆をば近代的・民主的な人間類型に教育——もとよりその物質的地盤の創出をも含めて——することが何よりもまず必要なことになる。その重要さは現下の事情からしてとくに強調される必要があると思う。というのは、西ヨーロッパにおける近代社会の「自生的」な成長のばあいには、封建社会の順調な崩壊過程のうちに民衆がまず広く近代的・民主的な人間類型に打ち出され——かの禁欲的プロテスタンティズムの蔓延を思え——その結果として、彼らのうちから民主的な政治的主体が「自生的」に生み出されつつ近代的・民主的経済機構が順調に創出されていったのに対比して、わが国では民衆の間に近代的・民主的人間類型をあまり見ることなく、（もとより前衛的近代人層は別として）したがってまた真実に近代的・民主的な政治的・民主的な政治主体もまた十分に結集することが無い（歴史上およそ「自由」や「民主」と言う名称を持つものが必ずしもつねに近代的・民主的であるとは限らないと言う事実に注意）ままに、外側からアンシャン・レジームの解体と経済の近代化・民主的再建を強制されるという逆のコースを取っているからである」(25)。

③　とりわけ、一九四七年の「魔術からの解放」から。

「以上述べたような意味において、マギー（原初的な呪術と呪術的意識）はそれ自体すでに保守と停滞の原理であるが、それが一定の生産関係、特に階級関係と結びついた場合、その保守的性格はマキシマムとなり、すぐれて非合理的な魔術的な面がもっぱら前面に押し出されてくる。」「ところで、その段階では社会関係は「社会構成は家族の拡大たるに止まっている」（マルクス＝エンゲルス、古在由重訳『ドイツ・イデオロギー』）のであり、社会関係一般が家族関係に擬制されて現れている。歴史的には家族が氏族からまだ十分に分化せず、それを揚棄しきるにいたっていない状態である。そこではすでに家父長的首長・一般成員・奴隷へと社会層の分化が始まっているが、社会関係の構成原理はなおあらゆるつながりの自然的・血族関係への擬制であり、全社会があたかも家族関係の拡充（家族主義！）として立ち現れているのであって、階級関係は特に親子関係の形によって表示される。そして、そうした社会構成のうちにおいて秩序を支えるところの心理的雰囲気は、ほかならぬ、とくに親子の間柄にあらわれる「家族的恭順」Familienpietät（家族主義！）であり、それは時として absolut な形にさえ到達する（ウェーバー、世良晃志郎訳『支配の社会学』）。マギーとそれに基づく強固な伝統主義がそのマーギッシュな「力」を発揮するのは、実にこうした社会構成のうちにおいて其の階級的利害に結びついた場合なのであり、これに応じてすぐれてマーギッシュな「魔術師」Zauberer という社会的範疇もまたそこに於いてくっきりと姿を現してくることになる（ウェーバー、黒正・青山訳『一般社会経済史要論』その他を参照）」(26)。

――これらの文章を見ると、大塚は、先のaや、またb年代の無教会指導者たちとも違い、天皇制についていっそう鋭利なまなざしを注いでいる（それは、内村の「自由の神」などでの思想を、社会科学者として、継承・展開したものだっただろう）。

すなわち、大塚は、戦前の天皇制とその社会――共同体的な性格を帯びた種々の「世間」――が、人々の内面に、もっぱら「家長」（親方）に対して恭順である「子」（子方）としての自己意識を育成し続け、「成人」としての政治的主体意識が成熟するのを許さなかったこと（この「子方」的「指示待ち」人間の上下の連鎖が、丸山眞男の言う「無責任の体系」を支えた、とも言うべきだろう）に注目している。大塚は、過去の日本には、デモクラシーを担うことの出来ない「人間類型《エートス》」が蔓延していたと指摘したのである。そして戦後の日本人が、かつての「人間類型」（に「打ち出されている」自己）であり続けることを克服し、新たなデモクラティックな人間類型《エートス》を「創出」しなければ、「民主主義と言う虎」は「猫」と化す、と警告している。これは、その場合には「象徴天皇制」もまた、実質上、戦前の天皇制に逆戻りしうると言う警告でもあっただろう。その意味で大塚は、「教育勅語」に変わるべき「教育基本法」の成立を心から念じていた。

こうした「共同体史」や、エートス史のレヴェルの問題を、ａの人々は、ほとんど問題にし得ていない。むしろ塚本や黒崎のように、「陛下の赤子」の意識は、戦後に継承されるべきだと考えていたようである。もちろんこの人々も、個人的には、内村から継承した「神の前に立つ」個人という意識を優先して生きようとした。それにも拘わらず、彼らには、天皇制国家の「家共同体」的なエートスへの違和感は必ずしも強くなかった。――実は、彼らの恩師たる内村の精神のなかにも、後述するように、ピューリタン的な「近代的人間類型」のエートスと共に、それとは異質の、こうした日本的な「家共同体的」な恭順と忠誠のエートス（「武士道」のうちにも潜む）への一定の評価も存在していた。繰り返しになるが、とくにａの人々は、内村から福音と、また「被造物神格化の拒否」のピューリタン的エートスを継承すると共に、「家共同体」的な意識への内村の評価をも継承していたように見える[27]。

しかし大塚は、内村の「近代的人間類型」の面を極めて高く評価し、そしてこの人間類型の原点を、西洋史の宗教改革期の、「封建的共同体」の解体の進行と、プロテスタント思想の展開との関係において、この当時繰り返し論じねばならなかった。しかし大塚の蒔いたこのテーマは、その後どの程度に実を結んだのだろうか。

９　関根正雄（一九一二年生まれ、東京教育大学教授、旧約学）の場合

一九三九年から四五年までドイツに留学していた旧約聖書学者の関根正雄は、一九四七年に小さな雄編『無教会キリスト教』（弘文堂）を書き、その冒頭で戦後天皇制について次のように述べている。

①「終戦後日本人のキリスト教に対する関心は急に増大して来たように思われる。明治・大正・昭和を通じ、今回の敗戦に至る迄、成程憲法に於いて一応は「日本臣民」に信教の自由は保障されていたが、実際上は国家

神道が、国教の地位を占め、民族的・政治的に日本人の中心である天皇が現人神として崇められてきた。戦後天皇御自らその神格を否定されたことは我が国史の上でまさに画期的な出来事であった。殊にキリスト教界によっては明治以来の最大の難問の一つがこれによって決定的な解決にもたらされたのである。その難問とは宗教と国家の間の矛盾相克である。我々はこの問題に関してかの教育勅語発布の直後明治二四年一月に起きた、内村鑑三先生の有名なる「不敬事件」を想起せずには居られない」。「然しこの事件は、明治のキリスト教史にあって特筆大書すべき出来事であったのみではなく、今回の敗戦による国家神道の覆滅と内面的な連関を持つのである。勅語の礼拝に現れた国家権力の絶対化、天皇の神化は遂に増長して、今回の戦争に至らしめた。内村先生が身を以て拒否された宗教の国家への屈服の危機は敗戦によって従来の形においては全く消滅するに至った」[28]。

② もう一つ、遥か後の一九六五年だが、自衛隊の「三矢研究」に触発され、その個人誌『預言と福音』誌に関根が載せた小論、「逆コース」をあげておく。

「この機会に「逆コース」の中心問題としてかねて考えていることに触れたい。それは天皇制の問題である。われわれは天皇制が残っている限り、戦前のような気狂いじみた政治が日本に始まる可能性が残されているような気がしてならない。今でも歴代の首相は就任後必ず伊勢神宮に参拝し、国家神道と政治との結びつきは決して断たれてはいないのである。天皇家と神道との関係が断たれない限り、われわれは天皇制を根本に於いて認めることは出来ない。皇太子にしろ常陸宮にしろその結婚式はみな神式である。そしてそれを天皇一家の私事のように人々は思っている」[29]。

――関根は、①では実質的な国教としての国家神道が「覆滅」したことに、大きな開放感を感じている。もはや天皇制は国家神道から切り離され、天皇は人間宣言を出した。旧来の「宗教の国家への屈服」は終わった。その意味で、「象徴天皇制」の成立を関根は喜んでいる。しかし②では、関根は象徴天皇制が再度「神権天皇制」に（そして日本が「気狂いじみた政治」に）逆戻りする可能性を、「逆コース」の「中心問題」だと警告している。そして「天皇家」と神道との関係が断たれない限り、天皇制を認めることは出来ないと述べている。「私事」の限りのことだと云えるものなら、神道と皇室が関わりを持つのは問題がない。しかし実際には公的な意味を持ち得る──少々強引な議論だが──と言うのである。歴代首相の「伊勢神宮」参拝への批判はまさに問題点を突いている。保守的と見られた関根だが、さすがに、「津市地鎮祭訴訟」の最高裁判決で、「神官は余興に出演したのではない」と、憲法違反の「少数意見」を述べた、当時の藤林益三長官とともに内村──塚本門下だった(30)。

三　遡って、内村鑑三の天皇制観を再検討するという課題

［一］

すでに紙幅が尽きようとしているが、内村が「象徴天皇制」を見たらどう言っただろうか。

1　内村は確かに、「天皇の神格化」を断固拒否した。また、「クロムウェルの遺産」としての「共和主義」や、「共和国以上の英国の共和主義」に強い共感を示した。そして大きくピューリタニズムに依拠したニューイングランドの建国精神を、「人類最良の自由主義」と評価した(31)。また、ジャーナリスト当時には、「藩閥政府」と「政商」と「地主」との支配体制を鋭く批判した。それらの意味では、彼は「天皇制国家」の厳しい批判者だった。

しかし他方では、内村は、「利己的」な「個人」たちの理論に過ぎないと見た「契約国家論」には批判的だった。若き日の『代表的日本人』では、上杉鷹山治下の米沢藩に、名君による「徳政」と、それへの敬意を込めた領民の

「奉仕」の体制を見、それは近代的な「立憲制」に勝ると評価している。また一九二〇年の講義『羅馬書の研究』（全集、二六巻）では、その「十三章」論で、日本の政府はむしろ良治を行なっていると述べて、聴衆のざわめきを招き、最晩年には、日本が、「国父」たる天皇の「親権」による統治の下にあると講義し、このことを寿いでもいる(32)。こう見ると、やはり内村は、「象徴天皇制」を、積極的に支持したのではないだろうか。

2　内村に於いては、日本の文化もまた、聖書の超越神の恩恵と計画の下に、その固有の発展を許されて来たものであり、またその問題面が福音の受容によって清められることによって、爾後の、神の経綸にもあらためて用いられるべきものだった。この思想は彼をして、日本の政治と思想との改革を叫ぶ「預言者的ナショナリスト」たらしめた。が、重要なのは、この「預言者」は、必ずしも天皇制を否定するものではなく、むしろ、その「神格化」をのみ否定したと考えられることである。幕末生まれの内村にとり、明治維新は列強に抗しての「国家形成」であり、「民族の発見」だった。維新は「国民的な革命」であり、かつ、「正統なダイナスティの再興」(33)だった（そして「国家神道」が、「気狂いじみた政治」とともに日本を支配した「天皇制ファシズム」が確立されるのは、昭和前期の、a世代の中年期、b世代の壮年期、c世代の青年期だった）。

aの人々は、「教育勅語」教育を深く呼吸しつつ育った。しかしまた、青年期に内村と出会い、粘り強く神権天皇制に抵抗し、その「被造物神格化」からの脱却＝近代化を求め続けた。それだけに、「象徴天皇制」の成立を歓迎した。これに対して、大正デモクラシー期に青春を過ごしたb世代、また、昭和初期に大学を出たcの人々は、内村やa世代には欠けていた「天皇制国家」総体への批判的意識を持っていた。

［二］

以上に関連して、矢内原忠雄は、『民族と国家』（非売品、『矢内原忠雄全集』、岩波書店、第一九巻）で、歴史上、「王権」は、いずこにおいても、氏族的社会の一定の政治的・社会的な発展の後に、必然性をもって生じると論じている。そしてサウルやダヴィデの王権の成立にも、古代天皇制の成立にも、矢内原はこの見解を適応し、それらの出現に理解を示している。彼の認識は一応説得的である。しかし「出エジプト」の原始イスラエル集団では、超越神ヤハウェの「直接的支配」こそが重要な意義を持つとされていた。それだけに、この、『士師記』的な、ヤハウェ主義下の「制度化されたアナーキー」（ウェーバー）に不備を感じ、人々が新たに王を立てたことは、「ヤハウェの主権」への反逆だと見る思想がそこに生じた（『サムエル記』）。預言者たちはしばしば反王権的であり、逆に、家産制国家の王家にとり、ヤハウェ神はしばしば疎ましかった。という訳で、ここでは「王の支配」の正統性には疑念が残り続けた(34)。

旧約のこの政治思想史は、内村と無教会ではどのように考えられて来たのだろうか。新約の終末論的な信仰に立てば、地上の王権は単に地上の王権に過ぎない。また、ルター的に「二王国説」思想に立てば、旧約における「権力の正統性根拠」論の問題はいよいよ関心を呼びにくい。無教会にもそうした傾向が強く、その限りで、旧約のこの論点への関心は必ずしも高くはなかったのではないだろうか。そして、内村の言う日本の「正統」な王朝の「支配の正統性」の方は、超越神には無関係に、その祖先神の神勅に依拠しており、人々はそれ以上の根拠を問わなかった。このため内村においても（王権に関する旧約の思想への敏感な感覚も見られなくはないが）、「王権」の意味を問う旧約預言者の姿への視線は強烈ではない。内村から関根に至る無教会諸家の旧約研究の、こうした性格の検討も一つの課題ではないだろうか(35)。

［注］

（1）内村と無教会の政治思想については、拙著『日本的プロテスタンティズムの政治思想――無教会における国家と宗教』（新教出版社）を参照。
（2）『内村鑑三全集』第六巻、岩波書店、一九八〇年。
（3）『塚本虎二著作集・続』第六巻、聖書知識社、一九八四年。
（4）同書、第四巻。
（5）同書、第六巻。
（6）同書、第三巻。
（7）一九三六年の「預言者魂」、同書、第三巻。
（8）それらは『塚本虎二著作集・続』の二～五巻にある。
（9）黒崎幸吉著『民主日本と基督教』桂書店、一九四七年。
（10）同書。
（11）これには他に五名の法学部教授たちも手分けして参加していた。この件については、とりあえず立花隆『戦争と東大』（文芸春秋社、二〇〇五年）下巻、六六三頁以下を参照。
（12）『高木八尺著作集』第五巻、東京大学出版会、一九七〇年、四一一～四一四頁。
（13）同書、第五巻、四二八頁。
（14）同書、四三三～四三四頁。
（15）英文、同書、第五巻。
（16）『矢内原忠雄全集』第一九巻、岩波書店、一九六四年、五四頁。
（17）同書、第一八巻、一九六四年、四六三頁。ただし引用はみすず書房版によった。
（18）矢内原は、a太陽神の子孫とすることで、その王朝による国家支配の政治的「正統性」を、宗教的にも「正当」なものとして臣民の内面に定着させる、古代アジア型の『政治神学』と、b古代天皇制の「政治神学」の関係（参照『丸山眞男講義録』第四冊、東京大学出版会、一九九八年）といった問題については論じていない。彼の『サムエル記講義』における、古代天皇制の成立を、古代イスラエル史上のダヴィデ契約に比定する議論は、論者の主観的意図は別として微妙だろう。矢内原の天皇制に関する見解については、さらに、『民族と国家』（『矢内原忠雄全集』第一九巻）で、社会契約説にたつ国家論を批判して、歴史主義的な国家論を開陳しつつ天皇制に触れたコメントと、一九四六年の秋に岩波新書として出た『日本精神と平和国家』の、本居宣長、平田篤胤論での論及が注目される。なお、古代日本の「カミ」の語意については、大野晋『日本人の神』（河出文庫版、二〇一三年）をも参照。
（19）『藤田若雄キリスト教社会思想論集』「天皇制の問題」、第三巻所収、木鐸社、一九八三年。
（20）石原兵永『私の歩んできた道』山本書店、一九八〇年、一六九頁。
（21）『政池仁著作集』一三巻、キリスト教図書出版社、一九八一年、四七頁。
（22）同書、一二巻、一二四頁。
（23）同書、一二巻、四三二頁。
（24）『大塚久雄著作集』第八巻、岩波書店、一九六九年、一七八頁。
（25）同書、一七〇頁。
（26）同書、二二八頁。
（27）今回は立ち入れないが、もちろん内村も、早くから日本の家族に関する批判的な議論もしているし、また、大塚が、内村の『代表的日本人』（岩波文庫版、一九九五年）における伝統日本のエートスへの評価を認めなかったということではない。これについては注（1）の拙著の大塚久雄論を、また、日本における家族主義的「恭順」Pietät の意識とその歴史的背景については、拙著『政治と宗教――ウェーバー研究者の視座から』（創文社、二〇一〇年）一〇四頁以下で考察してある。

(28)『関根正雄著作集』第一巻、新地書房、一九七九年、三頁以下。

(29) 同書、第二巻、四八一頁。

(30)『藤林益三著作集』第七巻、東京布衣書房、一九九八年。

(31) 内村の前掲論文「自由の神」や、「カルヴィニズム」など。

(32) 鈴木範久『内村鑑三日録・一二、万物の復興』教文館、一九九九年、二七一〜二七四頁。

(33) 鈴木範久訳編『代表的日本人』岩波文庫「西郷隆盛」。

(34) エジプトの家産官僚制国家からの「解放神」としてのヤハウェと、そのイスラエルにおいて新たに形成されたダヴィデ王朝の「家産官僚制王国」との対立について簡単には、前掲拙著『日本的プロテスタンティズムの政治思想』八三頁以下を参照。

(35) もちろんそこには、不敬事件の経験から生じた、明治の天皇制国家および「天皇制社会」への内村たちの警戒心も働いていただろう。しかしその警戒心と、本文末尾の問題はまた別に論じる必要もあろう。

V　象徴天皇制の課題

第十三章　神権天皇制から象徴天皇制への転換
――大衆天皇制の成立

千葉　眞

一　問題の所在

周知のように日本国憲法は第一章に「天皇」という項目を設け、第一条から第八条まではいわゆる天皇条項となっている。その第一条にはいわゆる「象徴天皇制」を規定した次の文言が見られる。「天皇は、日本国の象徴であり日本国民統合の象徴であって、この地位は、主権の存する日本国民の総意に基づく」。一方における象徴天皇制の存在と他方の民主主義を意味する主権在民の原理との間の憲法上のこののっぴきならぬ対立ないし緊張に関しては、戦後の一般の日本人以上に、海外の識者たちの方が的確に認識し、鋭敏に反応してきたように思われる。例えば、第二次世界大戦の敗北、戦争直後の日本社会の虚脱と新たな息吹と活力とを鋭い筆致で描き上げたジョン・ダワーは、「天皇制民主主義」（imperial democracy）の分析と考察に三つの章を費やしている(1)。戦後生まれの日本人全般には、この「天皇制民主主義」という表現は奇異に響くかもしれない。というのも、中等教育や社会の通念によって人々は、日本国憲法は純然たる民主主義の憲法であることを教えられてきたからである。しかし、上述のように、日本国憲法第一条には「主権の存する日本国民の総意に基づく」ものとしての「日本国民統合の象徴」である「天皇」への言及があるものの、憲法の書き出しの最重要部分である第一条から第八条までの条項において天皇の地位、国事行為、皇室財産などの規定が記されていることは、もっと留意されてよいであろう。いずれにしても、象徴天皇制と民主主義（主権在民の原則）とは矛盾とは言わないまでも、のっぴきならぬ緊張をはらんでいることは事実である。

二〇一五年一月二六日に急逝された奥平康弘は、愛敬浩二および青井未帆と共編著として出版した『改憲の何が問題か』（二〇一三年）において次のように指摘したことがあった。「現行憲法が、第一章というもっとも大事な、もっとも注目すべき冒頭箇所に、憲法の魂であり肝心要であるところの、立憲主義・民主主義・平和主義を謳い上げる条文をもってこなかったのは、そもそも現行憲法の一大欠陥である……」(2)。日本国憲法制定当時、戦勝国としての連合国およびアメリカ合衆国国務省のなかにも、天皇制を廃止して戦後日本を共和制国家にすべきだという立場が支配的であった。しかし、占領軍総司令官マッカーサーおよび米国国務省の日本派の思惑においては、占領の効果的遂行のために天皇制を温存しようとする立場が急速に力を得ていったわけである。それが戦前からの天皇制オリガーキーを構成していた松本烝治など、さらには当時、憲法問題を担当した金森徳次郎国務大臣などが、「国体護持」を主張して共鳴し、その結果、新憲法の冒頭に天皇条項が記されることになったわけである。奥平は「ぼくの夢想物語」と称して、以下のような反問を掲げているが、今日の時点から見ても興味の尽きない歴史的問いである。

ぼくが夢みたことは、四五年夏、日本が無条件降伏したあげく、アメリカも含め連合諸国の合意によって、天皇制廃止と同時にこの国の共和国化を押しつけてきたら、市民はそれに全面抗戦の態勢を構えて、その結果底知らずの混乱、救いようのない無秩序を招来しただろうか。それとも、そういう方向での事態の展開はほとんどなく、……敗戦を契機に学んだ新しい政治原則に感化されて共和国思想に転向した日本人の層もそんなに薄くはなかったのではないか。

ぼくがこんな老齢になってなお、時に夢想する主題は、あの千載一遇のチャンスを活かして日本国を共和国化する可能性は封ぜられてしまっていたかどうか、またもしあのチャンスを共和国化の方向で舵取りしていたら、日本国はどんなふうな国にその後の展開があったであろうか、といったような類のものである(3)。

いずれにしても、日本国憲法は結局、海外の識者に「天皇制民主主義」と理解させるような問題を胚胎していたわけであり、例えば塚田理はそこに戦後の「妥協の産物として」の「矛盾した原理（主権在民と万世一系の天皇）の結合」(4)を見たのであり、それゆえにその清算と克服を喫緊の課題として理解したわけであった。

こうして神権天皇制から象徴天皇制への転換は、はたして天皇のあり方の全面的断絶ないし変革だったのか、あるいは継続の側面があったのか。全面的断絶ないし変革であるとすれば、その理由と意味とは何であるのか。もし継続の側面があるとすれば、その理由と意味とは何であるのか。これら一連の問いは、戦争直後から今日に至る天皇制研究における持続的な問いとしてあり続けてきた。皇太子御成婚を契機として成立したとされる「大衆天皇制」（松下圭一）は、これら上述の一連の問いにどのようにかかわるのか。松下によるこの「大衆天皇制」の議論の意味と意義とを今日どのように理解したらよいのか。本章で私はこれらの問題を考察してみたい。

二　神権天皇制の支配原理――二つの見解の相克

近代天皇制の本質は国家神道の強制によって成立した政教一致体制であるところにあり、その支配原理は大日本帝国憲法下での神権天皇制という支配装置に体現されていた。その基本的特徴はまた、政治構造――一種の君主制としての天皇制――であると同時に、精神構造――天皇教という一種の宗教体制ないし国家宗教――であるという二面性に見られた。この二面性はまた、「国家統治の大権」（主権）を総攬する君主主義体制と万世一系の神権的存在者である神権天皇教との同居としても説明可能である(5)。

前者の政治構造は、武田清子の分析によれば、さらに二つの「天皇観の相克」（武田清子）によって特徴づけられていたとされる。それは、つまり第一に天皇の神権性の原理から派生する絶対君主制――彼女の表現では「絶対主義的天皇観」に依拠――および立憲君主制――彼女の表現では「民主主義的天皇観」に依拠――との対立であり、戦前戦中の政治構造はこれら二つの制度と天皇観が緊張をはらみながらも同居し、結局、一九四五（昭和二〇）年八月一五日の敗戦を迎えることになった(6)。

後者の精神構造に関しては大日本帝国憲法第三条「天皇ハ神聖ニシテ侵スヘカラス」がこれを示唆しており、ここには「万民の上に君臨する美的・倫理的権威」（橋川文三）が明示されていると見ることもできる。これはまた、第一条「大日本帝国ハ万世一系ノ天皇之ヲ統治ス」との神権天皇制の宗教的側面を明らかにしている。こうした天皇制の精神構造は、チャールズ・E・メリアムによって「君主制は日本においてのみ神聖、神秘、絶対主義という初期の位置を残した」と指摘されたことがある(7)。こうして神権天皇制の下で戦前戦中の日本は、「国家神道が隆盛をきわめる政治宗教国家」（「神道国教体制」）であったのであり、そこでは「宗教と祭祀と教育と政治が一本化した」（伊藤彌彦）のであった(8)。この関連では、国家神道と神社神道は国家統治の「祭祀」機関（神社非宗教論）として特権化され、仏教、キリスト教、教派神道（神道十三派ほか）などの諸宗教とは区別された。これらの宗教には、臣民の義務と安寧秩序を妨害しないという留保条件を付したうえで信教の自由がかろうじて認められた。そのような明治維新以後の取り決めと慣習は、大日本帝国憲法第二八条の次の条文へと結実している。「日本臣民ハ安寧秩序ヲ妨ゲズ及ビ臣民タル義務ニ背カザル限リニ於テ、信教ノ自由ヲ有ス」。こうした皇室祭祀を頂点とする国家神道体制の大枠のなかで仏教、キリスト教ほかの宗教団体の布教と活動が許容され、信教の自由と言っても、忠君愛国のイデオロギーによる国民統制下での信教の自由の容認でしかなかった(9)。

こうして明治以来の近代天皇制は、その独自の政治構造と精神構造との合体を土台とした神権天皇制であった。神権天皇制の正統性を保証する基礎づけの論理は何かと言えば、憲法発布に関する上諭には、「朕祖宗の遺烈を受け、万世一系の帝位を践み、……国家統治の大権は朕がこれを祖宗に承けて、これを子孫に伝うる所なり」と記されている。つまり、一面、マックス・ウェーバーの言うところの「伝統的支配」に依拠しつつ、同時に他面、日本の建国神話に基づく「祖宗」――とくに天照大神など――による神勅に依拠する神権天皇制の正統性の調達であったと言うことができよう。大日本帝国憲法第四条は、これを受けて以下のように天皇の「統治権」――「国家統治の大権」、つまり「主権」――を規定している。「天皇ハ国ノ元首ニシテ統治権ヲ総攬シ此ノ憲法ノ条規ニ依リ之ヲ行フ」。

こうして祖宗の神勅による正統性の装いを保持し、政治構造と精神構造という二重構造を骨子とした神権天皇制が、少なくとも二〇世紀中葉までの国民の意識を大きく支配してきたことは明らかであろう。明治初期に導入されたキリスト教、キリスト教会、そしてキリスト信徒もまた、この神権天皇制との確執に巻き込まれることになる。その最初期には内村鑑三不敬事件（一八九一〈明治二四〉年）がそうした確執の最も象徴的事例であったが、この神権主義は教育勅語の法制化などを通じて戦前戦中のキリスト信徒の精神的コスモロジーのなかにも深く浸透していった。その結果、キリスト教陣営においてはホーリネス教会、ブレズレン教会、無教会の一部などの消極的抵抗の事例があったが、戦前戦中のキリスト教は全般的にこの神権天皇制の精神的コスモロジーに取り込まれてしまい、それに断固として抵抗し、その偶像崇拝の誘惑に自覚的に立ち向かうということがほとんどなく、帝国日本の戦争翼賛体制の一部となっていったことは、紛れもない事実であった(10)。いったいこれはなぜだったのかという問題は、今なお重要な未決の問いとしてキリスト教界に突きつけられている。

三　象徴天皇制下における大衆天皇制の成立

1　戦後の象徴天皇制への転換

戦後の日本国憲法は、形式上は大日本帝国憲法第七三条の憲法改正手続きによって憲法改正として成立した。しかし、ポツダム宣言の全面的な受け入れは、そこに規定されていた日本国民の意思こそが国家の最高意思であり、それゆえに国民が主権者であるとの意味合いを受容したことを含意していたはずである。したがって、天皇の神権主権主義から国民主権主義への実質的変更は、統治の原則の大転換を含意し、憲法改正としてではなく、新憲法制定として理解した方が理にかなうことは自明であろう(11)。だが、宮沢俊義は憲法改正手続き擁護の立場に依拠したわけであるが、しかしそれでもなお、神権主義から国民主権主義へのこの根本的体制変革は、一種の革命に値するとして「八月革命」説を唱えたことは周知の通りである。その論旨は以下のようなものであった。日本の敗戦によって「ひとつの革命」が行なわれたのであり、これまでの天皇神権主義が放棄され、新たな国民主権主義が採用された。つまり、天皇も「神の天皇から民の天皇に変つた」のであり、「まことに日本始まつて以来の革命」で、「日本の政治の根本義がここでコペルニクス的ともいふべき転回を行つた」のである(12)。

横田喜三郎が一九四九年に著した名著『天皇制』（労働文化社）は、政治構造面での戦前と戦後の天皇制における断絶をいちはやく主張した著作の一つであった。戦後の新憲法は、天皇の統治権（主権）の総攬、元首の地位、正統性の基盤として担ぎ出された祖宗から受け継がれたとする神勅主義を否定したものにほかならない(13)。そして戦後の新憲法第一条は、天皇の地位を次のように規定している。「天皇は日本国の象徴であり日本国民統合の象徴であって、この地位は、主権の存する日本国民の総意に基づく」。こうして天皇制は、戦前戦中の神権天皇制から戦後の象徴天皇制へと大きな転回を遂げたのである。

戦後の日本国憲法に「日本国」および「日本国民統合」の「象徴」という用語が導入された経緯およびそのルート（経路）に関しては、基本的に三つくらいの見解が表明されてきた。それらは、①アメリカ知日派ルート、②イギリスのウォルター・バジョット以降の憲政論ルート、③日本の伝統ルートにほかならない。これら三つのルートはすべて、日本国憲法第一条における「天皇の地位」に関する「象徴」規定に大きな影響を与えたと思われる。中村政則は、これら三つのルートが複雑に絡み合い結合して、「象徴」という用語に確定した旨を説得的に説明している(14)。たしかに各ルートの影響の仕方はそれぞれに異なり、天皇の地位を上述の意味で「国民」および「国民統合」の「象徴」ということで確定することに寄与したであろう。しかしまた、第一のアメリカ知日派ルート、つまり、ジョセフ・グルー、ボナー・フェラーズらの論考や進言がマッカーサー三原則に入り込んだという見解が、最も筋の通る説明であるようにも思われる。

問題は戦後政府が天皇の地位としてのこの「象徴」の概念に明確な定義を与えることをしなかったがゆえに、「象徴」および「象徴天皇制」の意味の多義性をもたらしたことである。そうした状況において象徴天皇制に関する戦後すぐの和辻哲郎の論争的な見解は、憲法学者や法学者といった専門家には概して歓迎されなかったものの、異彩を放っており、戦後すぐの日本国民の多くにとって当時としては受容しやすい見地を示していたと見ることもできよう。しかし、その主張は、人民主権についても「個々人が主権者だということではない」という認識があったり、かなり問題含みのものであった(15)。ただし、天皇の地位を「象徴」という言葉で表現することについては、彼は「象徴」を「国民の総意というごとき主体的なるものを眼に見える形にする」ものと定義し、それゆえに「天皇を国民の統一の象徴とするのは正しい」と述べている(16)。和辻の議論は、結局のところ以下の四つの論点を示すものであった。第一の論点は、天皇制は神話ではなく日本の歴史と伝統に依拠していたという見解である。第二の論点として、日本国民の象徴とは日本の「文化的共同体」の象徴であって、この意味では明治維新から敗戦に至る神権天皇制の時代を除いて、天皇は歴史的にこの「文化的共同体」の象徴であった。第三の論点は、上述の神権天皇制の時代に使用された「国体」概念は問題のある特殊な概念であるとし、戦中の国体明徴を批判した。第四の論点として、それゆえに象徴天皇制というのは日本の歴史と伝統になじむ制度としてその受容を歓迎するというものであった(17)。和辻の見解はとくに今日的時点から振り返ってみた場合、多々問題をはらんだものであり、当時彼は、ある地方紙が「日本史に重なる歪曲、神がかり論理の再版、天皇制と和辻的哲学」と批判したことに憤慨しているが(18)、国民の九割程度が何らかの形での天皇制の存続を望んでいたという当時の日本社会においては、結構、受け入れられた議論であったのかもしれない。こうした和辻の議論については、さらに後論において取り上げたい。

2　大衆天皇制の成立

松下圭一による『大衆天皇制論』（初出『中央公論』一九五九年四月号／その後、ちくま学芸文庫、一九九四年）の出版は、戦後の天皇制論の展開と評価において一つの衝撃的な議論であり、一つの時代的傾向を活写するものでもあった。この大衆天皇制論は、大衆社会論や都市型社会の大衆論への松下の旧来の根強い学問的関心と戦後の象徴天皇制への彼の持続的な取り組みとの結合から生まれた傑作である。松下は、戦後の象徴天皇制の展開において大衆天皇制の成立という画期を作った明仁皇太子御成婚と皇太子妃ブーム（いわゆるミッチーブーム）に注目し、その歴史的意味を分析し考察しようと試みた。この点に関する松下の分析と考察は、結局のところ両義的であった。というのも、松下は戦後の象徴天皇制が大衆天皇制として進化していく状況に当時の多数の民衆と共に関心を寄せ、それに好奇心を示し、それを大いに歓迎している風でもあり、他方、旧来の天皇制の戦後社会への残存に危惧の念を同時に保持するといった具合である。

より詳細にこの点を吟味すると、松下は一方において空前のこの皇太子妃ブームが当時急激に大衆社会化した日本社会に象徴天皇制を根づかせるきっかけになった面を強調している。とくに松下は、旧来の神権天皇制とは異なって、戦後民主主義と新憲法（日本国憲法）擁護といった価値を体現する新しい皇室と天皇制のあり方に関心を示し、それにすこぶる興奮し、それを歓迎するというニュアンスすらここには確認できる。例えば、彼の記述や筆致は、皇太子妃ブーム（いわゆるミッチーブーム）が一面、新憲法ブームにほかならず、新憲法下で「民主化」を踏まえた大衆天皇制の出現を積極的に受け入れているという印象を与える。つまり、「今日、皇室は大衆にとってスターの聖家族となったのである」(19)。さらに松下は、天皇制の正統性の基礎が「皇祖皇宗」から「大衆同意」と「大衆賛美」へと変化した事実を指摘し、これはかつての天皇制の復活でなく、天皇制の機能の変化であり、その構造の変化であったことを強調した。「今日、かつての皇室の尊厳はうしなわれたが、しかし、皇室は、大衆の憧憬と歓呼のなかで、「統治」はしないが「君臨」することになった」(20)。マスコミがこぞって強調した皇太子妃が「平民」の出自である事実、その「恋愛」と「シンデレラ姫」性、これらは、結局のところ明仁皇太子を、いわば戦後民主主義と新憲法の象徴としたと言う(21)。新中間層を中心とする若者世代に大衆天皇制を根づかせるのに、マスコミの役割が不可欠で大きかった。こうして「天皇制はマスコミにのって絶対天皇制から大衆天皇制へと「転進」した」のであり、皇太子御成婚は、この意味で「皇室と大衆との「民主的結合」の最後の仕上げとなるはず」であった(22)。

だが、その一方で彼は、旧世代の天皇神権思想とその擁護派の人たちへの打撃が致命的であったことを指摘することも忘れていない(23)。しかし、いずれにせよ、現明仁天皇が、近年さまざまな場面で戦後の憲法と平和志向を擁護する発言を繰り返し行なっているが、そこには憲法改定に躍起となる自民党政府の基本政策とのズレが見え隠れしている。こうした事態は、皇太子時代のこの御成婚の出来事とその歴史的意味を勘案した時、さらに現政府の中枢──すなわち、安倍首相とその周辺の幾人かの政治的指導者たち──が、一面、上述の旧来の天皇制への回帰を目指している事実を認識した時、それは納得しうるであろう。

しかしながら他方、後に書いた「続・大衆天皇論」（『中央公論』一九五九年八月号）において松下は、当時すでに見え始めた大衆社会化状況下で天皇制への大衆の大がかりな動員を危惧する指摘をも行なっている。この続篇の音調ないし響きはその四か月前に刊行された前篇とは基本的に異なったものとなっており、前篇に見られたミッチーブームへの松下の興奮は静まり、むしろ大衆天皇制とマスコミのそれへの加担に対する警告で溢れたものとなっている。松下はこの続篇においては「日本人内部における強固な天皇感情の残存」に警戒し、世襲君主の仕組みは引き継がれ、デモクラシーを空洞化する危険を指摘し、国民の自治・共和意識を掘り崩す可能性に言及している(24)。この関連で松下は、天皇制の支配構造の残存について警鐘としての意味合いで次の三点の指摘を行なっている。第一点として、戦後の象徴天皇制の認識が「人間天皇」の幻想の下に天皇無害論へと傾斜してしまい、また天皇への制度的批判が体制批判一般に解消され、天皇制への批判を上滑りさせることになる、と指摘されている。第二点として、彼は天皇制無害論へのマスコミの機能に警戒の念を隠していないという事実を指摘しておきたい。すでに見てきたように、明仁皇太子御成婚のマスコミ・ブームは、戦前の神権天皇制から戦後の民主主義と平和志向擁護の皇室イメージを作り上げ、広く社会に浸透する機会となった。マスコミはさらに御成婚を機に「一億総祝賀」という菊のカーテンで社会を覆い包み、擬似均質性をもった「世論」を作り出し、「挙国一致」の一枚岩的な大衆デモクラシーを生み出すのに決定的な役割を果たした。またマスコミは新中間層の生活様式に親和的な皇室イメージを創出し、無批判な大衆天皇制が一人歩きするための基盤を作ったとされる(25)。さらに最後の指摘として、松下は読者に大衆天皇制への抵抗の必要を説き、さらに市民の間に共和意識を強化していくことの重要性を喚起している。こうして彼は、戦後になおも残存している君主制型構造を共和制型構造へと改造していくことを要請し、魔術性をもつ君主制への抵抗の条件として、批判の自由の拡大は必須であると主張した(26)。こうした両義性を保持する戦後の大衆天皇制に対する松下の所論は、その啓発性と有意性において今日の読者にも吟味検討をせまるテーマや問いを多く提起していると言えるであろう。

四　神権天皇制と象徴天皇制との断絶と連続の問題

戦前の神権天皇制と戦後の象徴天皇制との断絶と連続の問題に関して、いくつか異なる立場が存在している。それらはおおよそ四つの立場に分類できると思われるが、これらの立場の境界線は決して明確ではなく、重なる部分も多く、また論者をどの立場に入れるのかという問題についても決して一義的なものではない。この問題に関しては注意深く吟味検討をしていく必要があり、以下の行論はその意味で一つの仮説としての意味合いが強いことを初めにお断り申し上げておきたい。

1　第一の立場――「古来の天皇制の復権」説

この立場は戦前と戦後の断絶を認めつつ、戦後の象徴天皇制を古来の天皇制の復権として高く評価するところに特色がある。この立場はすでに言及した和辻哲郎に典型的に見られたが、西田幾多郎、上山春平、梅原猛ほか、何人かの論者がこの立場に帰属すると思われる。この立場に依拠する論者は、明治維新以降の国家神道という祭政一致体制に基づく神権天皇制にははなはだ批判的であって、むしろ戦後の象徴天皇制こそが、歴史的に綿々と続いてきた天皇制の本来の姿を体現していると理解している。例えば、西田幾多郎によれば、皇室を中心とした日本の文化的伝統は「全体的一と個別的多との矛盾的自己同一」であり、その中枢にある皇室は「何処までも無の有であった矛盾的自己同一」であり続けたと説明されている(27)。菅孝行は、戦前の神権天皇制を否定し、また戦後の象徴天皇制をも批判するが、後者が日本における天皇制の最高形態であると考える点では上述の論者たちと認識を共有している。

2　第二の立場――「戦前の精神構造残存」説

この立場は、政治構造における戦前と戦後の基本的断絶を認めつつ、戦前の精神構造（内なる天皇制）の残存を憂慮する見解をとっている。これは、丸山眞男を嚆矢として、彼の天皇制論をいろいろな仕方で継承した藤田省三、神島二郎、石田雄、宮田光雄、松下圭一などの多くの論者たちによって引き継がれていった。丸山の当初『世界』一九四六年五月号に掲載された「超国家主義の論理と心理」は、この立場の天皇制観の先鞭をつける古典的論考として長らく記憶されてきた。この戦後日本の政治学の産声を画すとも言うべきこの記念すべき論考において丸山は、戦時下における天皇制ファシズムの「八紘一宇」や「天業恢弘」といったスローガンをデマゴギーと決めてかからず、これらの底にひそむ共通の論理と心理を析出しようと試みている。この論考は、天皇制支配における「無責任の体系」を闡明しつつ、それが「抑圧の移譲による精神的均衡の保持」、「自由な主体的意識」の欠如、「良心」による行動の制約の不在、「天皇との距離」の認識と感覚といった軍隊の心理的メカニズムに支えられていることを明らかにした(28)。

こうして、丸山によれば、天皇制が統治構造としては神権主義から国民主権の下での象徴天皇制に転化したとしても、その精神構造（内なる天皇制）は、依然として「日本人の自由な人格形成――自分の良心に従って判断し行動し、その結果にたいして自ら責任を負う人間、つまり「甘え」に依存するのと反対の行動様式をもった人間類型の形成――にとって致命的な障害をなしている」と主張するのである(29)。この「内なる天皇制」という精神構造の戦後社会への持続的影響については、多くの論者が今日に至るまで議論してきたと言えよう。この立場に依拠する論者は、丸山から直接に指導や影響を受けたりした研究者以外にも、多様な分野に広汎に見出すことができ、現在の戦後天皇制論においても一つの重要な系譜を形成していると言えるだろう。「内なる天皇制」の精神構造は、論者によっては異質な価値の排除、階層的序列化の心性、抑圧移譲、責任をとらない自己性など、いろいろな内容が込められており、その限りでは多義的な概念ではある。

しかし、私たちは近年、二〇一一年三月の東日本大震災や二〇一六年四月の熊本地震の犠牲者や被災者に対する明仁天皇・美智子皇后の慰霊や慰問が、被災地の住民はもちろんのこと、国民全体にきわめて大きな感動と感謝を引き起こしている事態をつぶさに目にしてきた。このことは心の「内なる天皇制」の磁場が、今日の日本においてすらすこぶる強力で広汎に作動していることを明示していると言えるであろう。天皇の言動や行幸にまつわる天皇慈恵主義的な受け止め方は、戦前戦中や戦争直後ともほとんど変わっていない印象を受ける(30)。

3　第三の立場――「戦前と戦後の基本的連続」説

第二の立場よりもさらに強く戦前と戦後の天皇制の連続性の契機を認識する第三の立場もある。この見解に立脚する論者たちは、精神構造だけでなく統治構造とその実際においても戦前と戦後の基本的連続性を強調し、天皇制が継続して政治に影響を与え、人心を支配していることを憂慮する。私見によれば、村上重良、塚田理、丸山照雄、土肥昭夫、戸村政博、角田三郎、横田耕一などの論者がこの立場に入ると思われる。この立場と見解を明確に擁護する代表的論者には塚田理がいるが、好著『象徴天皇制とキリスト教』（一九九〇年）は今日なお示唆に富むいくつかの論点を紡ぎ出している。塚田の指摘するところによれば、日本国憲法第一条の象徴天皇の規定が極めてあいまいな妥協の産物であり、その妥協は主権在民と万世一系の天皇という原理上の矛盾に起因している。その結果、それぞれの時代の国家権力の政治的必要やその他の政治勢力の思惑によって、国家神道の復活、民主主義の擁護ほか、さまざまな内容を盛り込むことが可能な変幻自在の機能を保持しているとする(31)。一九九〇年に明仁天皇の即位の礼が行なわれ、その後に大嘗祭が行なわれたが、塚田はそれが象徴天皇の神格化であると批判する。そして「いかに憲法で規定されているとはいえ、「象徴としての天皇」の存在を認めている限り、われわれは天皇を「単なる象徴」に留めておくことは出来ないのではないか」と述べている(32)。土肥昭夫もまた、戦後の天皇制の持続の背景には、戦前の天皇制の基本的特徴であった「硬質構造」（戦前には大元帥陛下としての天皇）と「柔軟構造」（戦前には一君万民や君臣一如といった情誼的家族関係）とが異なった様態において存続した経緯と事実があると説明している。この柔軟二重構造は、戦後の体制においては象徴天皇制が「柔軟構造」として、また近代的管理統制組織としての国家権力機構がいわば「硬質構造」として確立されたとする(33)。

この立場の前提となっているのは、裕仁天皇の人間宣言（一九四六年一月一日）および憲法規定にもかかわらず、戦後の象徴天皇制は統治の実際において戦前の遺制（神権天皇制）の慣行を踏襲しているという主張である。この関連ではしばしば、裕仁天皇には象徴天皇にとどまらない発言や行動が多く、自意識において戦前とほぼ同様の感覚と認識で行幸、国事行為、公的行為などに参与していたと指摘されることがある(34)。貴重な力作『憲法と天皇制』（一九九〇年）において横田耕一は、多岐にわたる国事行為と公的行為への参与を通じて天皇が結果的に人心に少なからざる影響を与え、権威を調達することになった点を、憲法の規定する象徴天皇の権限の逸脱ではないかという問題提起をしている(35)。さらに天皇が対外関係や皇室外交では実質的に「元首」の扱いを受けていることに警鐘を鳴らし、マスメディアの扱いによって国民の間でも天皇の権威の発揚が行なわれていることを批判している(36)。

4　第四の立場──「戦前と戦後の基本的断絶」説

ここに列挙したい最後の立場は、統治構造と精神構造の双方における基本的断絶を認めつつ、その上で戦後の象徴天皇制を、「文化平和国家」、「民主主義国家日本」、「幸福な家庭」の象徴として位置づける立場として認識することができよう。この立場には、本章でも言及した戦後まもなく『天皇制』(一九四九年)を著した横田喜三郎やその他の著名な研究者もかなり含まれていたと思われる。そして戦後多くの論者や一般市民もこの立場に帰属するであろうし、国民規模で想定すれば戦後一貫してかなり広汎に受容された見地であり続けたと言えなくもない。それと同時に注目したいのは、天皇制研究者の間で近年、河西秀哉、瀬畑源などの若い世代の実証的ですぐれた研究が、その一般的傾向としてこの基本的断絶の立場に立脚していることである。さらに特徴的なことは、この立場に依拠する論者たちの場合、戦後の天皇制の支配権力性の後退を前提としていることである(37)。またここには戦前の神権天皇制の残存というテーマは、主たる研究関心にはなっていないと思われる。この立場に依拠する研究者の間に見られる共通の認識としては、もちろん個々人の主たる方法論や方法的見地や主張に相違があり、強調の多寡はあるが、戦後象徴天皇制が、日本国憲法の基本原理(例えば平和主義や民主主義といった諸価値)の象徴として、さらには戦後日本の国是の象徴として次第に定着していった点にあると言えるのではなかろうか(38)。

従来の戦後の天皇制研究においては、主たる関心は既述した第二の立場と第三の立場におかれてきたのであり、両者の立場の拮抗にあった。だが、近年では第二の立場とここでの第四の立場が前線に浮上し、この双方の立場の拮抗が見られると言えるであろう。

こうした近年の天皇制研究の動向と符節を合わせるのは、明仁天皇と美智子皇后によるとくに近年の憲法擁護および平和と民主主義擁護の発言であり、さらにまた「戦没者慰霊と追悼」の旅（国内では広島、長崎、沖縄を含む、海外では硫黄島、サイパン、パラオ、フィリピンほか）である。また二〇一五年二月二〇日に誕生日を数日後に控えた皇太子浩宮が、「戦争の悲惨さを忘れることなく、平和の尊さを心に刻み、日本国憲法を基礎とした平和と繁栄」に言及した。こうした皇室の近年の言動は、今日の安倍政権と正反対の護憲的立場の表明であることは自明であろう。このように現時点で皇室は、まさに第四の立場の文化平和国家、民主主義国家日本、幸福な家庭のスポークスマンの役割を自覚し、実践していると見ることもできよう。

しかしながら、もちろん、皇室が今後とも代替わりを遂げていくなかで、時の政府であれ、社会内の政治勢力であれ、何らかの立場による象徴天皇制ないし皇室の政治利用がないという確証はどこにもない。主権在民の原理との根本的な対立と緊張の契機を抱えている象徴天皇制の内在的な問題性は、まさにここにもあると言うべきであろう。統治構造における天皇制の権力性は大幅に後退したとしても、今なお国民の精神構造において作動する大衆天皇制の磁場は、前述のように民衆の人心を強力に引き寄せているリアルな実態があり、この問題に関しては引き続き注視していく必要がある。

さらに今日、この関連でとりわけ注目したいのは、二〇一六年七月一〇日に行なわれた参院選挙での現政権の議席拡大により、憲法改正の国民投票を可能にする改憲勢力が衆参両院で「三分の二」を超える状況となった事実である。この憲法改正のベースになるのが二〇一二年四月二七日に提出された「自民党憲法改正草案」である。問題は、この改正草案における天皇と天皇制の位置づけが、多くの点で戦前回帰の特徴を帯びている事実である。ここには一種のアイロニーがある。上述のように、現在の皇室——とくに明仁天皇と美智子皇后——は、根っからの護憲派であり、戦前の神権天皇制からは根本的に断絶し、戦後の象徴天皇制の枠組みにおいて現憲法の民主主義と平和主義を擁護し、アジア太平洋戦争の戦没者（日本人犠牲者のみならず諸外国の犠牲者を含む）の慰霊ならびに非戦平和の前進に尽力してきた。これに対して、上述の改正草案を起草した自民党関係者の多くは、戦前の天皇制への還帰を宿年の課題とする極右団体「日本会議」の会員であり、現在の日本社会一般からはかけ離れた戦前回帰の特殊な価値観と政治文化をもつ二世・三世議員である。現在の皇室と現在の自民党保守派の議員たちとの間のこのアイロニーに満ちた乖離、戦前の天皇制への後者の危険な郷愁、これはまことに驚くべきそして憂慮すべき現実である。

自民党憲法改正草案は、交戦権の否認を謳う現行の第九条二項を削除して、新たに第九条の二で「国防軍」の「保持」を明記している。それはまた、主権在民のデモクラシーおよび永久かつ不可侵の権利のための人類の長年の闘いを通じて獲得した立憲主義の原理を根柢から破壊しかねないリスクを有している。それは、「自由の構成（constitutio libertatis）という意味合いを保持したマグナカルタ（一二一五年）以来の立憲主義の原理を相対化し、日本の「国柄」を重視した非立憲主義の側面を保持している。改正草案の前文は、次の文章で始まっている。「日本国は、長い歴史と固有の文化を持ち、国民統合の象徴である天皇を戴《いただ》く国家であって、国民主権の下、立法、行政及び司法の三権分立に基づいて統治される」。改正草案第一条では「天皇は、日本国の元首であり……」が追記され、第三条では「日章旗」を「国旗」として定め、「君が代」を「国歌」として明記している。統治権を保持しない天皇を「元首」と規定するのは、憲法学上、また国際儀礼上も無理である。また「国旗」と「国歌」の指定は、東京都教育委員会の横暴（「国旗」の掲揚に反対したり、「国歌」斉唱を拒否ないし無視する公立高校教員の処分）とその後の多数の訴訟（そのいくつかは今なお係争中）という微妙な裁判事例とも関連し、「思想及び良心の自由」を定める現行憲法第十九条に抵触する可能性がある。さらに従来の天皇の「国事行為」規定のほか、改正草案第六条5では天皇の公的行為の規定も加わっている。多くの憲法学者は、改正草案の第一条から第八条までの天皇条項の変容（天皇の地位と役割の拡大）に警鐘を鳴らしている(39)。

五　天皇制とキリスト教をめぐる一連の問い

二〇一六年三月、国際基督教大学平和研究所は一〇名余りの学生と共に四泊五日の沖縄フィールドトリップを行なった。その行程で本年も佐喜眞美術館を訪れ、沖縄戦を物語る多くの絵画などを観賞した。館長の佐喜眞道夫氏と個人的に話をした際、私に重い発言を投げかけてこられた。つまり、沖縄問題に本土の人々が当事者意識をもって取り組めない一つの要因として、長年の天皇制の心理的機制を挙げたのである。沖縄人の目から見ると、本土の日本人は、概して一個の自由で平等な個人としての成長が阻害されているように見えるという。沖縄問題という大事な社会的事象への当事者意識の欠如、無関心で無責任な態度を示す傾向にあるのは、この天皇制の精神構造に由来するのではないか、と。つまり、「内なる天皇制」の問題は、皇室や天皇制をまったく意識しない世代や人々にも、いまだにその強力な磁場として作用しているのかどうか。さらにまた象徴天皇制は、沖縄の人たちの多く、朝鮮半島や中国の人々にとって、今なお無責任体制、無反省、あるいは植民地主義のシンボルとして映っているのではないか(40)。これらの問いは、現代の日本社会に突きつけられた一連の大きな問題として残る。

もう一つの問いは、戦中、日本のキリスト教界は、少数の顕著な例外を除いて、天皇制ファシズムにほぼ全面的に屈服してしまった事実に関連する。すでに触れたが、天皇制が徐々に興隆期に向かい始めた一八九一（明治二四）年一月に内村鑑三不敬事件が起きた。その後、キリスト教は全般的に天皇制からの攻撃に曝されていくなかで対立の契機を後退させ、天皇制に恭順な立場へと変質していった。そしてやがて天皇制ファシズム翼賛体制のなかに組み込まれていった。これはいったいなぜだったのだろうか。この問いは、いまだに十分な反省をもって根源的に吟味検討されていないのではなかろうか。

同時期に朝鮮半島のキリスト信徒たちが、戦時下、天皇制国家と対峙した時に、これを神学的に第一戒――「あなたには、わたしをおいて他に神があってはならない」――の問題であるとして、偶像の押しつけとして神社参拝に抵抗し、五〇余名の聖職者が獄中で殉教の死を遂げ、数多くの教会指導者が投獄されたと伝えられている。また二〇〇余りの教会が焼かれたり、閉鎖されたりしたと言われている。しかし、他方、戦争統制下の日本において、天皇制ファシズムを神学的に第一戒の問題として認識し、抵抗した事例はごく少数にとどまった。これはいったいなぜだったのだろうか。筆者はこの問題に関して、かつて試案的にではあるが、以下のように議論したことがある。戦前と戦中の日本の場合、教育勅語の制度化とその影響もあり、忠君愛国主義がキリスト信徒を含めた臣民一般の精神と身体に刻印され、それが血肉と化していた。それゆえに、少数の例外を除いて、天皇の国の侵略戦争を十分に深く批判的に捉えることがなかなか困難であった。天皇制的精神構造とそれを基盤とする天皇制的コスモロジーが、当時の日本人全般の心象世界を形成していたのである。それほどまでに天皇制的シンボリズムは、当時の日本人の多くを支配していたのだった。それゆえに、日本のキリスト教界は全般的に、同時代の朝鮮半島のキリスト信徒と比べて、天皇制ファシズムに対する抵抗を十分に展開することができず、神学的にもその危機を「第一戒」の偶像崇拝の問題として根源的批判の相において厳しく捉えることができなかったのである。そして実はこの問題性は戦後においてもいまだに未解決であり、天皇制は戦後も依然として一種の宗教的および政治的エロースとしてあり続けている(41)。これが筆者の試案的な回答であるが、一面的なものであることは否定できないであろう(42)。いずれにもせよ、この根源的な問いは、今なおわが国のキリスト教界と社会全体にとって挑戦的かつ火急の問題としてとどまっていると言えよう。

［注］

（1）John Dower, *Embracing Defeat: Japan in the Wake of World War II*（New York: W. W. Norton & Company, 1999）, pp. 277-345. 三浦陽一・高杉忠明・田代泰子訳『敗北を抱きしめて』下巻、岩波書店、二〇〇一年、四三～一〇八頁。

（2）奥平康弘「自民党「日本国憲法改正草案」と天皇」奥平康弘・愛敬浩二・青井未帆編『改憲の何が問題か』岩波書店、二〇一三年、五七頁。

（3）同書、五九頁。

（4）塚田理『象徴天皇制とキリスト教』新教新書、一九九〇年、六〇頁。

（5）土肥昭夫は近代天皇制のこの二面性を次のように説明している。「天皇制というのは、近代日本の政治構造である。それは、天皇を唯一絶対の、統治の大権の専有者として仰ぎ、文武官僚が天皇を輔弼する支配体制である。その意味では天皇の統治権は絶対であるが、それは憲法によって行使されたので立憲的とも解される。いわば絶対主義と立憲主義を巧みに使い分け、折り重ねていったところに、近代天皇制の巧妙さ、強靭さがあったのである。

　さてこのような政治構造が国家の統一と発展に寄与するためには、国民がこぞって天皇制に帰属し、これに忠誠を誓うように国民を教化、育成することが必要であった。そこで天皇制は近代日本の精神構造としての役割を担った。それは日本の精神的伝統のみならず西欧の近代思想をも巧みにとりこんで、国民を支配するイデオロギー的性格を帯びていた」（土肥昭夫「近代天皇制とキリスト教」土肥昭夫・田中真人編『近代天皇制とキリスト教』人文書院、一九九六年、一三～一四頁）。

（6）武田清子『天皇観の相克――一九四五年前後』岩波書店、一九五九年、三～七、三二四～二六頁。

（7）Charles E. Merriam, *Political Power: Its Composition and Incidence* (New York: Whittlesey House, 1934), p.32. 齋藤眞・有賀弘訳『政治権力――その構造と技術』上、東京大学出版会、一九七三年、六七頁。以下をも参照。橋川文三「天皇感情についての断片」久野収・神島二郎編『「天皇制」論集』三一書房、一九七四年、一五六頁。

（8）伊藤彌彦「政治宗教の国・日本」富坂キリスト教センター編『十五年戦争期の天皇制とキリスト教』新教出版社、二〇〇七年、七一～七二頁。

（9）この「日本型政教分離」に関しては以下を参照。和田守「近代日本における政教分離――国家神道体制と信教の自由」和田守編『日米における政教分離と「良心の自由」』ミネルヴァ書房、二〇一四年、八八～一〇九頁。奥平康弘は、この第二八条「信教ノ自由」規定がいわゆる「法律の留保」を伴っておらず、帝国議会制定の法律だけでなく、内閣やその他の行政機関が発する勅令や法令などの命令によって制限される設定になっていることを問題視している。法治主義を逸脱する超法規規定という問題をはらんでいたと指摘する。奥平康弘「明治憲法における「信教ノ自由」」前掲『十五年戦争期の天皇制とキリスト教』、二二一～二二四頁。

（10）千葉眞「非戦論と天皇制問題をめぐる一試論――戦時下無教会陣営の対応」『内村鑑三研究』第四〇号、二〇〇七年八月、九〇～九三頁。

（11）以下を参照。千葉眞『「未完の革命」としての平和憲法――立憲主義思想史から考える』岩波書店、二〇〇九年、一一三～一二二頁。

（12）宮沢俊義「八月革命と国民主権主義」『世界文化』第一巻・

第四号、一九四六年五月、六九頁。
(13) 横田喜三郎『天皇制』労働文化社、一九四九年、一〜一二〇頁。
(14) 中村政則『象徴天皇制への道』岩波新書、一九八九年、一六一〜二〇〇頁。以下をも参照。今谷明『象徴天皇の発見』文春新書、一九九九年、七〜二〇頁。河西秀哉『「象徴天皇」の戦後史』講談社新書メチエ、二〇一〇年、五〜九頁。
(15) 和辻哲郎「国民統合の象徴」『和辻哲郎全集』第十四巻、岩波書店、一九六二年、三二九頁。
(16) 同書、三三六頁。もっともここで和辻は、「国民の総意」という通用語よりも「同一の言語、習俗、歴史、信念などを有する文化的共同体」という表現がより適切であるだろうとも述べている。同書、三三七頁。
(17) 同書、三三六〜五四、三五八〜六八、三八八〜八九頁。
(18) 同書、三三二頁。
(19) 松下圭一「大衆天皇制論」『戦後政治の歴史と思想』ちくま学芸文庫、一九九四年、六五頁。
(20) 同論文、六九頁。以下をも参照。石田あゆう『ミッチー・ブーム』文春新書、二〇〇六年、一三五〜四一頁。
(21) 松下圭一、前掲「大衆天皇制論」、六六〜七二頁。松下はマスコミの関与について、以下のように指摘している。「戦後、絶対天皇制の崩壊によって、天皇の神格性ならびに天皇を中心とする位階勲等の価値秩序は崩壊した。しかも、これにかわるべき新しい価値体系がきずかれることはなかった。価値の形式民主化が、大衆社会状況の展開とともにおしすすめられた結果、価値のアナーキーが現出した。そこでは、マスコミのペースが価値の主要な決定条件となる。このような状況のもとでは、かつては尊厳であった皇太子妃も、マスコミのペースにのせられるのが当然であろう。南極探検以上といわれる金を使って、マスコミのスクープ合戦がおこなわれたのも、そのためであった」(六八頁)。戦後の象徴天皇制の定着にマスメディアが果たした不可欠な役割に関する諸研究に関しては、以下を参照。河西秀哉「総論　象徴天皇制・天皇像研究のあゆみと課題」河西秀哉編『戦後史のなかの象徴天皇制』吉田書店、二〇一三年、四〜六頁。
(22) 「続・大衆天皇制論」前掲『戦後政治の歴史と思想』、九四頁、「大衆天皇制論」、七二頁。
(23) 「大衆天皇制論」、七六〜八二頁。「続・大衆天皇制論」、九六〜九七頁。
(24) 「続・大衆天皇制論」、一〇一、一〇七〜八頁。
(25) 同論文、九六〜一〇五、一〇二〜一〇頁。
(26) 同論文、一〇九〜一二頁。
(27) 西田幾多郎『日本文化の問題』岩波新書特装版、一九八二年、七四〜五頁。
(28) 丸山眞男「超国家主義の論理と心理」『増補版　現代政治の思想と行動』未來社、一九六四年、一一〜二八頁。丸山は「昭和天皇をめぐるきれぎれの回想」(一九八九年)において、この論考を著した際の彼の内面的な葛藤と苦悩について次のように記している。「この論文は、私自身の裕仁天皇および近代天皇制への、中学生以来の「思い入れ」にピリオドを打った、という意味で――その客観的価値にかかわりなく――私の「自分史」にとっても大きな劃期となった。敗戦後、半年も悩んだ挙句、私は天皇制が日本人の自由な人格形成――自分の良心に従って判断し行動し、その結果にたいして自ら責任を負う人間、つまり「甘え」に依存するのと反対の行動様式をもった人間類型の形成――にとって致命的な障害をなしている、という帰結にようやく到達したのである。あの論文を原稿用紙に書きつけながら、私は「これは学問的論文だ。したがって天皇および皇室に触れる文字にも敬語を用いる必要はないのだ」ということをいくたびも自分の心にいいきかせた。のちの人の目には私の「思想」の当然の発露と映じたかもしれない論文の一行一行が、私にとっては自分にたいする必死の説得だったのである。私の近代天皇制にたいするコミットメントはそれほど深かったのであり、天皇制の「呪力からの解放」はそれほど私にとって容易ならぬ課題であった」(『丸山眞男集』第一五巻、岩波書店、一九九六年、二二五頁)。

(29) 同論文、二二五頁。

(30) 天皇慈恵主義の成立と機能については、以下を参照。遠藤興一『天皇制慈恵主義の成立』学文社、二〇一〇年。

(31) 塚田理、前掲『象徴天皇制とキリスト教』、六〇頁。

(32) 同書、一六九頁。また一七一～七三頁をも参照。さらに以下をも参照。笹川紀勝『天皇の葬儀』新教出版社、一九八八年。塚田はまた、一九七五年秋の裕仁天皇の訪米に言及し、ホワイトハウスにおいて「私が深く悲しみとするあの不幸な戦争」と語り、戦争責任については「言葉のアヤについては……分からない」と発言し、明言を避けたこと取り上げて、次のように指摘している。「このような天皇の記者会見の内容を考えて見ると、天皇は戦前においても、象徴的役割しか果たしていなかった、ということになるのではなかろうか。そうとでも考えない限り、われわれは〈戦争責任〉を一貫して回避して来た天皇の態度を理解することはできないのである。……まさにこの故に、「〈象徴天皇〉あなどるべからず」と叫びたいのである。〈象徴〉としての天皇制は、新憲法によって新しい政治形態として明記されたかもしれないけれども、その本質においては戦前戦後を通じて全く変わることがなかったという意味において、〈国体〉は護持されたのである」(同書、五～六頁)。

(33) 土肥昭夫『天皇とキリスト――近現代天皇制とキリスト教の教会史的考察』新教出版社、二〇一二年、四九七頁。

(34) 後藤致人「昭和天皇の象徴天皇制認識」前掲『戦後史のなかの象徴天皇制』、二五～四五頁。原武史『昭和天皇』岩波新書、二〇〇八年、一三～一五頁。

(35) 横田耕一『憲法と天皇制』岩波新書、一九九〇年、七八～八二頁。

(36) 同書、八三～一一五五頁。以下をも参照。原武史、前掲『昭和天皇』一三～一五頁。

(37) 河西秀哉、前掲『「象徴天皇」の戦後史』、河西秀哉編『戦後史のなかの象徴天皇制』、冨永望『象徴天皇制の形成と定着』(思文閣、二〇〇九年)、瀬畑源「象徴天皇制の形成過程――宮内庁とマスメディアの関係を中心として」(一橋大学大学院社会学研究科博士論文、二〇一〇年)など。また明仁天皇の平和主義的志向を育んだと思われる少年時代からのルーツと要因を探究した以下の著作も参照。斉藤利彦『明仁天皇と平和主義』(朝日新書、二〇一五年)。

(38) とくに以下を参照。河西秀哉、前掲『「象徴天皇」の戦後史』、八～九、六二、七九～九一、一一七～九六頁。

(39) 例えば、以下を参照。山内敏弘『「安全保障法制」と改憲を問う』法律文化社、二〇一五年、一七二～七九頁。

(40) 天皇制国家の無責任体制に関して、塚田は次のように述べている。「この無責任体制は、この社会の成員がただ単に〈責任逃れ〉をよしとするということではなく、〈責任をとる資格を持たない〉ことから成立している所に根源的な特徴がある。敗戦後の戦犯裁判において、日本国の指導者、また上級軍人たちは、異口同音に、彼らの行動は「上官の命令によるものである」と答えた。その命令は、最終的には、天皇の聖旨によるものであった。彼らの答えは、決して責任逃れのものではなかった。むしろ、もし彼らがそれを自らの責任であるとするならば、それは上に立つ者の地位を簒奪する者、ひいては天皇の聖旨に不敬を働く者となるからにほかならない。

「畏れ多くもそのような責任をとることは許されない」ということである。こうして、ひとりひとりの人間の〈責任応答性〉が剝奪されることによって、天皇制国家は秩序と安寧を確保した。そして、果たしてこのような社会的構造は、戦後三〇年を経た今日、日本社会から払拭されたと言えるであろうか」（塚田理、前掲『象徴天皇制とキリスト教』、九～一〇頁）。さらに以下をも参照。同書、一一、二六、三七～三八頁。

(41) 千葉眞、前掲「非戦論と天皇制問題をめぐる一試論――戦時下無教会陣営の対応」、一二三～一二四頁。

(42) 土肥は、士族的でエリート的なキリスト教界は、民衆の苦難や悲惨に寄り添うというよりは、天皇制が仕掛けたピラミッド的秩序に順応して、民衆の啓蒙教化につとめることになり、国家への抵抗の視点とエネルギーを消散させていったと指摘している（土肥昭夫、前掲『天皇とキリスト』、四六～四八頁）。

　また飯沼は、日本のキリスト信徒と朝鮮半島のキリスト信徒とのこの落差は、決して信仰の深浅が原因であるとは考えられないとして、次のように述べている。「私は、その原因を、天皇制と民族的自立との関係が、日本と朝鮮でちょうど逆転していたことによるものと考える。そして、このことは、日本人キリスト者と天皇制との関係を考える上において、きわめて重要な問題を含んでいるが、こんにち、なお、ほとんど理解されていない」（飯沼二郎『天皇制とキリスト教』日本基督教団出版局、一九九一年、三頁）。「天皇制と民族的自立との関係が、日本と朝鮮でちょうど逆転していた」とはどういうことだろうか。これは、おそらく日本では天皇制による国民の外面的および内面的支配のゆえに、天皇制からの民族の自立が十分になされていなかった。それに対して朝鮮半島の場合、天皇制ファシズムと帝国主義との闘いのなかから抵抗と民族的自立を成し遂げ、キリスト教がまさにこの民族的自立をもたらす原動力になったからだと理解できるであろう。また問題については、以下の著作をも参照。富坂キリスト教センター編、前掲『十五年戦争期の天皇制とキリスト教』。

あとがき

本論集は、はしがきにもあるように、天皇制とキリスト教研究会の五年間の研究成果である。以下にこの研究会の歩みを記す。

第一回研究会（二〇一一年四月一六日）

「『萬世一系の研究』をめぐって」　報告＝齊藤小百合、討論＝奥平康弘

第二回研究会（二〇一一年六月四日）

「『国家神道と日本人』をめぐって」　報告＝吉馴明子、討論＝島薗進

第三回研究会（二〇一一年一〇月一日）

「『天皇慈恵主義の成立』をめぐって」　報告＝遠藤興一、討論＝牧律

第四回研究会（二〇一一年一二月二六日）

「キリスト教会の戦争責任論をめぐって」　報告＝原誠（同志社大学神学部教授）

第五回研究会（二〇一二年四月七日）

「諸教団の戦争責任告白をめぐって」　報告＝ミラ・ゾンターク

「神戸神学校・南長老派ミッションと在日・朝鮮伝道」　報告＝吉馴明子
「満州国におけるキリスト教伝道」　報告＝渡辺祐子
第六回研究会（二〇一二年七月七日）
「河井道を中心にキリスト者と天皇制」　報告＝石井摩耶子
「無教会派の政治思想―ウェーバー研究者の視角から―」　報告＝柳父圀近
第七回研究会／立教大学神学部共催公開講演会（二〇一二年一一月一九日）
「ポスト世俗主義時代の政教分離―キリスト教、天皇制を視野に入れて―」
講師＝小原克博（同志社大学神学部教授）
コメント＝千葉　眞
第八回研究会（二〇一三年一月五日）
「神道論の中の天皇―明治期日本人キリスト者の場合―」　報告＝小川早百合
「文部省通達と敗戦前後の同志社―牧野虎次総長時代―」　報告＝伊藤彌彦
第九回研究会（二〇一三年四月六日）
「村岡典嗣の神道史研究とキリスト教」　報告＝齋藤公太、コメント＝村山由美
第一〇回研究会（二〇一三年七月六日）
「戦時中の日本の国策映画について」　報告＝晏　妮（明治学院大学非常勤講師）
第一一回研究会（二〇一三年九月二八日）
「象徴天皇制の形成―敗戦後からの天皇制の再編成―」　報告＝瀬畑　源（長野県立短期大学助教）
第一二回研究会（二〇一四年二月二六日）

「靖国神社について」　報告＝吉馴明子

第一三回研究会／立教大学キリスト教学研究科共催公開講演会（二〇一三年四月一二日）

「ラフカディオ・ハーンのみた日本という形」　講師＝西川盛雄（熊本大学名誉教授）

第一四回研究会（二〇一四年七月一九日）

「小崎成章の日本宗教論」　報告＝星野靖二

「賛美歌と日本人」　報告＝遠藤興一

第一五回研究会（二〇一四年一〇月一八日）

「敗戦直後の教育勅語問題をめぐるキリスト者たちの言説―田中耕太郎と南原繁を中心に―」

報告＝石井摩耶子

「徳富蘇峰の皇室中心主義と牧野虎次同志社大学総長」　報告＝伊藤彌彦

第一六回研究会（二〇一五年一月一〇日）

「賀川豊彦と天皇制」　報告＝村山由美（南山宗教文化研究所客員研究員）

第一七回研究会（二〇一五年三月二八日）

「蘇峰は敗戦によって何を反省したか」　報告＝梅津順一、コメント＝伊藤彌彦

第一八回研究会（二〇一五年七月二五日）

「「天皇教」の成立と現在」　講師＝横田耕一（九州大学名誉教授）

臨時研究会（二〇一五年八月一〇日）

戦時下から敗戦直後の日本基督教団について考える

「河井道と日本基督教団」　報告＝豊川慎、討論＝戒能信生（元・日本キリスト教団史資料編纂室長）

第一九回研究会（二〇一五年一〇月三一日）
「宗教学における神道の位置の変遷」　報告＝星野靖二
「無教会における天皇観――戦後まで――」　報告＝柳父圀近
第二〇回研究会（二〇一六年一月三〇日）
「戦中と戦後の狭間に立つ賀川豊彦」　報告＝遠藤興一
「カトリック教会と国家神道」　報告＝小川早百合
第二一回研究会／恵泉女学園平和文化研究所共催公開講演会（二〇一六年三月三日）
テーマ＝神権天皇制から象徴天皇制への転換
講演一「天皇の人間宣言の意味――「王権神授説」の変容との比較で――」　講師＝吉馴明子
講演二「大衆天皇制の成立」　講師＝千葉　眞

二一回の研究会記録を見ると分かるように、研究会／講演会での諸報告には、本論集に収録されていないものもある。

奥平康弘は象徴天皇制になお「神権天皇」の遺制があることを憂い、土肥昭夫の急逝による「天皇制とキリスト教」研究会の継続を強く望まれた。私たちもその課題を受け継ぐことを願いつつ研究会を続けたが、発会から五年が経って漸く研究成果の発表企画が動き出した時に、急逝された。このピンチヒッターは、横田耕一を措いてないと二〇一五年の夏に急遽講演をお願いし、私たちが追究してきた「天皇制」をめぐる様々な問題を再確認した。

研究会外からの講師として、同志社大学神学部からは原　誠、小原克博両氏にお願いした。研究会開催の場が東京へ移ってしまったが、土肥昭夫の近くにおられた両先生から、日本のキリスト教史から見る「戦争責任」（『国家を超えられなかった教会』日本キリスト教団出版局、二〇〇五年）、現代の神学における「政教分離」（『宗教のポリティックス』晃洋書房、二〇一〇年）について話を聞くためだった。

晏妮氏には、日本の侵略が生み出す文化面での影響を「国策映画」を例に話していただいた。二つの文化の衝突、抵抗、そしてそれらが文化や国家の境界を越えて展開する事を考えさせられた。晏妮は『戦時日中映画交渉史』（岩波書店）で平成二二年度の芸術選奨文部科学大臣賞を受賞している。

西川盛雄氏にラフカディオ・ハーンの世界についての話をお願いしたのは、ハーンの書物がボナ・フェラーズの日本理解、天皇制の存続提案に大きな影響を与えていると考えられるからである。フェラーズにそれを紹介したのは、アーラムへ日本から留学していた一色ゆり（河井道の親友）であった（『河井道と一色ゆりの物語』キリスト新聞社、二〇一二年）。西川盛雄には『ラフカディオ・ハーンの魅力』（新宿書房、二〇一六年）がある。

瀬畑源氏には、所謂「大衆天皇制」の形成についての報告をお願いした。瀬畑氏は、現天皇のご成婚が、どのように報ぜられ、それを若者たちがどう受け止めたか、またそのような言動をジャーナリズムと政府・皇室関係者がどのように誘導して新しい皇室像を作り上げていったかを話した（詳しくは、「象徴天皇制の形成と展開」『岩波講座日本歴史』第18巻・近現代4、二〇一五年を、参照されたい）。このような社会学的手法によって明らかにされた「天皇像」が、伝統的な「天皇像」からどのように離れていくか、このような変容が、「萬世一系」の天皇像にどのような影響を与え、あるいは再変容に利用されるか……。私たちが、関心／寒心を寄せるゆえんである。

他に、執筆には至らなかったが、ミラ・ゾンタークは毎回立教大学の会議室を借りて会場の準備にあたった（ミラの海外研修中は、國學院大學研究棟の一室を、星野を通してお借りした）。梅津順一は、柳父圀近と共に研究会の運営について吉馴明子の相談に乗り、牧律、小川早百合、齊藤小百合らも、各人の研究課題を以って研究会に参加するとともに、会計、書記、連絡を担った。

私たちは、「天皇制」が持つ様々な問題を、世代を問わずより多くの人々と共有したいと願い、研究会を公開にしたり、公開講演会も何度か開いた。そんな折、一人の参加者に「どうして、天皇制とキリスト教なの？」と聞かれた。「天皇制はね、ただの君主制とは違う、宗教なの」と、私はとっさに答えたのだが、私の母が書いた次の文は、この問への一つの答えになるかも知れない。

＊　　＊

拝啓　為政者様　私ども大正一けた生れの者は、明治の王政復古以来、国民の思想統一の中心とした神社を、宗教でないもの、日本人の「赤き心」のあらわれであって、国民の心の中心だという教育を受けました。私がまだ女学生であった時に満州事変がおこり、上海事件があり、不拡大方針というあなた様のお言葉とはうらはらに、戦局はどんどん拡大しました。戦勝祈願というので、学校から氏神である神社へ度々参拝に行くようになりました。（略）

私の祖父母は明治二十八年に洗礼を受けて、プロテスタントの信徒となりました。以来私どもの家庭では唯一の神のみを拝し、偶像に仕えることをしないでまいりました。子供の遊びと思われる七夕祭りも家庭ではいたしませんでした。お月見にだんごやすゝきを供えることもいたしませんでした。（略）

戦争中も私どもは自発的には神社に参拝しないたてまえになっておりました。あなた様はけしからんとお思いかもしれませんけれども、旧憲法の下で、「国家の安寧秩序を乱さない限り」においての「信教の自由」を守って、あなた様にご迷惑をおかけするようなことはしませんでした。神社の前で整列して号令一下頭を下げながら、一体宗教でないものに祈願することができるのかと思い、自分は神社をおがんでは居らないのだと自らに言いきかせ、自分の信じるキリスト教の神を意識のうちにおいてそれに祈っていたという、背教的な自分の姿に対する苦痛は今でも忘れられません。

（キリスト者遺族の会編『石は叫ぶ——キリスト者遺族は訴える』）

母が生まれ育った渡辺家の一代目（母の祖父）のキリスト者は大変な頑固者で文字通り「唯一の神」をのみ拝し、仕える生活を送った。一代目が隠居して二代目（母の父）と同居すると、渡辺家の一日は朝食前の一代目の長い祈りから始まることになった。その一徹な信仰スタイルは、「七夕」や「お月見」の時に家の中だけで発揮されたのではなく、親戚や近所づきあいにまで及んだ。たとえ自分の娘にかかわるものであろうと嫁ぎ先の仏事にも参加しない、もちろん子供や孫たちを盆踊りには出さない。美濃ミッション神社参拝拒否事件で地域から激しいバッシングを受けたワイドナーの経営する幼稚園園舎の登記名義人だった二代目も、医師会の旅行で神社参拝をしなかったと新聞に書き立てられたという。母の長兄が三八歳で軍医として懲罰招集にあったとはいえ、医者としての人望がなかったなら、渡辺家はキリスト者としてその土地で生活し続けることは難しかったかも知れない。このように育てられたが、青少年時代の三代目（母）は学校から出かける「神社参拝」を逃れる術を持たなかった。「神社は宗教にあらず」なるが故に、母たち兄弟はキリスト者の「私的」自由を、もう己が内面に押し込めるほかなかった。

それでも、神社参拝は母に「背教」の意識を残した。同じような思いを、河上民雄（一九二五～二〇一二、衆議院議員、日本社会党国際局長）が語っている（『海峡の両側から靖国を考える』オルタ出版室）。東京市立第一中学（現在の九段中等学校の場所）へ通っていた河上は、靖国神社の大鳥居の前で神社に参拝するか、「それとも……やっぱりこれは拒否すべきか」との思いが胸中を去来しない日はなかったと。「靖国神社国家護持法案」が上程されると、河上民雄はテレビの座談会や、新聞の「賛成か、反対か」というようなインタビューにも積極的に応じた。実際、その頃衆議院議員会館で行なわれていたヤスクニ反対集会に、風采の上がらない日本基督教団社会問題委員会の戸村牧師に、河上議員がひょこひょこ付いて現れるのを私も何度か見ている。ヤスクニばかりやっていたら落選するぞといわれたが、河上は止めなかった。「おまえはこの問題のために、いま国会に選ばれているんじゃないか」という声が心の中に聞こえて来たからという。民雄のこの言葉に父河上丈太郎の「十字架委員長」という言葉が二重写しになる。丈太郎には一九四〇年、麻生久の急逝の後大政翼賛会総務を引き受けた経歴があり、これを自分の戦争責任と受け止めて、社会党代議士、委員長の務めを果たした。神が「われらの生活の全部を支配したもう」という「一代目」の信仰を、「二代目」丈太郎は戦時下の不本意な履歴を、「三代目」民雄は神社参拝という行為を、神から与えられた問いかけとして受け止めたのではないか。信仰は自分の生活全部に及ぶものだという一代目の理解は、三代目まで経験的に受け継がれていたのではないか。

読者には奇妙に思えるかも知れないが、私には大学生の頃から何度も問い返した問いがある。「「天皇陛下万歳」と言って兵隊さんたちが死んだ。それって、天皇のために命を捨てたってことでしょう？　人に命を捨てさせるものって信仰じゃないの？　兵隊さんたちは、皆天皇のために「殉教した」ってこと？　なぜ、そうは言わないの？」である。どう考えても、キリスト教世界で語られる「殉教」と「戦死」は同じ平面で受け取られていない。どこからそのギャップが来るのかと……。たしかに、戦死者は「英霊」という栄誉を与えられてはいるが、それは魂が安らぎを得るとはどうも違うのだ。神社は個々人の魂には立ち入らないは、キリスト教の内面への封じ込めと共に「神社は宗教にあらず」の帰結なのだろうか。

＊　＊

二〇一一年に始まった私たちの研究会の特徴の一つは、神道を研究する宗教学者が加わったことであった。それは、「天皇か、キリスト教の神か」というようなキリスト教に強権的に迫る天皇制の体験者であったキリスト教関係者以外の視点、「国家神道」の中での「天皇」を考える必要を喚起させてくれた。「国家神道」に組み入れられた「神道」的な祭りと祭りに集まる人々や、祭りと祀りの中で形成される合意、「神話」と地つづきな「伝統的支配」

の力などにも目を向けることによって、国民の中に広がる「天皇制」の底力のようなものが見えてきた。天皇制はただ「強権的」にキリスト教を押さえ込んでいたのではなく、ふつうの人々（非国民でない人）の側にもキリスト教を囲い込む圧力があったことが分かってきた。対象や地域や時期にばらつきはあるが、歴史叙述にこのような宗教社会学的視点を重ねることによって、敗戦前後の「現人神」から「象徴」天皇制への変容を大づかみに捉えることができたように思う。

一九七〇年代以後、経済の高度成長と国際化、ＩＴ技術の革新などの世の中で、都市の住人は地域との関わりを持たなくなり、ネットを通じてのつながりに人とのつながりを求め、架空空間で現状変革を企てたりする。しかも戦後七〇年を経て、一方で「戦争体験」者の減少に乗ずるように、戦前を美化するイデオロギーが復権しようとしている。このような社会変動の中で、象徴天皇制はさらにどのような変容をとげるのか。

研究会の成果として集まった諸論文が追究してきた課題が、「天皇制とキリスト教」という枠の中だけで論じ切るのが困難になり、より広い場での課題の検証が必要と考えるようになったところで、「いざ、出版」となった。これに名乗りを上げて下さったのが、刀水書房であった。執筆者たちがどうしてもそれぞれの専門分野を意識した論理展開に偏りがちな論考に、「歴史」出版社としての知見と経験を基に、次々と疑問を発して、よりはっきりと筋道がみえるよう、より多くの人に読みやすいように、原稿をレベルアップする助け舟を出していただいた。刀水書房の中村文江さんのこの多大な労に心から感謝申し上げたい。

二〇一七年二月

吉馴明子

遠藤興一（えんどう　こういち）

1944年，川崎市に生まれる。早稲田大学第一文学部卒業，社会福祉の現業を経て，明治学院大学大学院社会学研究科博士課程単位取得退学。明治学院大学社会学部教授を経て，現在明治学院大学名誉教授
主要業績：『田川大吉郎とその時代』新教出版社，2004年；『天皇制慈恵主義の成立』学文社，2010年；『15年戦争と社会福祉』学文社，2012年

渡辺祐子（わたなべ　ゆうこ）

1964年，福島市に生まれる。東京外国語大学外国語学部卒業，同大学大学院地域文化研究科博士後期課程単位取得退学（近代中国キリスト教史専攻），博士（学術）。現在明治学院大学教養教育センター教授
主要業績：『日本の植民地支配と「熱河宣教」』（共著）いのちのことば社，2011年；『境界を超えるキリスト教』（共著）教文館，2013年；「華中伝道の祖グリフィス・ジョン（1831-1912）試論」『明治学院大学キリスト教研究所紀要』第46号（2014年1月）

柳父圀近（やぎう　くにちか）

1946年，神奈川県に生まれる。一橋大学大学院社会学研究科博士課程単位取得退学（社会思想史専攻），博士（法学）（東北大学）。東北大学法学部教授を経て，現在東北大学名誉教授
主要業績：『エートスとクラトス ── 政治思想史における宗教の問題』創文社，1992年；『政治と宗教 ── ウェーバー研究者の視座から』創文社，2010年；『日本的プロテスタンティズムの政治思想 ── 無教会における国家と宗教』新教出版社，2016年

千葉　眞（ちば　しん）

1949年，宮城県古川市（現在，大崎市）に生まれる。早稲田大学政治経済学部卒業，米国アーマスト大学教養学部BA，英国オックスフォード大学マンスフィールド・コレッジ MA，プリンストン神学大学博士課程修了（政治倫理学専攻，Ph. D.）国際基督教大学教養学部教授を経て，現在国際基督教大学教養学部特任教授
主要業績：『アーレントと現代』岩波書店，1996年；『「未完の革命」としての平和憲法』岩波書店，2009年；『連邦主義とコスモポリタニズム』風行社，2014年

島 薗　進（しまぞの　すすむ）

1948年，東京に生まれる。東京大学文学部卒業，東京大学大学院人文社会系研究科博士課程単位取得退学（宗教学宗教史学専門分野），東京大学大学院人文社会系教授を経て，現在上智大学大学院実践宗教学研究科教授，東京大学名誉教授
主要業績：『国家神道と日本人』岩波書店，2010年；『日本仏教の社会倫理』岩波書店，2013年；『信仰と愛国の構造』（共著）集英社，2016年；『近代天皇論』（共著）集英社，2017年

星 野 靖 二（ほしの　せいじ）

1973年，横浜市に生まれる。早稲田大学卒業，東京大学大学院人文社会系研究科博士課程単位取得退学（宗教学宗教史学専門分野），博士（文学）。國學院大學研究開発推進機構日本文化研究所助教，ハーバード大学ライシャワー日本研究所客員研究員を経て，現在國學院大學研究開発推進機構日本文化研究所准教授
主要業績：『宗教史とは何か』（下巻）（分担執筆）リトン，2009年；『近代日本の宗教概念』有志舎，2012年；『将軍と天皇（シリーズ日本人と宗教・第1巻）』（分担執筆）春秋社，2014年

齋 藤 公 太（さいとう　こうた）

1986年，八王子市に生まれる。国際基督教大学卒業，東京大学大学院人文社会系研究科博士課程単位取得退学（宗教学宗教史学専門分野）。現在國學院大學研究開発推進機構日本文化研究所ポスドク研究員
主要業績：「不可視の「神皇」── 若林強斎の祭政一致論」『宗教研究』87巻3輯（2013年12月）；「垂加神道における『古事記』研究 ── 神典解釈の問題を中心に」『國學院大學研究開発推進機構紀要』7号（2015年3月）；「明治国学と『神皇正統記』── 刊本・注釈書から見る受容史」『國學院大學研究開発推進機構紀要』9号（2017年3月）

豊 川　慎（とよかわ　しん）

1977年，神奈川県に生まれる。関西学院大学神学部卒業，トロント・キリスト教学術研究所大学院 (Institute for Christian Studies, Toronto, Canada)MA，アムステルダム自由大学哲学部 MA，聖学院大学大学院アメリカ・ヨーロッパ文化学研究科博士後期課程修了，博士（学術）。現在青山学院女子短期大学，関東学院大学，玉川大学，東京基督教大学，明治学院大学他非常勤講師
主要業績：『ヨーロピアン・グローバリゼーションの歴史的位相 ──「自己」と「他者」の関係史』（共著）勉誠出版，2013年；「ジョン・ミルトンの『アレオパジティカ』における宗教的寛容論」『ピューリタニズム研究』第8号（2014年）日本ピューリタニズム学会；「河井道と戦争」『キリスト教文化　2016年春』（2016年）かんよう出版

《編者紹介》

吉 馴 明 子 （よしなれ　あきこ）

1943 年，神戸市に生まれる。国際基督教大学卒業，東京大学大学院法学政治学研究科博士課程単位取得退学（日本政治思想史専攻），法学博士。跡見学園短期大学教授，恵泉女学園大学人文学部教授を経て，現在恵泉女学園大学名誉教授

主要業績：『海老名弾正の政治思想』東京大学出版会，1982 年；『植民地化・デモクラシー・再臨運動』（共著）教文館，2014 年；「キリスト者の仏教論と時代思潮 ── 日蓮から法然へ」『人文科学研究（キリスト教と文化）』45 号（2014 年）国際基督教大学キリスト教と文化研究所

伊 藤 彌 彦 （いとう　やひこ）

1941 年，東京市に生まれる。国際基督教大学卒業，東京大学大学院法学政治学研究科博士課程単位取得退学（日本政治思想史専攻），同志社大学法学部・法学研究科教授を経て，現在同志社大学名誉教授

主要業績：『維新と人心』東京大学出版会，1999 年；『明治思想史の一断面 ── 新島襄・徳富蘆花・そして蘇峰』晃洋書房，2010 年；『未完成の維新革命　学校・社会・宗教』萌書房，2011 年

石井摩耶子（いしい　まやこ）

1939 年，京都市に生まれる。お茶の水女子大学卒業，東京大学大学院社会学研究科博士課程単位取得退学（国際関係論専攻），学術博士。独協大学教授，恵泉女学園大学・大学院教授を経て，現在恵泉女学園大学名誉教授

主要業績：『近代中国とイギリス資本』東京大学出版会，1998 年；「世界貿易とキリスト教」『キリスト教史学』第 60 集（2006 年）キリスト教史学会；「第一次世界大戦・シベリア出兵と河井道」『河井道の平和思想について』恵泉女学園大学平和文化研究所，2009 年

《執筆者紹介》── 執筆順

横 田 耕 一 （よこた　こういち）

1939 年，高知県に生まれる。国際基督教大学卒業，東京大学大学院法学政治学研究科博士課程単位取得退学（憲法専攻），九州大学教授，流通経済大学教授を経て，現在九州大学名誉教授

主要業績：『国民主権と天皇制』（針生誠吉と共著）法律文化社，1983 年；『憲法と天皇制』岩波書店，1990 年；『象徴天皇制の構造』（編著）日本評論社，1990 年

現人神から大衆天皇制へ ── 昭和の国体とキリスト教

2017年3月21日　初版1刷印刷
2017年3月30日　初版1刷発行

編　者　吉馴明子
伊藤彌彦
石井摩耶子

発行者　中村文江

発行所　株式会社 刀水書房
〒101-0065　東京都千代田区西神田2-4-1 東方学会本館
TEL 03-3261-6190　FAX 03-3261-2234　振替00110-9-75805

組版　MATOI DESIGN
印刷　亜細亜印刷株式会社
製本　株式会社ブロケード

 ISBN978-4-88708-434-6　C3021